国家出版基金项目
NATIONAL PUBLICATION FOUNDATION

心理学与社会治理丛书
Series on Psychology and
Social Governance

丛书主编：杨玉芳 郭永玉

许 燕 张建新

People and City:

Place Attachment

And

Urban Governance

人与城市：
地方依恋与城市管理

崔丽娟 等 著

北京师范大学出版集团
BEIJING NORMAL UNIVERSITY PUBLISHING GROUP
北京师范大学出版社

中央高校基本科研业务费项目华东师范大学精品力作培育项目批准号 2019ECNU-JP005

丛书编委会

主　　编　杨玉芳　郭永玉　许　燕　张建新

编　　委　(以汉语拼音为序)

　　　　　陈　红　傅　宏　郭永玉　孙健敏

　　　　　王俊秀　谢晓非　许　燕　杨玉芳

　　　　　张建新

丛书总序

经过多年的构思、策划、组织和编撰，由中国心理学会出版工作委员会组织撰写的书系"心理学与社会治理丛书"即将和读者见面。这是继"当代中国心理科学文库""认知神经科学前沿译丛"两大书系之后，出版工作委员会组织编撰的第三套学术著作书系。它的问世将是中国心理学界的一次具有重要理论和现实意义的里程碑式事件。

之前的两套书系在社会上产生了广泛的影响，也赢得了同行普遍的好评。但是这些工作主要基于由科学问题本身所形成的内容架构，对于现实问题的关切还不够系统和全面，因而不足以展现中国心理学界研究的全貌。这就涉及我们常讲的"自下而上"与"自上而下"的问题形成逻辑。我们感到，面对当前中国社会的变革，基于当下现实生活的复杂性和矛盾性，中国心理学界应该尽力做出回应，要有所贡献。而社会治理正是心理学探讨时代需求、关注现实社会的重要突破口，同时也是很多中国心理学者近年来一直努力探索并且已有丰富积累的一个创新性交叉学科领域。

社会治理是由作为治理主体的人或组织对以人为中心的社会公共事务进行的治理。因此，社会治理的核心是"人"的问题，社会治理的理论和实践都离不开"人"这一核心要素，自然也就离不开对人性和人心的理解。这既源自心理学的学科性质，也是由社会治理的本质要素所决定的。一方面，就学科性质而言，心理学是研究人的心理和行为的学科，它兼具自然科学与社会科学的双重属性。2016年5月17日，习近平总书记在哲学社会科学工作座谈会上指出"要加快完善对哲学社会科学具有支撑作用的学科"，这其中就包括心理学。早在现代心理学诞生之初，它就被认为在整个社会科学中具有基础学科的地位。但是在漫长的学科发展历史上，由于心理学本身发展还不够成熟，因此作为社会科学基础学科的作用并未得到充分体现。尽管如此，近年来由于理论、方法的不断发展与创新，心理学在解决现实问题方面的建树已经日益丰富而深刻，因此已经在相当程度上开始承担起支撑社会科学、解决社会问题的责任。

另一方面，从社会治理自身的学理逻辑出发，当前中国社会治理现代化的过程也离不开心理学的支持。社会治理作为一种现代化的理念，与社会统治和社会管理在基本内涵上有很大差异。首先，它强调治理主体的多元性，除了执政党和政府，还包括各级社会组织、社区、企业以及公民个人。其次，社会治理的客体是以人为中心的社会公共事务，目标是消解不同主体之间的冲突与矛盾。最后，社会治理的过程也不同于传统意义的社会管理，它包括了统筹协调、良性互动、民主协商、共同决策等现代化治理策略与手段。因此，不管从主体、客体或过程的哪个方面讲，社会治理都必须关注社会中一个个具体的人，关注这些个体与群体的心理与行为、矛盾与共生、状态与动态、表象与机制等心理学层面的问题。也只有依托心理学的理论与方法，这些问题才能得到更深入的探索和更彻底的解决。因此可以说，在学科性质、学理关联、问题关切、实践技术等多个层面，心理学均与社会治理的现实需求有着本质上的契合性。

正因为如此，近年来国家对于心理学在社会治理中的作用给予了高度重视。中共十九大报告在"打造共建共治共享的社会治理格局"这一部分提出，加强社会心理服务体系建设，培育自尊自信、理性平和、积极向上的社会心态。中共十九届四中全会审议通过的《中共中央关于坚持和完善中国特色社会主义制度 推进国家治理体系和治理能力现代化若干重大问题的决定》再次强调健全社会心理服务体系。可以看出，心理学已经被定位为社会治理现代化进程中不可或缺的一部分。这是时代对中国心理学界提出的要求和呼唤。而本书系的推出，既是对时代需求的回应，也是心理学研究者肩负使命、敢于创新的一次集中探索和集体呈现。

明确了这一定位之后，我们开始积极策划推动书系的编撰工作。这一工作立即得到了中国心理学会和众多心理学界同人的大力支持与积极响应。我们在充分调研的基础上，成立了书系编委会，以求能在书目选题、作者遴选、写作质量、风格体例等方面严格把关，确保编撰工作的开展和收效达到预期。2015 年，编委会先后三次召开会议，深入研讨书系编撰工作中的一系列基础问题。最终明确提出了"问题导向、学术前沿、项目基础、智库参考"的十六字编撰方针，即要求书系中的每一本书都必须关注当下中国社会的某一现实问题，有明确的问题导向；同时，这一问题必须有明确的学术定位，要站在学术前沿的视角用科学解决问题的思路来对其加以探讨；此外，为了保证研究质量，要求每一本专著都依托作者所完成的高层次项目的成果来撰写。最后，希望每一本书都能够切实为中国社会治理提供智力支持和实践启示。

基于这样的方针和定位，编委会通过谨慎的遴选和多方面的沟通，确立了一个优秀的作者群体。这些作者均为近年来持续关注社会治理相关心理学问题的资深专家，其中也不乏一些虽然相对年轻但已有较深积淀的青年才俊。通过反复的会谈与沟通，结合每一位作者所主持的项目课题和研究领域，编委会共同商讨了每一本专著的选题。我们总体上将本书系划分为四个部分，分别为"现代化过程中的社会心态""群体心理与危机管理""社区与组织管理""社会规范与价值观"。每一部分邀请6～8位代表性专家执笔，将其多年研究成果通过专著来展现，从而形成本书系整体的内容架构。

在这些工作的基础上，2016年1月，中国心理学会出版工作委员会召开了第一次包括编委会成员和几乎全体作者参加的书系编撰工作会议，这标志着编撰工作的正式开启。会上除了由每一位作者汇报其具体的写作思路和书目大纲之外，编委会还同作者一道讨论、确定了书系的基本定位与风格。我们认为本书系的定位不是教材，不是研究报告，不是专业性综述，不是通俗读物。它应该比教材更专门和深入，更有个人观点；比研究报告更概略，有更多的叙述，更少的研究过程和专业性的交代；比专业型综述更展开，更具体，更有可读性，要让外行的人能看懂；比通俗读物更有深度，通而不俗，既让读者能看进去，又关注严肃的科学问题，而且有自己独到的看法。同时，在写作风格上，我们还提出，本书系的读者范围要尽可能广，既包括党政干部、专业学者和研究人员，也包括对这一领域感兴趣的普通读者。所以在保证学术性的前提下，文笔必须尽可能考究，要兼顾理论性、科学性、人文性、可读性、严谨性。同时，针对字数、书名、大纲体例等方面，会上也统一提出了倡议和要求。这些总体上的定位和要求，既保证了书系风格的统一，也是对书系整体质量的把控。

在此后的几年中，书系的编撰工作顺利地开展。我们的"编撰工作会议"的制度也一直保持了下来，每过半年到一年的时间即召开一次。在每一次会议上，由作者报告其写作进度，大家一起交流建议，分享体会。在一次次的研讨中，不仅每一本书的内容都更为扎实凝练，而且书系整体的立意与风格也更加明确和统一。特别是，我们历次的编撰工作会议都会邀请一到两位来自社会学、法学或公共管理学的专家参会，向我们讲述他们在社会治理领域的不同理论视角和研究发现，这种跨学科的对话极大地丰富了我们心理学者的思维广度。当然，随着编撰工作的深入，有一些最初有意愿参与撰写的作者，出于种种原因退出了书系的编撰工作，这不能不说是一种遗憾。但同时，也有一些新的同样资深的学者带着他们的多年研究成果补充进来，使得书系的内容更加充实，作者团队也更加发展壮大。在这些年的共同工作中，我们逐渐意识到，我们正在做的事情不仅是推出一套书，而且还基于这一平台构建一个学术共同体，一起为共同的学术愿景而努力，为中国的社会治理现代化进程承担心理学研究者应尽的责任。这是最令人感到骄傲和欣慰的地方。

我们还要感谢北京师范大学出版集团的领导和编辑们！他们对于本书系的出版工作给予了大力的支持。在他们的努力下，本书系于2020年初获批国家出版基金项目资助，这让我们的工作站到了更高的起点上。同时，还要感谢中国心理学会"学会创新和服务能力提升工程"项目在组织上、经费上提供的重要帮助。

在作者、编委、出版社以及各界同人的共同努力下，书系的编撰工作已经接近完成。从2021年开始，书系中的著作将分批刊印，与读者见面。每一本专著，既是作者及其团队多年研究成果的结晶，也凝结着历次编撰工作会议研讨中汇聚的集体智慧，更是多方面工作人员一起投入的结果。我们期待本书系能够受到读者的喜爱，进而成为中国心理学和社会治理的科研与实践前进历程中的一个重要里程碑。

主编

杨玉芳　郭永玉　许燕　张建新

2021 年 7 月 22 日

前　言

　　"为什么我的眼里常含泪水，因为我对这土地爱得深沉"——心理学家用"依恋"来描述人与人之间的情感联结，那么"依恋"也存在于人与地方之间吗？环境心理学家用"地方依恋"（place attachment）对这个问题给出了回答。

　　地方依恋一般指人与特定地方在情感上的联系，是环境心理学的核心术语之一。作为社会心理学的重要研究分支，自 20 世纪 70 年代起环境心理学对地方依恋展开了系统研究，在近五十年里建立了多样的概念观点和坚实的理论体系。地方依恋作为研究对象正式进入中国学界始于 2006 年，人文地理学、城市学、社会学、旅游学等多个学科的研究者共同推动着地方依恋的研究进程，其中心理学者的工作方兴未艾。

　　在社会应用中，地方依恋的研究和实践也为社会治理贡献了丰富的案例，在居住满意度、人口流动与迁徙、社区复兴与城市革新、自然灾害应对与搬迁、工业项目评估、旅游休闲等领域，发挥着至关重要的作用。以人为本的新型城镇化战略提出要"让居民望得见山、看得见水、记得住乡愁"，也体现出顶层设计和公众广泛参与的社会治理对地方依恋的关怀和呼唤。

　　"心理学与社会治理"书系旨在向读者展现社会治理背景下的心理学思考，本书作为其中之一，希望通过聚焦于地方依恋的内涵、塑造和应用，为在城市社会治理创新优化中引入地方依恋，进行社会心理学角度的观察和解读。我们认为，个体或群体（或组织）与地方（place）的关系，将反映在他们参与社会治理的心理活动或实际行为中。与此相应，我们使用加拿大心理学家斯坎内尔（Scannell）和吉尔福特（Gifford）在 2010 年提出的地方依恋三维结构理论（person-process-place organizing framework）来安排全书的逻辑。该理论从人、地方、心理过程三个维度对地方依恋进行了全面释义，以其为指导，本书包含三个部分：第一部分为第 1 章、第 2 章，从心理学的视角观察了"城市病"，提出了基于地方依恋的社会治理对策。第二部分为第 3 章至第 5 章，详尽探讨了地方依恋的主体（两个水平：个体和群体/文化）、地方依恋的对象（两个方面：物理环境和社会环境）和心理过程（三个角度：认知、情绪/情感、行为）。第三部分为第 6 章至第 9 章，回顾了城市治理的历史，讨论了当下中国城市中社会治理的典型议题，探讨了塑造地方依恋的途径。

本书由崔丽娟、冯宁宁统稿，总体设计与规划，参与编写的人员具体分工如下：第 1 章、第 9 章，冯宁宁；第 2 章、第 5 章，孔祥静；第 3 章，嵇诗芸；第 4 章，刘欣怡；第 6 章，周天爽；第 7 章、第 8 章，张昊。

希望本书可以为现代化城市的社会治理创新优化贡献新的视角，为从事人地关系研究的学者提供框架性的参考，也可以给予对环境心理学感兴趣的大众读者有趣味且有意义的阅读体验。本书的编写人员均接受过心理学的专业训练，该书经过一年多的精心筹备、辛勤编写，终于付梓。但由于编者水平有限，书中难免存在不成熟之处，敬请专家和读者批评指正。本书引用了多学科背景的专家和学者的研究成果，在此表示真诚的感谢。最后，衷心感谢"心理学与社会治理"书系编委会和北京师范大学出版社的鼎力支持。

崔丽娟　冯宁宁

2022 年春于丽娃河畔

目 录

关于本书：地方依恋与城市社会治理

对城市社会治理进行创新优化，可以从多个角度着手。在这本书中，我们认为可以尝试引入地方依恋的观点，来优化当前城市空间中的社会治理。

一、本书讨论的社会治理

在这本书里，我们将在城市空间社会治理的背景下，聚焦于人与城市的互动，从社会心理学和环境心理学的角度，引入"地方依恋"这一核心术语，探讨城市建设和发展中地方依恋的形成与变化。

我们的基本立场是个体或群体（或组织）与地方的关系，对该地方的情感和态度将伴随在他们参与社会治理的活动中，并反映在他们的行为倾向和实际行动中。如果我们能在城市社会治理的背景下，厘清地方依恋的内涵、影响因素和作用结果，包括个体如何形成对城市和社区的归属感，如何投身公共参与，对一座城市怀有怎样或喜爱或失落的情感体验，为留下和离开做过怎样的忖度，将为城市的整体社会治理和现代化城市的社会治理制度创新提供重要参考。

二、本书的思路与章节安排

本书共含 9 章，各章内容与要点简介如下。

在第 1 章，我们简要描述了本书的现实背景并提出了本书的基本观点，即在城市社会治理创新优化中尝试引入地方依恋。我们用两节的内容对第 1 章展开了讨论：城市问题及城市空间的社会治理；地方依恋的概述及其与城市社会治理在概念与实践上的联系。通过第 1 章的内容，读者可以对城市社会治理的要点有大致的了解，对地方依恋的含义、作用价值产生初步的印象（在后续章节我们会进行深入讨论），而且还可以对地方依恋与城市社会治理之间的联系形成基本的认识。

在第 2 章，我们将对地方依恋的概念及其理论研究进行深入细致地梳理，分别探讨了三个问题：地方依恋的概念起源、演变及与其他相关概念的辨析；地方依恋的概念争议及三维结构理论；中国文化和新型城市化中的地方依恋现象及中国学界有关地方依恋的研究工作。通过第 2 章，读者可以了解到在 60 多年的研究中地方依恋如何起源，又发生了何种演变，来自不同学科的学者们对地方依恋的概念结构各有何看法，以及中国的学者们对地方依恋所做的理论和实践的探索。

第 3 章、第 4 章和第 5 章将依据地方依恋的三维结构理论，对人、地方、心理过程三个维度进行逐一讨论。

在第 3 章，我们将聚焦于地方依恋的主体——人，根据人与地方的互动距离，分别探讨三个内容：当地人的地方依恋及其影响；外来者的地方依恋及其影响；旅游者的地方依恋及其影响。通过第 3 章，读者可以了解到当地人的地方依恋对城市发展所产生的影响可能具有两面性，作为新居民的外来者对家乡和对新的居住地各有不同的地方依恋表达，以及即使是短暂到访的旅游者，其地方依恋也可能给旅游地带来机遇和挑战。

在第 4 章，我们则聚焦于地方依恋的对象——地方，探讨地方的物理维度和社会维度与个体地方依恋的关系，同时分析不同地理尺度下地方依恋的特点，包括家、社区、城市、地区/国家。通过第4章，读者可以认识到地方与空间在概念上的差异，了解个体对多尺度地方的依恋有何特征，更重要的是，认识到中国与西方在城市化发展进程中的相似点和不同点，以及城市与乡村在物理和社会维度上的差异将如何影响个体的地方依恋。

在第5章，我们将讨论涉及地方依恋的心理过程，包括认知、情绪/情感、行为过程。在认知过程中，我们将探讨城市环境质量的评估标准，以及地方依恋与主观城市环境质量之间的关系。在情绪和情感过程中，我们将介绍与地方依恋有关的喜怒哀乐。在行为过程中，我们将探讨亲环境行为的动因与表现，以及与城市发展、环境保护有关的公共参与议题。通过第5章，读者可以了解到如何从客观和主观两种视角评估城市环境的质量，了解到地方的改变与破坏将使个体的情绪产生何种积极或消极的变化，并且从亲环境行为、邻避效应及城市建设中的公众参与等角度理解地方依恋对社会治理的重要意义。

第6章、第7章、第8章和第9章将讨论城市社会治理在理论或实践中有关地方依恋的具体话题。

在第6章，鉴于许多城市社会治理的举措基于人口流动，而亲社会行为对维护社会秩序和保障民生福祉具有重要意义，我们将围绕居住流动背景下的亲社会行为展开讨论。通过第6章，读者可以了解亲社会行为的含义与理论解释，认识到包括搬家在内的居住流动将会对个体的亲社会行为产生何种影响，以及地方依恋在居住流动影响亲社会行为的过程中发挥何种作用，进而从增强亲社会行为的角度，理解引入地方依恋的理念对城市社会治理创新的价值。

在第7章，我们将从个体的角度，聚焦中国的城市社会治理的三个重要方面，从三节分别讨论"社区治理""大城市之梦""流动儿童"的热点话题。关于"社区治理"，读者将了解到中国传统与现代社会的邻里关系各有何特征，与我们一道讨论城市社区邻里关系淡漠的原因及其潜在的风险，从而进一步认识到在当下城市社会治理的基层社区制中存在怎样的挑战。关于"大城市之梦"，读者可以通过我们实施的两个访谈研究来了解"漂族"的生活图景以及"逃离北京、上海、广州"的心理动因，同时还将认识到家乡推力和大城市拉力的共同作用促使一部分人又"重返北京、上海、广州"。关于"流动儿童"，读者可以观察到流动儿童这一特殊群体的生活困境，分析他们可能出现的心理与行为问题，并思考通过塑造地方依恋促进流动儿童的社会适应的可行性。

在第 8 章，我们将从地方的角度，关注城市发展进程中的教训和经验。在城市发展的教训方面，我们主要关注"城市扩张"，尤其是过度、无序的城市扩张。我们会梳理中国城市扩张的特征，分析城市过度扩张的症状。在城市发展的经验上，我们主要讨论霍德华的"明日的田园城市"理论，剖析该理论对中国城市建设的启示。通过第 8 章，读者可以了解城市过度扩张后给城市和居住者带来哪些影响，了解什么是通勤悖论，基于当前大城市的人口疏散政策思考更优化的解决策略，同时了解有关人与城市互动的社会构想和治理往事，剖析其中的可取之处，辨明应谨慎待之的教训与风险。

在第 9 章，将着眼于未来，在城市居住者的多样性和异质性越来越高的背景下，探讨如何帮助最大范围的居住者建立、提升对居住地的地方依恋。我们认为可以尝试在城市建设与管理中加入"恢复性环境"的方案。此处将分两节，在回顾"恢复性环境"的理论和实证研究的基础上，结合"恢复性环境设计"的原则和实践，提出"恢复性城市"的概念，以期指引当下和未来的城市规划、建设和治理。通过第 9 章，读者可以了解到什么是恢复性环境，恢复性环境有哪些特点，自然环境与城市的人工环境在恢复性特征上各有何优劣，室外环境和室内环境中的哪些元素会影响到个体的恢复体验，以及恢复性环境如何促进个体的地方依恋。

1

城市社会治理与地方依恋

世界上有超过一半的人居住在城市。数以亿计的人在城市中生息繁衍，城市承载着我们的梦想、生活、事业、家庭、社群。对有的人来说，居住的城市是他们的家，每一帧城市形象宣传片都能让他们热泪盈眶；对有的人来说，到访的城市寄托着憧憬，这片土地能够让他们站在离理想最近的地方。城市发展的好坏与身处其中的人们休戚与共，而具有现代性的人们，也希望以各种方式参与到城市成长的进程中，为城市的扬帆远航探寻方向、输入动力、避开障碍。在旧城改造的项目中为一幢历史建筑的留存奔走，为社区邻里中的处境不利群体平安过年尽心筹谋，为一处对环境存在破坏风险的工业项目的延缓上马寸步不让，为公共交通的新选址出谋划策……人在与城市的互动中沉淀了对城市的深情，人的现代性要求人对城市治理担负使命。

城市是经济全球化进程中重要的空间节点，其在经济、政治、文化、社会、生态等方面的总体表现不仅是投资者关注的焦点，也关乎万千居住者的生存福祉。中央城市工作会议指出，"要着力解决城市病等突出问题，不断提升城市环境质量、人民生活质量、城市竞争力，建设和谐宜居、富有活力、各具特色的现代化城市"。

现代化城市的持续发展离不开完善成熟的社会治理。十八届三中全会提出："全面深化改革的总目标是完善和发展中国特色社会主义制度，推进国家治理体系和治理能力现代化。"当我国经济发展进入新常态，城镇化发展也进入新阶段，完善城市治理体系，提高城市治理能力，便成为走出一条中国特色城市发展道路的新要求。然而当前的城市社会治理尚存一系列问题有待解决，呼唤着城市社会治理在理论视角与实践应用中的更新优化。

环境心理学将人与特定地方的关系称为"地方依恋"。令人感到遗憾的是，现有的城市社会治理研究与实践，尚未重视地方依恋的关键价值。我们认为，可以尝试在城市社会治理中加入地方依恋的考量。在本书的第 1 章，我们将重点探讨城市化、社会治理与地方依恋三者之间的逻辑联系。1.1 节将介绍城市的社会治理，从有关社会治理的论述中提取要点；1.2 节将在城市社会治理中着重引入地方依恋，简要介绍统贯全书脉络的地方依恋三维结构模型，阐述地方依恋与社会治理的联系。

1.1　城市的社会治理

城市化及其进程加速，促使城市的物理环境与社会结构发生了巨大变化。城市化的浪潮汹涌百年，与此同时，人类也遭受着令人烦恼的城市病。城市病，在国外文献中常使用的术语是"urban problem"，一般指城市发展过程中由于人口过快增长而出现的各种问题。这些问题在大城市中更为凸显。国务院发展研究中心发展战略和区域经济研究部部长侯永志在接受采访时表示，"大城市现象是不可避免的，但是能不能治理好大城市，或者说大城市治理的好坏，却是可以选择的。大城市的出现并不是问题，能不能治理好大城市才是问题"(余佳，刘逸帆，葛云，2017)。简言之，有效的社会治理是处理城市化衍生问题的重要途径。

　　社会治理作为一种常见的且不断创新的管理活动和管理过程，在社会生活的方方面面均有所体现：以摇号、限行的方式控制机动车数量，市政管理的居民用水收费标准，城市社区的邻里帮扶，以业控人、以房管人、以学控人、以证管人、规范网约车和共享单车市场等。在本节中，我们将简略地讨论一些伴随城市化进程所出现的城市问题，然后在城市化的背景下介绍我国城市社会治理，最后思考当前城市社会治理有哪些可精进之处。

1.1.1　城市化与城市病

　　采取行动的前提是使问题浮出水面。在现代城市发展中，社会治理的运转基于一定的现实问题，城市病是其中最为关键也最为复杂的一种。中国许多城市面临着"大城市病"，表现为不平衡、不协调、不可持续。事实上，不只在中国，经历过城市化的国家也大都经历过城市病的痛苦，比如，房价高涨、交通拥堵、人口膨胀、环境污染等。另外，城市化加强了社会流动，也加深了社会分化，社会环境中的隐忧亦不容小觑。

1.1.1.1　空气污染

　　2016 年世界卫生组织报告称，在全球 103 个国家和地区的3000 多个城市中进行空气质量检测，80％以上的城市空气中颗粒物(PM_{10})和细颗粒物($PM_{2.5}$)的污染水平超过世卫组织建议标准。2008 年至 2015 年，全球城市空气污染水平上升了 8％，其中，印度是 $PM_{2.5}$ 污染指数最高的国家。

延伸阅读

PM₁₀、PM₂.₅和世界卫生组织《空气质量标准》

颗粒物（PM₁₀）和细颗粒物（PM₂.₅）既是大气污染物，也是工业污染指数的评价指标。它们主要产生于社会生产及人们的生活中，尤其是现代社会的工业燃料，如煤炭、石油的使用以及各种垃圾的焚烧。其成分包括硫酸盐、硝酸银和黑炭等。尽管无法被肉眼看到，但颗粒物（PM₁₀）和细颗粒物（PM₂.₅）可以凭借自然风在大气中进行长距离的传播，对人体健康危害甚大，可深入肺部和心血管系统，增加人类罹患中风、心脏病、肺癌以及急慢性呼吸道疾病（如哮喘）的风险。

根据世界卫生组织《空气质量标准》建议，空气中可吸入颗粒物（PM₁₀）年均值应不超过 20 微克/立方米，24 小时平均值应不超过 50 微克/立方米。细颗粒物（PM₂.₅）年均值应不超过 10 微克/立方米，24 小时平均值应不高于 25 微克/立方米。

城市空气污染将直接影响人的健康。世界卫生组织的研究表明，与空气清洁的城市相比，在污染严重的城市，人口死亡率要高 15%～20%。在城市治理中，如果对工业污染听之任之，最后城市发展的原动力也将遭到反噬。通过分析 2005—2011 年中国 285 个地级市的面板数据，孙久文等人的研究指出，环境污染对城市劳动生产率存在负面影响（孙久文，李姗姗，张和侦，2015）。相似的结果还可见于一项有关城市空气污染对流动人口劳动供给时间的影响研究（朱志胜，2015）。研究者利用 2012 年全国流动人口的动态监测数据，发现在集中趋势上，城市的空气污染程度每提高 1%，流动人口每周的劳动供给时间将会相应减少 0.011～0.019 天。

1.1.1.2 人口膨胀与拥挤

由于人口膨胀，城市日渐拥挤。"拥挤"描述的是一种主观感受，是指由于受到束缚而产生的一种不愉快的、压抑的、消极的情绪或情感(李豫华，2010)，或许称为"拥挤感知"更为准确。城市化的发端是人口向特定空间的集聚，不断膨胀的人口规模时刻试探着城市居住者身心健康的边界。节假日的步行街，通勤高峰的地铁站，医院挂号的窗口，银行等候的人潮……在城市生活中，人山人海，并不总是热闹欢腾的场面，也不是总能让人们感到喜悦欢欣。

大量研究表明，拥挤感知涉及个体知觉加工，伴随过度唤醒、生理、心理、行为压力等表现，并会导致消极影响(Tomas，Amerigo，& Garcia，2016)。在生理方面，感知到拥挤的个体会进入高唤醒状态，其脉搏、血压、肾上腺素、皮肤电系数等各项指标都会较不拥挤时明显升高(Paulus，McCain，& Cox，1978)。拥挤感知程度高的个体也会报告更多的疾病(Solomon，Regier，& Burke，1989)。在情绪方面，拥挤感知往往会导致一系列消极情绪，比如愤怒、沮丧、痛苦、烦恼、紧张、焦虑等。很多研究均证实，拥挤的商场会给消费者带来不愉快、不满意的购物体验(Song & Noone，2017)。在行为方面，拥挤感知还会带来一些消极的行为结果(Sherrod，1974)，使得个体厌恶所处环境，削弱人际吸引和合作倾向，造成人际交往回避，也会降低个体的亲社会倾向。更需警醒的是，拥挤感知可能还是攻击行为的潜在因素。我国学者也提出，工作场所的拥挤感知不利于提高科技人才的创新绩效(朱朴义，2018)。

还有研究使用居住地附近的商店数量来衡量社会密度(social density)，并考察其对居住者的影响。结果发现，与那些居住地附近没有商店的个体相比，居住地附近有商店的个体报告了更多的拥挤感，进行社会交往调节的能力越弱，控制感也越低，同时还报告了更高的应激水平，包括尿液中的儿茶酚胺(catecholamines，儿茶酚胺含量是高血压、高代谢、高血糖的指征)高，躯体和情绪上感到痛苦以及坚持一项行为的毅力不足(Fleming，Baum，& Weiss，1987)。然而这些关系也不是绝对的，2011年的一项研究发现，商场里拥挤的人群可能会激发人们的竞争感(perceived competition)，而这种感觉则会导向积极的情绪，引发快乐的购物价值(hedonic shopping value)(Byun & Mann，2011)。

延伸阅读

拥挤感知的测量

心理学中测量拥挤感知的方法主要有两种，一是由个体评价感受到的拥挤程度(感受量表，feeling scale)，二是由个体评价某个场所的拥挤程度(场所量表，setting scale)。这两种方法虽然在多数研究中可以彼此互换，但是两者在概念层面上是分离的。

有一项研究请201名大学生针对书店这一场所，填写这两种量表(Kalb & Keating，1981)。采用因素分析的方法得知，主观拥挤感受(感受量表)的荷载因子主要是感知密度、行为限制、心烦意乱(认知过载)、压力，而场所拥挤(场所量表)的荷载因子则是感知密度和一般的消极情感(不舒适)。由于感受量表的荷载因子更丰富，因而感受量表比场所量表对物理密度更加敏感。

1.1.1.3　远离自然

城市环境另一项备受诟病之处在于建筑环境，即由人类活动创造的建筑环境将人与自然环境分割开来。在不少文艺作品中，钢筋水泥的"城市森林"是人们极力想要逃脱的地方，山水田园似乎才是人们真正的心之向往。恢复性环境(restorative environment)的研究证实，当人们感到疲劳、困乏、无法集中注意力、恐惧时，会对心理恢复(psychological restoration)形成较高水平的需求,而在帮助人们获得心理恢复体验上,自然环境比城市环境有更好的表现。当回忆起所依恋的地方时,大部分人提到的地方都与自然环境有关。由此,城市设计师们逐渐开创了恢复性环境设计(restorative environmental design)的理念和方法,将自然元素引入建筑空间中,同时期望着由自然元素促进人们的亲环境意识。恢复性环境的有关研究,我们将会在第8章详细讨论。

1.1.1.4 社会空间分异

以花园别墅为标志的高档社区,以栅栏和门禁为标志的封闭社区,以及以简易工房为特征的城中村等不同居住形态在北京、上海、广州等大型城市日益显现。社会空间分异,正是描述了这样一种"人以群分""屋以类聚"的现象。

城市社会空间分异是指在城市范围内各组成要素及其综合体在空间上的差别,它不但包含物质实体,同时也涉及城市居民的经济、文化生活和社会交往等各个方面。比如,有研究者采用因素分析和聚类分析(田艳平,2012),将武汉城市空间划分为五大社会区:办事人员聚集区,外来人口聚集区,离退休人员聚集区,人口快速增长区和农业人口聚集区。

社会空间分异的形成有两种主要路径。一是在城市内部,贫富分化现象日趋明显,从而出现社会极化。二是城市化吸引的流动人口由于其自身的群体异质性,无法在短时间内充分融合。比如,"学区房政策",亦是社会空间分异的一大成因(陈培阳,2015)。优质教育资源总是相对稀缺,拥有较好经济能力的中等收入群体才能通过购置房产获取更好的学习条件。其领域化特征对原有邻里可能产生割裂影响,对社区邻里的凝聚力或和谐发展具有消极影响。

有学者认为,社会空间分异客观上导致了社会交往分化,社会交往日益呈现功利化、世俗化、冷漠化的特征,因此城市规划和建筑专家提出可以考虑通过混合居住设计模式降低城市居住隔离程度。不过，该建议可能还值得商榷。谭日辉（2010）通过研究发现，城市居住者人际关系满意度与社会经济水平显著相关，但与社区类型无关。也就是说，社会经济水平越高，其人际关系满意度越高，且与社区类型无关。这意味着，在经济水平相同的人际交往中，人们会觉得轻松，会觉得亲切。经济水平不一致的人交往时会感到不适或尴尬，人际关系满意度因而减低。

1.1.1.5　中等偏低的社会凝聚力：偏低的自组织能动性

社会空间分异的直接后果之一是给社会凝聚力造成风险。社会凝聚力由三个方面的因素决定：自组织能动性、社会资本、社会信任。自组织能动性是凝聚力的核心，它是指公众自愿地联合起来参与或影响公共事务的能动性。社会资本水平指个体关系网络中所蕴含的社会资源的数量。社会信任是人与人之间相互信任的程度。

考虑到公民自组织能动性是社会凝聚力的核心，对社会治理的公众参与度也有重要的启示作用，我们来看一下这项调查中自组织能动性的测量与结果。课题组将自组织能动性按两个维度进行分类。一个维度是自发参与公共事务的角色，分为领导者和跟随者两种；另一维度是对公共事务参与的态度，分为情感、利益和价值评价三个方面。经统计，我国社会公众自组织能动性处于偏低水平。课题组专家分析，这种结果的成因主要有三点：一是普遍存在的搭便车的心态；二是公众参与公共事务的情感动机较强；三是多数人不会为了参与公共事务而影响自身利益。

1.1.1.6　信任的争议

随着改革的不断深入，中国社会和城市进入新的发展阶段，人口流动日益频繁，人们的价值观日趋多元化，如何维护和加强社会信任成为许多学科的重要议题。信任不仅仅是在学术界出现的专有名词，而是具有普遍文化理解和社会价值认同的大众词语。在心理学上，对信任的概念解释主要有两种取向（乐国安，韩振华，2009）：一是通过探究信任与其他心理品质（如公平、忠诚）的相关性来解释信任，二是做出概括性的说明而避开具体因素的探讨（如有的研究者将信任看作一种直觉）。社会信任是社会资本中重要的一环，具有缓解冲突、促进沟通和交换、提升关系质量等突出的社会功能。

　　杨明、孟天广等人做的全国调查表明，我国是一个高社会信任度的国家，特别是在 2002 年之后，转型期中国的社会信任呈现出上升变化趋势（杨明，孟天广，方然，2011）。李志等人认为中国人的社会信任有其特殊性。事实上中国社会的特殊信任很高，因而有必要深入探究中国人的社会信任结构、现状及特征，以有效构建适应我国经济社会发展需要的社会信任机制（如图 1-1）（李志，邱萍，张皓，2014）。

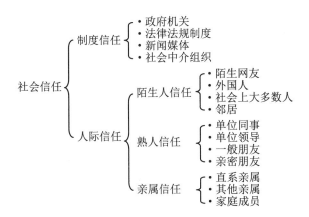

图 1-1　社会信任的因子结构

1.1.1.7　大众对大城市病及其治理的看法

　　2014 年在《国务院关于调整城市规模划分标准的通知》中对超大城市进行了界定，即指城区常住人口 1000 万以上的城市为超大城市。基于这一划分标准，我国目前共有 7 个超大城市，分别为北京、上海、天津、重庆、广州、深圳、武汉。超大城市人口规模庞大，人口流动性大且聚集密度高。因此，超大城市在城市基础设施建设、文化教育、医疗卫生、社会保障、住房、治安、社区服务、应急管理等方面都承受着巨大压力。

2017年9月5日至15日，人民论坛问卷调查中心通过互联网和微信公众平台发布网络问卷，调查了公众对我国超大城市治理的看法(李思琪，2017)。调查对象涉及全年龄段个体，累计回收10 021份有效答卷。调查显示，当问及"您认为以下哪些因素将吸引您在超大城市生活?"时，超过半数的参与者选择了"收入水平高""公共资源丰富""交通便利""经济发达""生活质量高"的选项。当问到"超大城市治理所存在的问题时"，超过四成的参与者认为住房(44.22%)与就业(43.92%)问题较为突出，另有9.49%的受访者认为环境卫生的问题较为严重。大体上说，公众对当前超大城市治理有较高的整体满意度，同时也认可超大城市治理的必要性。

调查同步呈现了公众对"大城市病"病因的分析，具体包括：第一，我国仍处于经济转轨、社会转型、利益格局调整期；第二，经济社会发展使人们的需求多样化，社会矛盾化解任务繁重；第三，社会治理主体更加趋于多元，整合协调难度加大；第四，"互联网＋"迅猛发展，"指尖发声"和"舆论发酵"使得虚拟社会治理日益复杂；第五，社会治理创新多表现为基层、局部的创新，缺乏对其进一步深化、示范与推广；第六，社会治理理念相对滞后；第七，社会组织发育不充分，"社会协同、公众参与"力度不够。

最后，针对上述问题，调查指出了超大城市治理的对策：完善城市治理体系、拓宽公众参与渠道、建立绩效评价体系以及健全法律法规体系。

1.1.2　城市的社会治理

1.1.2.1　什么是社会治理

从社会治理这个活动本身来看，古已有之。古希腊雅典的贵族会议和公民大会，我国古代的统一度量衡，世界上的每种文明中都有社会治理的印痕。作为政治学、社会学、公共管理学等相关学科的重要概念，"社会治理"产生于当代。俞可平提出，社会治理是指政府组织或民间组织在既定范围内运用公共权威管理社会政治事务的一项管理活动和管理过程，其目的是维护社会公共秩序，满足公众需要，实现公共利益的最大化。可见此处，社会治理的主体为各类组织。

有学者认为社会治理是指政府、社会组织、社区及个人等多种主体通过平等的合作、对话、协商、沟通等方式，依法对社会事务、社会组织和社会生活进行引导和规范，最终实现公共利益最大化的过程。（王浦劬，2014；杨玉芳，郭永玉，2017）

周红云在其主编的《社会治理》一书导论中提出了社会治理的目标——建设权利型社会（周红云，2015）。权利型社会是指一种社会政治状态，其中政府的根本责任在于保障公民权利，并使公民享有各种权利，包括政治、经济、社会和文化等方面的权利，达到社群合作和社会互助的状态。权利型社会遵循"社会本位"的逻辑，主要表现有两点：其一，坚持社会公平正义，促进人民群众享有基本公共服务的权利平等和机会均等，维护公民各项基本权利，切实保护社会弱势群体的利益；其二，培养公民的参与意识和参与能力，促进公共参与的发展，真正体现和维护公民参与国家各项管理的基本权利，促进社会的自我管理、自我服务和独立发展。

根据社会治理的定义和目标，我们尝试归纳出社会治理的以下要点。

要点1：社会治理的主体应是多元的，包括并不限于政府组织、社会组织、普通民众。

要点2：社会治理的对象是社会生活中的各项社会事务。

要点3：社会治理最突出的表现形式是公共参与。

要点4：社会治理的最终目的是维护社会秩序，保障民生福祉，实现公共利益最大化的善治。

延伸阅读

建构环境社会治理生态圈

环境治理的责任仅聚集于政府吗？于志宏（2015）提出，应建构环境治理生态圈（如图1-2），其组成要素是四方主体：政府、企业、社会组织、公众。公众参与是以人为本原则的重要体现。通过建立政府透明开放、公众参与的机制，更广泛地吸收民间孕育的巨大社会力量。

以韩国水原市为例，环境社会治理的多元主体实现了共处、合作、共赢。水原市历史悠久，拥有联合国教科文组织确定的世界文化遗产"水原华城"。同时，韩国三星集团总部设在水原市。在工业化和城市化进程中，水原市也曾遭遇严重的环境污染问题，由此引发了市民的抗议活动。

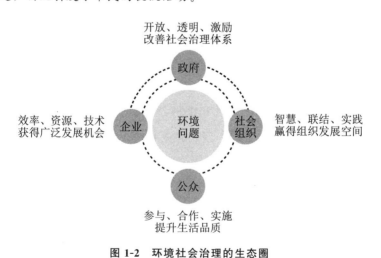

图 1-2 环境社会治理的生态圈

> 为此，水原市政府开展了以人为中心的环境社会治理。水原市政府通过开放政府资源和数据，调动广大市民积极参与政策制定。市民参与方式体现了两方面的益处：一是市民可以享有公共政策的决定权，二是保证了财政运营的公开透明。在政府开放的环境下，市民组成了市民策划团（社会组织），提出了针对水原市经济、社会和环境发展问题的解决方案，并积极推进方案实施。

1.1.2.2 城市空间的社会治理

我们在本书中提到的社会治理一般是在城市这个空间中展开的。杨雪锋（2016）认为，由于城市是一个特定空间，有着明确的边界，同时又具有高度的聚集性，与乡村有所区别，所以城市（社会）治理与一般的社会治理或乡村治理应有不同。

我国城市社会治理的终极目标和基本理念是公共性（韦诸霞，汪大海，2015）。如何理解公共性？公共性，代表了一种公正、平等、民主、开放的现代精神，其目的是在特定时空范围内实现公众共同利益。具有公共性的大众能够在一定程度上摒弃个人利益，通过一定的组织形式，形成多种社会公共力量，补充以政府为单一主体的公共事务管理，基于理性、法治的正当途径参与公共活动。在当代语境中，公共性最核心的内涵是价值目标和公众参与。

我国的城市社会治理主要经历了两个阶段，以改革开放为时间点，在改革开放前为"单位制"，在改革开放后为"社区制"（覃国慈，2015）。单位制是"国家—单位—个人"的纵向治理机制，其中单位组织是社会治理的核心，负责实施社会动员和管理控制，即"单位办社会"。改革开放后，随着国家经济体制改革，原先依附于单位的个体成为"社会人"，单位制的治理权责不断减弱。同时，随着社会观念的改变，人们对公共服务的要求越来越高，这些都呼唤着基层社区成为新的社会职能载体。由此，社区取代单位，履行社会管理和社会服务的职能。一般而言，社区是国家权力之外的治理力量，是公众参与城市社会治理的重要平台，也是国家与个人之间进行互动与联系的关键中介环节。

1.1.2.3 居住者参与公共事务的潜力

有学者考察了居住者在小城镇规划建设中的参与潜力，即参与本地城镇化进程并具有施加某种影响的能力（罗涛，黄婷婷，张天海，2016）。参与潜力取决于两方面的因素：一是居民参与本地事务的意愿，二是其影响地方事务的能力。结果显示，居民对小城镇建设中规划阶段、实施阶段和管理阶段所表现出的参与意愿勉强让人满意（见表 1-1）（罗涛，黄婷婷，张天海，2016）。在参与方式上，基本参与人群更倾向于接受被动形式的公众参与方式。

表 1-1　居民参与城镇建设不同阶段的意愿与方式

	规划阶段	实施阶段	管理阶段
参与意愿	积极参与：48%	积极参与：46%	积极参与：46%
	有条件参与：35%	有条件参与：37%	有条件参与：38%
	无所谓或不参与：17%	无所谓或不参与：17%	无所谓或不参与：16%
参与方式	座谈：41%	质量监控：28%	满意度调查：36%
	表决：34%	补贴改造：22%	市民票决：33%
	协商：9%	开放投资：16%	政绩考核：18%
	民意调查：9%	环保监督：15%	座谈：9%
		义务劳动：12%	

1.1.3 对当前城市社会治理的思考

《中共中央关于制定国民经济和社会发展第十三个五年规划的建议》中提出，要加强和创新社会治理，推进社会治理精细化，构建全民共建、共享的社会治理格局。因此，对社会治理不断进行更新和优化，是理论与实践创新的共同要求。

1.1.3.1 如何增强居住者的归属感、认同感和参与度

覃国慈(2015)认为，城市社会治理的社区制尚存一些不足。比如，机构设置不明确，整体管理秩序性不足。其中比较突出的问题是行政化倾向较强，社区所承担的社会事务较多甚至过载，而基层单位的权责又不对等，从而可能导致社区的自治能力受限，居民的社区归属感、认同感和参与度都亟待提升。

另一项实证研究进一步剖析了当前小城镇社区治理所面临的困境(孟传慧，田奇恒，2018)。研究者发现，在社区治理中，本应是主体之一的居民却出现了社区归属感、认同感不强，对现代意义上的社区意识淡漠，且参与不足的问题。具体表现为，"事不关己高高挂起""多一事不如少一事"等思想；对社区新事物不敏感，无法通过正式或非正式的社会组织有效地参与社区治理；"言行不一"，即有一些居民表示愿意参与社区活动，但又以各种理由或借口不参与活动。这些问题从侧面反映出社区动员不充分，活动设计未能做到以居民需求为导向。更深层地，可能与社区居委会未能充分发挥自组织职能，以及社区多元主体缺位有关。

1.1.3.2 流动人口的社会治理如何更加精细化

城市化必然伴随着城市中的外来人口激增。这些外来人口，或流动人口，为城市的经济建设注入了源源不断的活力，也为社会发展做出了重要贡献。新生代的外来人口在就业观念、生活方式、消费方式上，基本和城市内部原来的居住者相差无几。外来人口对就业平等、待遇平等、城市融入的愿望日益强烈，对于城乡二元户籍制度忍耐度更低。

城乡二元户籍制度诞生于特定的历史时期，曾在防止城市人口过度膨胀、加速工业化积累、推动重工业发展和维护社会治理的静态稳定等方面发挥了积极作用(彭科，2014)。随着改革的不断深入，二元户籍制度的弊端日渐显现：一是导致人户分离现象明

显，流入地与流出地无法实现即时畅通的信息更新，存在治理盲区；二是导致社会资源和社会福利制度的差别化，流动人口不能公平地享有就业、教育、医疗等社会公共服务；三是导致难以对流动人口福利保障给予统一权威的法律支撑，造成该群体在就业与生活上的高风险、高成本、低保障、盲目流动、融入困难等问题。在这样的背景下，城市外来人口的不公平、被偏见、受歧视等负面的感知和情绪容易滋生，甚至有的外来人员游离于城市主流社会之外，为此，如何有效地进行疏导至关重要。

进一步地，城市中存在着因户籍而产生的多种群体，原市民、新市民，本地人、外地人，关系错综复杂，个体和群体的需求各种各样。针对这些情况，要在社会治理中实现各个群体的共享共治，对消除社会排斥现象、促进各个群体之间的和谐相处，提出了更高的要求。

许多城市都在社会治理中对流动人口的特征和需求加以高度重视。比如福建晋江，就在创新流动人口服务管理机制的基础上，率先在福建省内实施流动人口居住证管理制度，以"居住证"取代原来的"暂住证"。持有居住证的流动人口可以享有住房保障、子女就学、医疗卫生等市民待遇。而且，晋江市还组织流动人口参与"文明城市""卫生城市""平安家庭"等创建活动，把流动人口纳入全市精神文明创建总体规划(李萍，2015)。

但是，早期已有研究表明，与城市有关的法律身份，如户籍，与外来人口对城市的情感并不完全一致(王晓华，蒋淑君，2005)。人们对自我身份的认同不仅仅依赖于户籍因素，而是受到其心理上对城市归属感的影响。换言之，为保障外来人口在流入地的合法权益，减小外来人口因客居心态对城市形成的潜在风险，更好地发挥良性人口流动为城市发展带来的巨大价值，改革户籍制度、落实居住证制度等制度性、法规性的治理手段仅是第一步，建立外来人口与城市当地在情感上的联系更为重要，也符合当前对社会治理精细化的要求。

1.1.3.3 如何优化特殊社区的社会治理

与前一点相关，城市化过程中，城市空间还出现了一部分特殊社区：农转非的安置社区。安置社区形成于政府通过征地拆迁补偿的方式将原居住农民转移或就地安置，属于由外力推动形成的而非自我城镇化的社区。安置社区的社会治理存在诸多问题，例如，王玉龙和郑姗(2016)通过调研发现，安置社区的生活设施、社会保障体系、环境卫生、劳动保障等无法在形成之时就与原来的城市社区具有同等待遇，在解决社区矛盾时，社区资源整合力度比较低，因而社区的自治能力薄弱。同时，大量居民没有参加社会组织，对第三方组织几乎没有认识，对安置社区的归属感较弱。

快速城市化过程中出现的另一种特殊社区是城中村。当城乡接合部、郊区、农村向城市地区转型时，原来这些区域的土地制度和土地经营模式，则成为吸纳外来人口的重要因素，同时某种新的村落形态和村落文化正在形成(吴涛，周佳雯，奚洁人，2018)。

城中村的社会治理常常面临一些困境。首先，城中村的居民一般为城市外来者，流动性较大，基础数据很难做到准确，因而社会服务和社会治理难以做到精细化。此外，由于户口等原因形成的身份隔阂以及地域文化差异等，在一定程度上阻碍外来者与当地人的社会交往。吴涛等人也通过实地调研发现，外来人员不仅与本地人员间出现了人数倒挂，有些村子内部已形成较为严密的外来群体社会网络，甚至出现了特殊的自治结构。

大城市以往的城中村治理出于控制人口数量的目的，采用控制外来人口等措施，引发广泛讨论。吴涛等人认为，在目前城乡间、区域间发展失衡的情况下，由大城市单方面地凭借如住房、车辆、户口等方法来控制外来迁移人口是治标不治本的，甚至有可能引发新的社会问题。

对城中村进行治理，不仅是对生态地理环境的改造，也是对城市社会稳定的维护，其合理性是清晰可见的。那么应如何对城中村进行治理？解决该问题的关键在于，如何认识城中村在城市化过程中对不同人群以及整个城市所起的作用。陈晨（2019）认为，城中村是城市社区治理的安全阀。换言之，城中村成为乡村向城市转型中的过渡地带，发挥着释放城乡冲突，促进社会团结，构建社会安全体系等积极的作用。城中村是相对封闭、隔离的，在其中居住的外来者，沿袭记忆中乡村的居住格局、交往秩序，维系着社区内的"类村庄属性"，通过不断调整自己与他人的关系，个人与群体的利益，内群体与外群体的冲突，影响着城中村空间形态的生产与再生产，也增强了个体的认同感与归属感。外来者对乡土生活的怀念塑造了城中村的空间秩序，他们的自我建构使得城中村始终存在。城中村的形成与演化，内在其实是城乡文化的碰撞与交融，这也是对个人与社会关系的再调整，调整后的社会关系将会对城乡一体化的长远发展和社会治理模式的转型升级产生重要的影响。"安全阀"的观点强调了在城市社会治理过程中，对基于人与地方的互动形成的"人地情感"加以关注。

1.2   地方依恋：优化城市社会治理的新尝试

上文我们提到，城市化的过程伴生着物理和社会等维度上的城市问题，为解决这些问题，让城市处于良性的、可持续的动态变化，是社会治理的职责所在。同时，运用社会治理并非一蹴而就。层出不穷的社会现实议题，呼唤着对社会治理的理论和实践进行不断地创新和优化。城市化是人口从农村向城镇的空间转移过程，在本质上属于"人地关系"的嬗变（邓秀勤，朱朝枝，韩光明，

2016)。我们认为，可以在当前社会治理的创新优化中引入地方依恋的观点。地方依恋形成于人与城市的互动中，既受到城市发展变化的影响，也影响着人们对城市的认知、情感和行为反应。在一定的讨论框架下，社会治理正是人与城市的互动形式之一。在这一节，我们将首先对地方依恋的概念进行简要介绍，阐述地方依恋的重要价值，最后重点在概念上和实践上对接地方依恋和社会治理。

1.2.1　地方依恋的定义

人对地方的依恋是一种重要的心理需要。环境心理学家认为，地方依恋是人与特定地方建立的积极关系，其主要特征体现在个体希望与该地方保持亲近(Hidalgo & Hernández，2001)。地方依恋是人和对其有特殊意义的地方之间基于情感、认知、行动的一种纽带关系。

这里再区分一下地方依恋的两个组成部分，即地方依赖(又可译作地方依靠，本书中两种译法通用，place dependence)和地方认同(place identity)。地方依赖是一种功能性的地方依恋，反映了当地的设施对于满足人们的心理需求的重要功能。地方依赖取决于空间感知基点，即地方的环境、设施和空间物质要素。地方认同是一种精神性的地方依恋，指某个特定地方被认为是个体自我的一部分，并对其持有持久浓厚的情感。已有研究表明，在地方依恋的框架中，地方依赖是地方认同的基础。

加拿大心理学家斯坎内尔和吉尔福特在 2010 年提出了地方依恋三维结构理论(person-process-place organizing framework)(Scannell & Gifford，2009；范莉娜，周玲强，李秋成，叶顺，2014)(这个理论将在本书的第 2 章中得到更详尽的阐述，这里为了介绍全书的思路，先略提一二）。如图 1-3 所示，该理论本质上提供了地方依恋的定义架构，通过将地方依恋分为人、过程、地方三个维度而加以释义：第一维度是人，人是地方依恋的行动者。该维度关注与特定地方建立依恋的行动者及依恋的程度，可以分为个体与文化/群体两个水平。第二维度是过程，尤指地方依恋中体现出的情感、认知、行为等心理过程。该维度关注人与地方产生联系的方式，以及在重要环境中发生心理互动的本质。第三维度是地方，各种类型的环境是地方依恋的对象。该维度关注特定地方本身的特征，可以分为物理和社会两个方面。

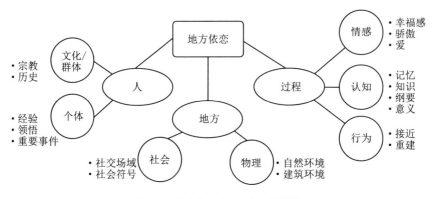

图 1-3　地方依恋的三维结构理论

1.2.2　地方依恋的重要性

1.2.2.1　地方依恋的积极影响

培育地方依恋是社区建设的重要途径。一般认为，地方依恋类似于桥梁，将居住地、社区等与个体或群体联系起来，促进社区感和社会网络的形成，从而推动社区的和谐发展（邓秀勤，朱朝枝，2015）。与无依恋感的人相比，高地方依恋者的社会凝聚力较高，总体生活满意度也更高，社会资本和邻里联结更强，也更关心家庭，对他人的信任水平也更高（Lewicka，2011）。相反地，当人对居住地的情感联系薄弱，地方依恋水平较低，例如，短暂居住、居住流动性较大等，都有可能加大改善居住环境和邻里关系的难度，不利于社区的整体建设。

地方依恋还是化解风险抗争的重要手段。有研究发现，尽管化工社区地处危害性设施周围，但它为当地居民提供了功能性支持（如提供工作岗位，配建福利设施）和情感性援助（如营造绿色的生态环境，举办活动，拉近联系），所以化工社区的居住者对社区的地方依恋仍能够在一定程度上增进居民对风险设施的认同，达成风险容忍，抑制社区居民的风险抗争意愿（侯光辉，陈通，王颖，傅安国，2018）。

地方依恋也在很多研究中被证实为地方行为的驱动因素之一。地方行为也是一项衡量人地关系的指标，如地方保护行为、搬迁与重返、地方恢复（重建）行为等。在一个地方遭受自然灾害后，当地居住者的地方依恋往往成为地方保护意愿的正向预测因素。在2008年的汶川大地震中，北川县是受灾最为严重的区域之一，后续更是遭受了堰塞湖、泥石流等自然灾害。为保护居民的生命财产安全和避开潜在的后续灾害，北川县选址异地重建，老县城作为地震遗址被保留下来。关于是否有必要保留北川老县城以及保护的可行性，各界多有争议。一项研究聚焦了北川县城的当地居民这一重要的利益群体，考察了他们的地方依恋（主要是地方认同）能否预测保护老县城遗址的意愿（钱莉莉，张捷，郑春晖，张宏磊，郭永锐，2019）。研究通过对21名居住者的访谈和对321份有效答卷的分析发现，抗灾记忆（如相互救助、官兵救灾、国家的重建政策）、怀旧记忆（如对往事的追忆）、积极的观念启示（如过好以后的每一天，经历灾难更坚强）都可以正向预测参与者的地方认同（如一生中最重要的地方，山清水秀，还是老家好），还可进一步预测他们的地方保护意愿（如希望遗址得到保护，让全国人民看看，北川人民在多么艰难的条件下活下来）。

地方依恋还可能助力地方文化保护行为。在经济全球化的背景下，地方文化的保护和传承面临严峻挑战。居住者作为地方文化的生产者和传承者，他们能否基于对特定文化的认知、情感及责任感，有意识地参与到地方文化保护的行动中至关重要。有研究者考察了徽州文化生态保护区的居住者的地方文化保护行为是否由他们的地方依恋预测（王永桂，赵士德，2019）。在测量地方文化保护行为时，研究者们使用了"我会尽力学习如何解决保护徽州文化的有关问题""我会经常参加有关徽州文化的文化活动""我会采用合法手段制止破坏徽州文化的行为"等题项。结果发现，居住者对徽州文化生态保护区的地方依恋程度越强，对徽州文化的认同度也就越高（如我对徽州文化有强烈的归属感），从而越能表现出更多积极的文化保护行为。

此外，旅游学及其相关学科的研究还指出，地方依恋可以作为一种规划管理的工具，在预测、引导、管理居住者对规划政策的支持态度等方面发挥重要作用（保继刚，杨昀，2012）。李文明等人，通过研究证实，游客对景区的地方依恋可以正向预测他们在景区内的亲环境行为（例如，我会为保护景区环境而向景区管理部门等反映相关情况；我会告诉我的朋友不要在景区擅自靠近鸟儿或发出过大声音惊吓到它们）。在第 5 章我们将详细讨论地方依恋与亲环境行为的内容。

1.2.2.2　地方依恋的消极作用

地方依恋是否有可能成为地方改造和城市变化的阻力呢？以往研究发现，高地方依恋的个体可能会对居住地物理环境的变化产生抗拒心理，例如，在一些城市的旧城改造、拆迁等情境中，一些原来居住在此地的人会对旧场所的消失表达出强烈的悲伤、痛苦及愤怒，有的居住者会以个体或结为群体的方式拒绝搬离原住所，或抵抗原住所的改造。

　　地方原有样貌的改变是否一定会遭到高地方依恋者的否定呢？有研究者探究了当地方依恋由地方依赖进阶到地方认同时，原先决定地方依赖的空间感知基点发生变化，个体的地方依恋将何去何从（黄向，吴亚云，2013）。50 位受访者接受了半结构式的访谈，由"您认为地方物质面貌的改变会不会影响人们对它的依恋"的引导提问开始，35 名受访者回答"会"，其中还有 4 位受访者做了补充说明："样子变了，感觉肯定不一样。"人们的地方记忆主要有三种：童年记忆、校园记忆、成年记忆。人们最无法接受的地方改变是和童年记忆有关的，面对这些地方物质面貌的改变，抵制情绪比较高，而成年后依恋的休闲及曾经奋斗过的地方，其改变则更容易得到人们的肯定和认同。在总体上，66％的人群会因城市外在物质面貌的改变影响其地方依恋感的持续性，并希望地方保持原样，其中 10.3％的人会彻底中断依恋感，其他人的依恋感则会受到极大削弱。34％依恋感依旧持续的人群，基本接受了改变后的地方面貌。其中一部分人对地方功能还留有潜在需求，因此不排斥改变。其他人则因期望的心理需求得到满足，接受并赞成目前的改变。他们的地方记忆依旧保持对从前的依恋感的支撑，同时也妥协于发展的现状，脱离具体的物质要素作为纯回忆存在着。

　　由此可见，人们对基于空间改造的地方发展，并非一味抱有否定的态度，而是与其地方记忆之间存在一定的权衡，当改变与他们的需求相吻合时，他们就能迅速地安抚不适情绪，接受或欣喜于地方的改变，并视其为发展进步的表现。相似的结果也可见于国外的研究中，比如一项研究探讨了城市的变化与居住者地方依恋之间的关系（Von Wirth，Grêt-Regamey，Moser，& Stauffacher，2016），他们发现当这些变化被识别为空间意义上的提升，而且仍让居民们感到熟悉的时候，变化与地方依恋之间的关系就是积极的。

1.2.3　地方依恋与城市社会治理在概念层面的联系

我们将依据地方依恋的三维结构理论，从人、地方、过程三个角度，在概念层面上将地方依恋与城市社会治理进行对接。

1.2.3.1　人：社会治理的多元主体 vs 地方依恋的主体

我们在前文提到社会治理应有多元主体，包括政府、社会组织、公众等。不论个人还是组织，社会治理的基本行动者都是人，而社会治理的出发点和最终目的都是围绕着人展开的。

地方依恋是人与特定地方在情感上的联系，其主体也是人。地方依恋的主体还可分为个体与群体。比如，一个人对家乡的思念和依恋是个体水平上的地方依恋，而当一群老乡在异地相聚，集体话语中对家乡的思念和依恋则可视为群体水平上的地方依恋。

由此可见，社会治理的主体和地方依恋的主体是基本一致的，这印证了通过培养地方依恋推动社会治理的可行性。

1.2.3.2　地方：城市社会治理的边界 vs 地方依恋的地理范围

社会治理的活动发生于一定的地理范围中，如城市社会治理、乡村治理、社区治理等。不同的地理范围决定了社会治理主体、社会议题、社会组织的角色等多方面的差异。

地方依恋也是发生于一定的地理范围中的，小到一座房子，大到一个国家，都有可能使个体对其产生情感上的联系。人们给不同的地理空间赋予了不同的地方意义，并根据这些地方意义来定义一部分自我。

社会治理和地方依恋对地理范围的限定，为两者之间的联系框定了分析的空间背景。因此，本书主要在城市空间的社会治理背景下，讨论人对城市的地方依恋。

1.2.3.3　过程：城市居住者的归属感、认同感、公众参与 vs 地方依恋的心理过程

社会治理归根结底是人参与的管理过程，伴随着人的心理活动，

其结果在一定程度上也反映了人的心理动力学后果。前文已经提到，城市社区中的部分居民对社区缺乏归属感，可能导致他们的社会组织参与度，对公共事务的关注度和参与度也较低。另一个例子是，对当前居住地缺乏认同和归属感的外来者，可能会以同乡为基础结成自治组织，或者在面临一些问题时，寻求老乡的帮助。

地方依恋的三维结构理论点出了地方依恋中涉及的心理过程，包括认知过程、情绪情感过程和行为过程。认知过程如居住者如何认识所居的地方；情绪情感过程如居住者对当前居住地的喜恶；行为过程如居住者在当地的根植意向或者搬迁到其他地方的意向。这三个过程都与居住者的地方依恋紧密相关。

由此，居住者是否参与当前城市中的社会治理，可以看作与其地方依恋有关的一项行为表现。在基层的社会治理参与动员宣传中，我们常常见到"某地是我家"这类培育居民的主人翁意识的标语，在一定程度上暗合了通过增强居住者的地方依恋来激励他们参与社会治理的逻辑。

1.2.4　地方依恋与城市社会治理在实践层面的联系

接下来我们将在实践层面上，将地方依恋与城市社会治理联系起来，从而实现当前城市社会治理的创新优化。

1.2.4.1　地方依恋可以作为城市社会治理成效的评价指标

地方依恋作为人与特定地方在情感上的联系，势必受到个体因素、人际因素以及地方因素等多方面的影响。从交互视角来看，地方依恋不仅受到一个地方物理维度的影响，还受到人与地方之间的关联和地方意义的影响。从发展的视角来看，地方依恋在时空维度上具有动态建构性，建构地方依恋的过程就是人和地方持续互动的过程。基于此，城市社会治理成效如何，可在一定时间内反映在居住者的地方依恋水平上。满足人的发展需要和价值追求是城市社会治理的目标之一，社会治理的成效越高，越能满足居住者的预期，他们形成的地方依恋水平也会相应越高。

　　城市的环境治理是社会治理的一个重要方面，城市社区的垃圾治理正是其中重要的一环。以广州市为例，其在垃圾分类工作中，实施了推行垃圾分类试点小区、完善管理体系的治理成效评估、强化政策传播效果等一系列举措。如何评价这些措施的实施效果呢？一项研究跟进探讨了环境治理绩效与居住者地方认同之间的关系，发现由城市社区展示的垃圾治理成效将预测居住者对广州的地方认同(李異平，曾曼薇，2019)。调查的参与者为广州市的社区居民，样本量为373人。研究的预测因子为居住者对其社区环境治理的认知，包括对政府垃圾管理能力的评价、对城市垃圾治理成效的评估、对垃圾管理法律法规的认同、对垃圾处理的期望、对垃圾管理的焦虑等。研究的结果变量为居住者对广州的地方认同，例如，"我认为广州是理想的居住城市""我对广州的环境感到满意，不会去别的城市居住""我喜欢广州的文化氛围，它给我精神愉悦感"等。结果发现，对城市垃圾管理成效的评估、对垃圾管理法律法规的认知、政府的垃圾管理能力、对城市垃圾处理焦虑情绪四个变量对其地方认同产生正向影响。该结果表明，广州市的垃圾分类治理工作成效显著，主要反映有利于形成和增强居住者的地方认同：一是通过对垃圾治理相关法律法规的传播，推动居民对垃圾分类的认同和关注，在心理层面上满足他们对垃圾处理的预期，从而强化了其地方认同；二是通过垃圾治理法律法规的传播，增强了居民对政府垃圾治理理念、方案、规划和治理决心的信任和信心，减弱了焦虑感，从而降低了他们迁居的倾向性。

　　此外，外来者和本地人对一座城市的地方依恋之间的差异大小，也可为评价该地的包容性社会治理效果提供一些思路。以往研究较为一致地发现，本地人比外来者有更高的地方认同。进一步地，本地人与外来者在地方认同上的差异在不同地区之间是否会产生变化呢？黄飞、周明洁、庄春萍、王玉琴、田冬梅(2016)通过调查研究发现，不同地区的本地人和外来者在地方认同上的差异有所不同。调查的参与者共计 3842 人，其中本地样本量为 1691 人，占样本总量的 44%。参与者来自中国的西部地区(喀什)、中部地区(武汉)、华东地区(上海)、华北地区(北京)。从我国的城市发展水平看，这四个地区的发展程度依次是上海、北京、武汉、喀什。结果发现，这四个地区本地人与外来者的地方认同差异的效应量随着城市发展水平的增加而减少。造成这种结果的原因并不是各个地区外来者的地方认同之间有显著差异，而是在北京、上海样本中，本地人对当地的地方认同较其他两个地区低。因此，他们推测，一方面喀什地区的人口构成的同质性相对其他三个地方更高，另一方面北京、上海本地人中有更大比例并非是土生土长的当地人，而是后来获得了当地户籍，从而增加了当地本地人的多样性。因此得出结论，户籍界定的本地人的地方认同显著高于外地人，越是开放包容的城市(地区)，本地人、外地人地方认同差异越小。这种差异并非是外地人对高吸引力地方的高认同所致，而是开放包容地方的本地人构成的多样性所致，这也正是城市的开放包容之重要体现。基于这项研究，为践行包容性发展和共享发展的理念，在评价有关户籍制度改革过程中社会治理举措的效果时，可以考虑将包括地方认同在内的地方依恋变量作为重要的结果变量。

延伸阅读

技术型治理 vs 包容性治理

余敏江(2015)

技术型治理：指在不改变现有的治理体制和制度的前提下，将技术控制的手段植入社会治理活动中，通过标准化、网格化、数字化等短期性策略与方法，实现地方社会稳定的一种治理方式。这种技术型治理模式，在地方政府的社会治理实践中不同程度地存在，甚至成为普遍现象。尽管技术型治理一定程度上提升了社会管理的精细化水平，却无法解决城镇化进程中深层次的社会问题，而且蕴含着新的社会风险，比如抑制了社会组织的活力、忽视了职能变迁的多元特性、重结果轻过程等。

包容性治理：指一种强调机会平等、合作共治，注重发展机制的兼容性、发展成果的共享性以及发展条件的可持续性的治理模式，实现从排斥、抵制到开放、包容的转变。包容性治理为不同社会群体提供均等的公共服务机会、有效的参与和利益表达机制，因此是一种更加全面、更趋公平、更具人文关怀的治理模式，因而也是一种促进社会各阶层、各群体深层次信任合作的有效途径。

1.2.4.2　通过培育地方依恋加强地方归属感

前文已提到，目前城市社会治理存在的主要问题之一是社区居民的社区归属感和认同感还有待提升。社区居民是城市社会治理的多元主体之一，归属感和认同感是影响他们参与社会自治组织从而参与公共事务的前提条件。以往研究表明，个体对居住地的地方依恋与其对该地的归属感有密切关联(朱竑，刘博，2011)。要让个体在感情上认为自己归属于所居城市或者所居社区，认同自己是该城市或该社区的一员，可以尝试从培育个体与该地的情感联系入手，即通过提升地方依恋的水平来加强居住者的归属感。

上海市马陆镇"We家行动"的社会治理案例为如何加强社区归属感提供了切实可行的对策(张敬芬，2018)，呼应了培育地方依恋的思想理念。在马陆镇(嘉定新城)成立之初，社会治理曾遇到难题，其中"社区共同体意识不强"比较突出，表现为居民缺乏社区认同感、归属感、幸福感。究其原因，一是当时的居民来自不同地方，二是各个社区入住率不均，三是适合居民广泛参与的活动载体不多。因此，当地基层单位在培育自治队伍的基础上，建立了社区自治联合会。该联合会由社区专委会、楼组长、义工、群团负责人等骨干队伍组成，其打造了一系列社区治理活动，用以吸引居民对社区治理的关注、认同和参与。

一是生活坊，围绕"社区建设微认识、家风家训微互动、邻里风采微展示、睦邻风尚微引领"，形成社区发展时间树、社区客厅、邻里风采展示区、楼道睦邻角建设等社区文化景观。特定的社区文化景观根植于社区的社会环境，可以作为一种文化符号，连接着个体对社区的地方认同。同时，对和谐邻里关系的追求也有助于个体在特定空间上形成相对紧密的社会交往关系，这也将有力推进地方依恋的积淀。

二是工作坊，围绕"居民微论坛、楼组微管理、义工微服务、自治微项目"，根据小区实际创新星级义工、宠乐园、联勤楼组网格化等工作项目，加强自我服务，深化自我管理。面对社区的公共事务，鼓励居民自我服务、自我管理，有助于居民自主性和公共性的双重培养。当居民在处理社区事务时具备自主性和公共性，也就形成了主人翁意识，这时社区可能会被作为自我的一部分，镶嵌于居民的地方认同中。

三是学习坊，围绕"书记微课堂、社工微讲义、居民微沙龙、专家微讲座"，挖掘能人资源，拓展教育形式，提升居民文化素养和社区共同体意识。地方依恋的三维结构理论指出，地方依恋的主体是人，不仅指个体层面的人，也指群体层面的人。要形成群体层面上的地方依恋，需要基于某种共同特征形成群体，比如这里的社区共同体。群体成员在价值观、态度、行为倾向等方面达成共识，同时在这些提升居民文化素养的活动中，群体成员将获得与社区互动的共同记忆，这些都将转化为群体层面的地方依恋，社区归属感和认同感随之而来。

同样的案例还可见于北京市东城区龙潭街道的"小巷管家"社会治理实践(赵刚，2018)。每位管家对社区事务表现出的主人翁精神和面貌，在很大程度上受到了对该街道甚至城市的地方依恋的驱动。离开了归属感和使命感，单纯依靠制度设计，居民参与街道环境治理的积极性在长久看来是难以为继的。

1.2.4.3　通过关注地方依恋优化特殊社区的社会治理

城市中的农转非安置社区实现了人口的城市化，如何进一步地实现人口的市民化，实现生活方式、文化类型、心理资源，以及相应的社会结构城镇化，是对安置社区的社会治理升级的考验。滕瀚和黄洪雷(2014)认为，环境心理学中的地方理论，特别是采用地方依恋的物理环境维度视角和社会维度视角，可以为城镇化进程中的农业转移人口的社会心理融入提供良好的实践思路。针对整村就地城镇化的农业转移人口，应该注重地方依恋的物理维度，通过物理环境的特征引发农业转移人口的生活方式转变，让优美宜居的物理环境激发他们的适宜行为，实现整村就地城镇化的农业转移人口生活方式。同时，在社会维度上，伴随农业转移人口的经济收入提高，他们的生活方式和文化类型也发生着转变。以往研究表明，当经济收入达到一定程度时，人们的生态文明需求自然提高。而且，社会因素和物理因素的相对重要性取决于居民的社会经济地位，对高社会经济地位的群体来说，客观的环境特征能够较好地预测地方依恋；而对低社会经济地位的群体而言，社会关系的强度能够较好地预测地方依恋。这提示着，在安置社区的社会治理中，重视邻里关系，使农业转移人口保有原有的社会资本联系，并能在社区中获得足够的社会支持。

1.2.4.4　根据地方依恋激活城市社会治理的多元主体

面对某一个城市议题，现代化社会治理主体的多元性，带来了看法、态度以及行动倾向的多样性和复杂性。

以城市改造为例，对"千城一面"的批评以及对批评的反思正体现出不同主体所持态度的碰撞。"千城一面"中的"面"是指城市建筑风貌，而对千篇一律的城市面貌进行批评，则反映出城市的特色危机和有关文脉断裂的焦虑(王粟，周熙，2014)。在学术界、政经界、大众媒体中得到广泛讨论，其否定批判的含义显而易见。从心理角度来看，公众反感的"千城一面"，本质上是一种自身品质粗糙、功能单一、缺少本土文化特征、速生的城市空间。

关于"千城一面"的讨论突出了城市规划建设中应重视社会治理的多元主体，如果仅依靠政府作为单一主体进行决策，可能会造成盲目和偏差。比如，单一主体的决策可能会有以下表现：①定位盲目，争建国际、国内大都市；②城市的新城、新区建设泛滥；③追求高层建筑和西式建筑；④追求大广场、大草坪和大马路；⑤大拆大建，破坏历史文化等。(黄清明，2016)

同时，面对"千城一面"，不同身份的人看法与立场并不统一。城市改造和空间重构紧扣着个体地方依恋的脉搏，不同身份的个体，其对地方特色风貌的价值认定和期待不同，可能会塑造其对旧城改造和新城建设同质性的不同立场。城市空间对居民而言仅仅具有承载活动的物质属性，本地人更为关注城市空间的舒适性。只要空间基本品质得到满足，空间独特与否对其日常生活并不产生实质影响。对城市外在面貌进行改造，是福是祸，在根本上还是取决于能否满足居住者的需求。空间改造可能在一定程度上造成地方依恋者的失落痛苦，但是一旦与他们的需求相适应，空间改造也是城市进步的表现。城市建设的同质性同理可知。与此相反，在猎奇心理驱逐下的游客更关注空间特异性。他们寻求独特的文化体验，对空间的文化属性更为敏感。这也提醒我们，在运用地方依恋的理念组建城市改造的社会治理团队时，应考虑到因地方依恋类型或水平不同导致个体持有不同立场，应尽可能保证多元主体充分交换意见，促进多方话语的良性互动。

1.2.4.5　通过增强地方依恋提升城市社会治理的公众参与

在分析当前社会治理遇到的困境时，普通民众对公共事务的低参与度屡被提及。如何发展个体在面对社会议题时的公共性，如何提升城市居住者对社区事务乃至城市事务的关注度和参与度，既是社会治理优化创新的重点，也是难点。为处理该困境，学者们提出了培育发展社会组织、建构社区共同体等对策。我们认为，还可以将地方依恋作为一项转化机制，以期通过提高地方依恋的水平来激活个体的社会事务参与度。

一项调查研究可以在一定程度上支持地方依恋与公共参与的关系。该研究考察了青年人的居住流动频次对其社会参与的预测，突出了地方依恋(主要是地方认同)在该预测路径中的中介作用(豆雪姣，谭旭运，杨昭宁，2019)。居住流动是指在特定时期内居住地的变动，例如，从一座城市去另一座城市求学、生活、工作，或者在快速城镇化过程中成为新市民的人们集体搬入安置社区。以往研究表明，居住流动经历对个体的社会参与可能存在负面影响。例如，有搬家经历的美国人参与总统选举的投票率较低，投票率还会随着搬迁距离的增加而降低(Highton，2000)。与居住稳定的人相比，居住流动的人往往表现出不愿意讨论社区的需求，也不愿意为改变社区而努力(Kang，2003)。豆雪姣等人的研究也印证了以往的发现。他们以《中国社会心态研究报告(2017)》中的社会参与问卷为基础，做了新的问卷，内容包括为帮助受困受灾的人而捐款捐物、在网上参与社会问题的讨论、参加志愿者服务活动、向政府机构或媒体等反映意见、参加绿色出行、节约用水、垃圾分类、减少使用塑料袋等活动以及向有关部门举报腐败行为等。共有 332 名 18～35 岁的参与者完成了问卷，结果显示，参与者在"小学时期""小学到高中""高中至今"三个阶段搬家次数的总和，与社会参与意愿之间存在负相关。

更重要的是，该研究还发现，地方认同与社会参与意愿之间存在正相关，而且地方认同在居住流动和社会参与意愿之间发挥中介作用，即居住流动次数降低了个体对居住地的地方认同，从而降低了他们的社会参与意愿。这表明，住所的变动易使青年人产生漂泊感，很难与居住地结成相对紧密的情感联系，进而也减少了他们参加公共事务的可能性。城市社会治理可从该研究中得到启示：第一，居住流动经历与社会参与之间存在负向关系，因此，在分析某社区或某城市的居民缘何公共参与度低时，还可以考虑他们的个人居住流动频次的高低。第二，地方认同与社会参与之间存在正相关，且在居住流动与社会参与之间发挥中介作用，因而，培育居住者（特别是新居民）对社区或城市的依恋，加深他们与居住地的情感联系，重视他们对居住地的了解和认同，可以作为鼓励公共参与的准备环节。

2

地方依恋概述

上一章我们讨论了城市空间的社会治理，提出可尝试在城市社会治理的创新优化中引入地方依恋。在这一章我们将深入探索地方依恋的具体内涵及演变，呈现国内外学者们关于地方理论的争鸣，还将从中国的传统文化和社会变迁中提取地方依恋的意象，这些都将帮助您更好地理解地方依恋的本质。

为什么拆迁能引起这么多伤感？

西文庙坪周边地块棚户区改造，许多居民的心情都变得复杂起来。尽管他们知道拆迁改造能带来更好的居住环境，但是对这老街的情谊也着实难以割舍。

为什么灾区原居民对灾后重建有所要求？

地震等灾害使当地居民的居住地遭到毁坏，人们被迫安置到别的地方，他们的生活环境发生巨变，很多人在情感上一时难以接受。人们在重建城市时会反对改变居住地原来的布局，要求重建成以前的样子。

2.1 从恋地情结开始：地方依恋概念的演变

当听到"依恋"一词时，在我们的脑海中，首先呈现的可能是慈爱的母亲，可能是可爱的孩子，抑或是温柔的爱人等。我们与这些重要的他人之间似乎存在着一条无形的线，将彼此紧紧地系在了一起。而事实上，这样一条无形又充满眷恋的线，不仅存在于人与人之间，也存在于人与地方之间。自然灾害无法改变安土重迁的文化渊源，城市更迭中每一处都诉说着故土难离的故事。在本节中我们将从恋地情结开始，介绍地方依恋的孕育与形成，了解学者们如何围绕这一概念开展研究，以及与地方依恋密切相关的其他现象。

2.1.1　地方依恋的起源与发展

2.1.1.1　地方依恋的孕育

20 世纪 50 年代地方感知的研究开启了对人与地之间关系的探索。地方依恋这一现象最初萌芽于人文地理领域，最早由现象学家提出，如加斯东・巴什拉（Gsston Bachelard）和米尔恰・伊利亚德（Mircea Eliade）的研究。他们都聚焦于探索抽象的空间与有意义的地方之间的差异，强调个体与特定空间之间情感和经验的联结。在巴什拉的研究中，"家"作为关注的空间对象，而在伊利亚德的研究中则是神圣的宗教场所。而在心理学领域，对于人地关系的开创性研究始于马克・弗里德（Marc Fried）。他记录了那些被迫搬迁到下波士顿"伦敦西区"的居民，描述了他们的悲痛和不情愿，从而反映出人们对居住地怀有强大的情感联结。

地方依恋源自"恋地情结"（Topophilia）这一概念，而恋地情结最早可追溯到法国哲学家巴什拉于 1957 年出版的《空间的诗学》。巴什拉提出，要想在那些我们曾经居住过或梦想居住的家宅那里，找寻一个属于内心的具体的本质，来证明这个受我们保护的内心空间形象具有独特的价值，我们不能仅仅关注这个家、它的面貌、它的舒适因素，而应超越描述的层面，去探寻这个能让我们产生认同感的地方的原初特性（巴什拉，1957）。

1974 年，"恋地情结"这一概念在华裔地理学家段义孚（Yi-fu Tuan）《恋地情结：对环境感知、态度与价值观的研究》中得到了系统性的研究和发展，成为一个被多学科广泛引用和研究的概念，如地理学、环境心理学、建筑学等。什么是"恋地情结"？段义孚在书中多次对此概念进行了解释。例如，"'恋地情结'是人与地方之间的情感联结"；"'恋地情结'是一个新词，却有着不同的意义，其目的在于它可以被广泛地定义为包含了人类所有对于物质环境的情感纽带。这些纽带在强度、精细度以及表达的方式上都有着巨大的差异"；"恋地情结不是人类最强烈的情感，但当它引人注目时，那一定是这个地方或环境已经成为情绪化事件的载体或被视为符号"，如同思乡的游子，温暖的港湾就是"家"的符号。既然恋地情结在广义上指的是个体与环境之间的情感联结，那是否意味着环境具有不可抗拒的唤起这种情结的能量呢？段义孚给予了否定的答案，他认为地方或环境能为恋地情结提供意象，但这并不意味着地方或环境本身对恋地情结起着决定性的影响作用。（刘苏，2017）

同年，一项研究首次通过问卷调查研究人地关系，探究了社区人口规模、人口密度、居住时长、社会阶级以及年龄五个独立因素对个体与社区之间的联结的影响。结果发现居住时长是建立社区联结的关键因素，表现为居住时长与居住在社区的熟人、亲友的相对数量有着紧密关系（Kasarda & Janowitz，1974）。

2.1.1.2 地方依恋的形成时期

自 20 世纪 70 年代末以来，"依恋"这一概念出现得越来越频繁，而这与社区和邻里的衰落及住宅流动性的争论密切相关。研究者纷纷致力于探究影响依恋的社会人口学和环境因素，但对于"依恋"这一概念及其测量方法并没有达成共识（Giuliani & Feldman，1993）。

"地方依恋"这一术语最早出现在 1977 年葛森（Gerson）等人的研究中，他们发现在一生不同时期以及社会阶级会影响地方依恋的水平。此外，有孩子及社会阶级较高的家庭会表现出更高的地方依恋水平。但葛森等人并没有对"地方依恋"这一概念给出明确的定义（Taylor，Gottfredson，& Brower，1985）。在此期间出现了许多与地方依恋相似的术语来描述人与地方之间的关系，例如，地方依赖、地方认同、社区感、地方感等（Hidalgo & Hernández，2001）。

直至1983年，休梅克（Shumaker）和泰勒（Taylor）对地方依恋进行了明确的定义，即个体与他们居住环境之间的积极情感联结。随后，许多研究者对地方依恋的理解都与之相似，即将地方依恋看作与地方之间的情感关系，认为地方依恋是个体与特定环境之间的一种核心联结。需要注意的是，这种联结中的情感成分可以是积极的（如快乐、欣慰），也可以是消极的（如难过、悲伤）。

由此可以看出，情感这一成分在人地关系中占据核心位置。但也有研究者认为休梅克等人的定义仍然较为模糊，难以将地方依恋与其他概念区分。因此地方依恋有了进一步的发展，如伊达尔戈（Hidalgo）等人将地方依恋定义为个体与一个特定地方之间的积极情感联结，其主要的特征是个体表现出与该地方接近的倾向，这一定义不仅指出了地方依恋中的情感成分，还引入了行为成分。比如，每到春节，几十万人在特定空间里密集转移，不管是飞机、火车、汽车，或者是摩托大军，大多数人的目标是一致的——回家。

除了情感成分和行为成分，还有研究者提出地方依恋的认知成分，将地方依恋定义为个人与特定环境的认知或情感联系。地方依恋的认知成分蕴藏于对该地方的感知觉、记忆等认知过程中，体现在对于该地方的态度、判断、信仰、价值观及其象征的意义上。例如，影片《了不起的盖茨比》开头处描摹了1922年的纽约：股票到达历史巅峰，华尔街股市涨势如虹，摩天大楼高耸入云……纽约可谓是20世纪初美国梦的凝结地，令无数野心勃勃的年轻人趋之若鹜。

2.1.1.3　地方依恋的研究方法

总体上，地方依恋的研究方法可划分为定量研究和定性研究。

其中，定量研究方法分为两种，第一种是间接测量法，采用替代性指标对地方依恋进行探究，如居住时间的长短、邻里关系、住房的所有权等。这些指标并没有对个体对地方的情感联结做出直接的测量，而是测量基于这些情感联结所引发的行为，从而对探究地方依恋的组成及如何对其进行准确的测量造成了一定的阻碍。因此有了第二种测量方法——量表法。许多研究者都认为地方依恋是一个多维的概念，他们根据自己的研究提出不同的组成维度并编制相应问卷。

两维度说：威廉姆（Williams）和罗根布克（Roggenbuck）将地方依恋划分为两维度，包含地方认同和地方依赖，这一结构对地方依恋的结构划分具有重要的参考意义（Williams ＆ Roggenbuck，1989）。

三维度说（Ⅰ）：凯勒（Kyle）等人在两维度结构的基础上增加了社会联结，指的是一种生活社交形态关系。因此，地方依恋被划分为地方认同、地方依赖和社会联结三个维度（Kyle，Graefe，Manning，＆ Bacon，2004）。

三维度说（Ⅱ）：布瑞克（Bricker）和克斯泰特（Kerstetter）在两维度结构的基础上增加了生活形态，指的是人们的日常生活和地方因互动而产生关联，进而衍生出深刻的情感联结。因此，地方依恋被划分为地方认同、地方依赖和生活形态三个维度（Bricker ＆ Kerstetter，2000）。

五维度说：哈米特（Hammitt）等人将地方依恋划分为人对地方的熟悉感、归属感、认同感、依赖感和地方根基（Hammitt，Backlund，＆ Bixler，2006）。

如果想要更为深入地探究地方依恋对个体的意义及环境对个体连续的影响，则需要采用定性研究。定性研究旨在深入探索地方所承担的含义，分为两种。一种是口头测量的方法，包括深入访谈法、有声思维报告、受访者自我总结和自由联想。如威廉姆对那些不是用于常年居住而是间断性居住的节令性住宅的地方意义进行研究，采用半结构化访谈，访谈问题包括如"这个地方有什么特别之处""是什么决定让你在这里买了一个节令性的住宅"等，通过深入分析被访者的回答来探究该地方所具有的意义（Van Patten & Williams，2008）。另一种是图片测量的方法，认为图片上的不同地方都具有不同的地方含义，如被访者使用不用色彩的笔在图片上圈出与一定心理意义相匹配的地方，例如，喜欢或讨厌、是我的或不是我的、安全或危险等，通过颜色与数字的对应将被访者的反应量化（古丽扎伯克力，辛自强，李丹，2011）。给予被访者的图片可以是事先准备好的，也可以是被访者自己现场标注的。如潘莉等人在探究地方依恋的元素和强度时，让被访者自行准备最能表达其地方依恋的图片，可以是真实拍摄的，也可以是自行绘制的或是选自报刊的等（潘莉，张梦，张毓峰，2014）。图像材料也被作为基于地图的地方依恋的测量工具，如结合空间地图来测量。

口头测量和图片测量经常结合在一起使用，让被访者先看到富有意义的地方照片，而后在访谈期间进行评论。

延伸阅读

怎么测量你对某个地方的依恋呢

研究者使用地方依恋量表来测量个体对特定地方的依恋水平，该量表以威廉姆和万斯克编制的量表为基础（Williams & Vaske，2003），进行翻译和适合中国国情的修订（池丽萍，苏谦，2011）。量表共分为两个维度，共计 12 个题项。采用利克特 5 点计分，数字表示题项所述与个体在特定地方中的体验的相符程度，1＝非常不同意，2＝比较不同意，3＝不确定，4＝比较同意，

5＝非常同意。请在脑中提名一个地方(比如你的家乡)，现在我们来看一看，你对这个地方的依恋度有多高。

　　1. 我觉得"这个地方"已经成为我生命的一部分。(　　　)

　　2. "这个地方"对我有特殊的意义。(　　　)

　　3. 我强烈认同"这个地方"。(　　　)

　　4. 我非常依恋"这个地方"。(　　　)

　　5. 在"这个地方"的经历丰富了我对自己的认识。(　　　)

　　6. "这个地方"对我有很深刻的意义。(　　　)

　　7. 对于我喜欢做的事情来说，"这个地方"是最好的选择。(　　　)

　　8. "这个地方"是其他地方不能相比的。(　　　)

　　9. 在我去过的地方里，我对"这个地方"最满意。(　　　)

　　10. 虽然在其他地方也可以做类似事情，但"这个地方"更适合。(　　　)

　　11. 与其他地方相比，我更喜欢在"这个地方"做某件事情。(　　　)

　　12. 我在"这个地方"所做的事情，不愿意在其他地方做。(　　　)

　　注：1～6题为地方认同，7～12题为地方依赖。数值越大，表明对"这个地方"的依恋越强。

2.1.2　与地方依恋相关的概念简析

　　"地方"是环境心理学领域的核心概念之一。"地方"与"空间"在内涵上有一定的交叠，又不完全相同。学界对这两个概念的见解趋于一致，即地方是被赋予了意义的空间。不过，前文也提到过，对于如何定义和测量人与地方之间的联结，学者们还未达成共识。伴随着环境心理学及其相关学科的研究进程，人与地方之间关联的术语不断涌现，除了我们一直讨论的"地方依恋"，还有地方感、地方认同、地方依赖、社区依恋……这些概念有相容之处，也有差别，要完全厘清可能并不是易事。正因如此，许多研究者甚至认为，对相关概念进行清晰界定尚存不足，在一定程度上制约了人地关系这一研究领域的发展。接下来，我们将设法对所列的术语做出说明。

2.1.2.1　地方认同

当你自豪地说出"我是中国人"的时候，"中国"这一地方已经成为你定义自我的一部分，即自我认同的一部分，这便是对"中国"的地方认同。地方认同（place identity）最早于 1978 年由普罗肖斯基（Harold M. Proshansky）提出，他认为地方认同是与物理环境相关的自我的一部分。1983 年，普罗肖斯基等人指出地方是个体自我认同的功能性成分，而地方认同是"客观世界社会化的自我"（Proshansky，Fabian，& Kaminoff，1983）。它所指的是个人或群体在与地方的互动中实现社会化的过程。这个过程包含了感知、情感与认知等多种复杂的心理过程，通过这一社会化的过程，个人或群体将自身定义为该地方的一分子，从而通过地方来构建自身在社会中的位置与角色。

地方认同如同一种认知的背景，影响着个体在不同的环境中的所见、所感和所想。普罗肖斯基认为地方认同在某种程度上满足了个体自我认同整合的需求，他进一步阐述了地方认同所具有的五个功能，分别是：第一，再认功能（recognition function）：地方认同提供了一个过去的环境作为认知背景，进而将所处的新的客观环境与这个环境背景进行比较并做出判断。第二，意义功能（meaning function）：个体对某环境应该是什么样的，在其中应该发生什么以及自身与他人应该在该环境中做什么会形成一个认知结构，根据这个认知结构，个体会对给定的环境赋予一定的意义。在现实生活中，当个体扮演着不同的角色时（如妻子、医生等），他会根据自身的地方认同对该角色所需的环境设置有所设想，并会预期自己在其中的行为表现。第三，需求表达功能（expressive-requirement function）：当地方认同所提供的认知与给定的客观环境的属性不匹配时，个体必须做出行动以缩小二者间的差距。这需要个体对自身的品位、喜好以及什么样的环境能实现其需求有一个清晰的认知。如果个体通过行动最终使得需求得以实现，那么个体的地方认同与环境之间则会互相支持，更重要的是环境属性的改变能强化个体的自我认同。第四，调节改变功能（mediating change function）：当给定客观环境与个体的地方认同存在差异时，地方认同的三种认知将被激活，用以减小或消除该差异。这三种认知为一是改变客观环境本身的认知；二是设法改变环境中他人行为的认知；三是改变自身行为的认知。这三种认知的启动是减小差异的必要前提。第五，焦虑防御功能（anxiety and defense function）：识别出客观环境中的威胁和危险因素，激发保护个体远离危险的行为倾向（Proshansky，Fabian，& Kaminoff，1983）。

对于地方认同与地方依恋的关系，研究者们尚未达成共识。有学者认为地方认同等同于地方依恋，在研究中也常常将二者互相指代。但也有学者认为地方认同是地方依恋的一个维度（Williams & Vaske，2003），或地方依恋是地方认同的一个维度（Lalli，1992）；还有学者认为两个概念相互独立，共同存在于一个包容性更强的概念，如地方感（Jorgensen & Stedman，2001）。

2.1.2.2　地方依赖

改革开放后，中国东南沿海地区经济发展迅速，城市日新月异，吸引着许多外来者的到来，如此大规模的人口流动至今仍在继续。这些新兴的城市作为流入地，承载着劳动者对美好生活、自我实现的梦想，与之相比，家乡作为流出地，或许因为发展相对滞后而稍逊一筹。外来者的流动选择，反映了他们对流入地所持有的"地方依赖"。地方依赖（place dependence）是指个体对地方可提供的便利设施和资源的功能依赖。对一个地方的依赖意味着在这个地方可以实现某些目标及做成我们想做的事情。

地方依赖关注的是一个环境在多大程度上能实现个体自身的目标。这个过程涉及个体感知其与特定环境之间的联系有多大效力，即个体会考量，当我与这个地方发生联系时，能对我的目标产生怎样的效果。这种联系的效力不一定是有效的，可能只是将当前环境所获得的结果与其他替代方案获得的结果进行比较，然后做出的选择可能只是所有无效替代方案中最好的一个。

为什么一个人会经常拜访某一个地方，却不再前往其他地方，穆尔（Moore）和格雷弗（Graefe）认为，这是与个体对这个地方的依赖密切相关的。他们基于对娱乐场所的研究提出，经常在某个特定的地方参加活动的个体倾向于依赖这个地方并且更重视它，因为它有助于个体实现自己想要的目标，参与他想要的活动。他们对于新英格兰白山区徒步旅行者的研究发现，他们对白山区的依赖是因为白山区有旅行者喜欢的悬崖、岩石等（Moore & Graefe，1994）。

由此我们也可以知道，年轻人不断涌入北京、上海等一线城市，其中一个重要的原因就是这些城市拥有大量的便利设施、丰富的资源以及更多的发展机会。这些都有助于年轻人实现其心中的某个目标，因此地方依赖也常常与个体通过地方经验而实现自我相关。

与地方依恋不同，地方依赖是基于一种地方功能性的依赖，意味着个体与某一地方之间建立起的联系的强度可以是基于特定的行为目标，而不是基于一般的情感。如果一个地方限制了个体实现他所认为的有价值的目标，那么这个地方在一定程度上对于该个体来说是负面的。

2.1.2.3 地方感

描述人与环境之间关系的概念有许多，其中地方感（sense of

place)是一个总体的概念，它涵盖了人类与空间环境之间关系的其他概念。一般而言，地方感指的是个体或群体为某空间环境赋予了意义。地方感是人与空间环境相互作用的产物（唐文跃，2007）。当一个人来到某个环境时，便开始与这个环境相接触相互动，也就会对这个环境产生反应，他的某种经历、记忆、感受、价值等因素就会使其对这个空间环境形成一种感觉结构，这就是地方感。

许多研究者都曾探讨过地方感的维度，有的认为地方感是一个可以满足人们基本需要的普遍的情感联系，是一个一维概念。更多的研究者认为地方感是一个多维的、包容性很强的术语，一般被划分为2～6个维度，涉及的概念有：地方依恋、地方依赖、地方认同、地方意义、根植性、归属感、满意度、环境与健康、社会联系、邻里关系等。如威廉姆等人在测量社区地方感时将其划分为社区根植性、社区情感、邻里关系、环境与健康四个维度（Williams et al.，2010）。另一项研究在研究青少年和成年居民的地方感差异时，将地方感分为地方依恋、社区感、地方依赖三个成分（Pretty，Chipuer，& Bramston，2003）。

一项研究在调查威斯康星北州的海岸线业主的地方感时，提出使用态度框架来建构地方依恋，这个框架中结合了对空间环境的认知（如感知和信念）、情感（如情绪和感受）和意向（如行为倾向和责任），即地方认同可作为地方感的认知成分，地方依恋作为情感成分，地方依赖作为意向成分（Jorgensen & Stedman，2001）。随后，这种地方感的维度划分得到了许多研究者的认可，比如有研究在测量居民地方感的存在及强度时，将地方感划分为地方依恋、地方认同、地方依赖三个维度（Nanzer，2004）。此外，还有研究在探讨地方感对居民是否接受土地使用规划决策的预测作用时，对地方感的维度做出了相似划分（Tapsuwan，Leviston，& Tucker，2010）。

钱俊希等人在探究广州移民的地方感时，发现地方依恋、地方认同和地方依赖这三个维度间存在复杂的关系，地方依赖对地方认同和地方依恋存在显著影响，而地方认同又会进一步影响地方依恋(Qian，Zhu，& Liu，2011)。因此他们提出，之所以地方感所包含的维度还没有达成广泛的共识，可能是因为地方感的内部维度之间随着特定的环境和研究背景存在动态变化。不过，也正是因为这些构成地方感的维度之间存在或多或少的差异，才使得地方感得以完整的塑造。

2.2　地方理论：争论与统一

通过上一节我们知道了人与地方之间存在着密切的联结，了解了地方依恋的概念形成与发展，那么，人对地方的依恋是如何产生的？地方依恋的形成与人际依恋的形成有什么异同？本节将阐述来自不同学科背景的学者对地方依恋的不同见解，描绘一幅地方理论百家争鸣的画像。观点的多样化为全面深入地了解地方依恋提供了丰富的土壤，凝结出有关地方依恋的共性。2010 年，加拿大心理学家斯坎内尔和吉尔福特提出了一个较为全面的地方依恋的三维结构理论，围绕人、地方、过程三个维度展开对于地方依赖的讨论。第一章曾提到过该理论，本节将对这一理论展开更详尽的阐述。

2.2.1　争鸣：对地方依恋的不同理解

在上一节中我们了解到，随着"地方"相关的一系列概念，包括地方感、地方认同和地方依赖等的出现，"地方依恋"的界定和包含的维度呈现多样化的局面。根据不同的学科背景，各个研究领域的学者对"地方"相关的术语有着不尽相同的理解，促使地方理论呈现多样化的局面，如人文地理学强调个体的主观地方体验、紧密的情感纽带和个体建构的地方意义。环境心理学家则把人嵌入环境之中，并对这种嵌入有积极的界定和形塑，强调个体与居住环境之间的积极情感联结。休闲和旅游学家则强调人对地方产生的功能性和情感性依恋等。

2.2.1.1 地方芭蕾

美国人文地理学家西蒙（David Seamon）使用"地方芭蕾"来比喻地方依恋的形成。请想象一场芭蕾舞表演，演员们按照既定的舞步，时而聚拢，时而分散……早在20世纪80年代，西蒙就试图从现象学的角度探究地方依恋产生的机制，并提出地方芭蕾（place-ballets）的观点。地方芭蕾包含身体芭蕾（body-ballets）和时空常规（time-space routines）两部分。身体芭蕾是指用于维持某一特定任务或实现某一特定目标的动作组合，类似于单一的舞步和手部动作，比如，驾驶、洗碗、建房等。时空常规指的是持续了一段时间的习惯性的行为组合，类似于芭蕾的队形变换，其特征是时间和空间上的规律性（Seamon，1980）。

时空常规由多个身体芭蕾组成。让我们以梅诺米尼人的典型日常生活为例：黎明时分，女人们前往小溪取水，生火，准备早餐。早餐过后，男人和孩子们外出打猎、钓鱼，女人们则采集农作物、编织、照顾孩子。在这个典型的日常生活模式中，人们的规律性行为就是时空常规，其中包含了许多身体芭蕾，如取水、生火、打猎等，这些都是简单的手臂、腿部和躯干的动作组合，通过训练和练习后，快速熟练地运用以满足某一目标。

地方芭蕾融合了身体芭蕾和时空常规，将人、时间、空间联系在一起，形成一个时空的动态结合，使枯燥的空间充满活力。地方芭蕾的持续性、规律性有助于人与地方之间形成联结，有助于个体对该地方形成强烈的地方感。试想，当我们每天早上都需按时出门走到某一车站等车去上班，坚持了一段时间后，我们自然会对这个车站，甚至这一条通往车站的路产生紧密的联结感。当个体在其日常生活中形成了一系列典型的时空常规后，遵循习惯行事可以在很大程度上节省个体所需的决策和计划过程，个体可能会对这一常规产生依恋，当打断这一常规时，可能会引发个体的焦虑。此外，不同个体的时空常规使得他们在某一特定地方相遇，久而久之，个体会对对方产生熟悉和友好的感觉，这种人际间的熟悉感和友好互动进一步促进了依恋的产生。

2.2.1.2 地方依恋的发展理论

澳大利亚学者摩根（Paul Morgan）认为地方依恋的形成源于孩童时期的地方经历。在童年时期，某一地方对个体存在积极影响的经历会影响个体对自身以及对这一地方的心理表征，使得个体在无意识中形成一种对该地方的内部加工模式，这种模式从主观上表现为一种与该地方的持续的积极联结，这便是地方依恋（Morgan，2010）。

交换理论（transactional theory）认为，个体的发展形成于孩子与环境之间的相互作用，交换过程的典型体现是抚养者与孩子之间互惠互助的作用，这也是依恋理论所强调的（Sameroff，1975）。依恋学家和地方理论学家对"交换"发生的背景持有不同观点。依恋学家认为，交换理论只适用于社会环境，而地方理论学家强调，地理环境在个体发展中也扮演着重要角色。因此，摩根将依恋理论与地方依恋理论相整合，提出了地方依恋的发展理论。

依恋理论认为，主观的情绪状态驱动着人类的行为。美国依恋理论家利希滕贝格（Lichtenberg）提出为调节和实现基本需要，人类行为受到五个动机系统的驱动，其中依恋归属的动机系统（attach-ment-affiliation motivation system）激发出接近和寻求关爱的行为，探索导向的动机系统（exploration-assertion motivational system）激发出环境的参与行为。

基于这两个动机系统的相互作用，美国学者马尔文（Robert Marvin）等人提出了一个与抚养者相关的儿童行为模型（The Circle of

Security Model）。该模型描述了一个儿童在物理环境中，以依恋对象为起点和终点的行为模式。当探索导向的动机系统被激活时，儿童离开依恋对象进行探索和游戏，当孩子在探索过程中出现疲劳、焦虑或苦恼时，依恋归属的动机系统激活，进而寻求与依恋对象的接近以调节情绪。该模型揭示了儿童的发展轨迹是如何通过他们与依恋对象相互作用的体验模式来塑造的（Marvin，Cooper，Hoffman，& Powell，2002），但是物理环境在其中并未起作用，探索和游戏的动机只体现在了儿童身上，并未体现出儿童与环境之间的关系。在儿童看来，环境是一个富于生机而有魅力的存在，其本身的重要影响不可忽视，因此地方依恋的发展理论整合了物理环境本身的性质，更为详细地阐述了个体的行为发展。

图 2-1（Morgan，2010）呈现了以依恋对象和地方为两极的儿童行为模式，在马尔文等人的基础上，地方依恋的发展理论整合了人际依恋与地方依恋，保持了其对依恋归属的路径，对探索导向的路径进行补充，认为儿童处于物理环境中时，会激活探索导向的动机系统，导致着迷与兴奋的内部状态，促使儿童离开依恋对象进行探索与游戏，而这种与地方的互动会对儿童的征服感，冒险精神和感官上的体验产生积极的影响。

图 2-1　人际依恋与地方依恋的整合模型

地方依恋产生于儿童与环境相互作用过程中的唤醒、探索和游戏。随着重复体验到的积极影响，这种与环境的互动内化成为一种无意识的内部工作模式，而地方依恋正是这一模式的体现。

2.2.1.3　人际依恋视角下的地方依恋

将地方依恋与已有的相似概念相比较是一种用于理解地方依恋如何在心理上运作的方式，顾名思义，对地方的情感联结应该与对他人的情感联结有着许多相似之处。在研究人际依恋时，美国心理学家鲍比(John Bowlby)描绘了表征依恋关系的四个心理过程，分别是接近(proximity)、避风港(safe haven)、安全基地(secure base)、分离焦虑(separation distress)(Bowlby，1982)。这四个过程同样适用于地方依恋。

第一，寻求对地方的接近可以表现为重复参观某个地方或选择居住在某个地方。不畏艰难险阻地到圣地朝圣(Mazumdar & Mazumdar，2004)，一年一度与家人去海滨度假，都是接近的表现。当无法直接与地方接触时，还可以象征性的方式得到满足，如生活在墨西哥的摩门教徒通过在他们的家中加入熟悉的地方要素来与家乡保持联系(Smith & White，2004)。不过，和人际依恋中的寻求接近不同，个体寻求与地方接近的原因尚未明确，这种接近是否也是因为受到威胁而产生的也还有待探究。

第二，地方作为依恋对象，还可以作为个体的避风港。当个体遇到威胁时，可以撤回这个避风港，从而舒缓情绪，思考问题的解决方式。弗里德认为地方作为避风港的功能对处于边缘的个体和人群尤为重要，因为在日常生活中他们需要应对更多的压力源(Fried，2000)。

第三，地方还可以作为一个安全基地，一旦建立安全，就能激发个体的探索行为，提升个体的自信，促使个体去探索更广阔的外部世界。

第四，当与地方相分离时，个体同样也会产生分离焦虑，但是与人际依恋中的分离焦虑不同，如何治愈与地方相关的哀痛还未进行系统的探究。

目前研究较多关注于人际依恋的分类，即分为安全型依恋、焦虑型依恋和回避型依恋，相比之下，对地方依恋分类的研究还比较匮乏，许多研究者仅提出了一些自己的疑问。首先，是否存在人际依恋类型与地方依恋的关联，如不安全的人际依恋是否可能与较低水平的地方依恋、地方相关的满足感及社区联结相关？当离开家乡时，焦虑型个体是否相比安全型更容易思乡？其次，是否存在稳定的不同类型的地方依恋，如是否有些人会一直担心失去他们所依恋的地方？是否有些人可能会抵制长期停留在一个地方，避免扎根太深？是否有些人可能会是安全型的，因为他们能在满足安全感和探索之间取得平衡？尽管这些与人际依恋相对应的地方依恋风格看似合理，但却缺乏充足的研究证据。

2.2.2 一个相对完整的理论：地方依恋的三维结构理论

2010年，加拿大心理学家斯坎内尔和吉尔福特提出地方依恋的三维理论，将众多杂乱的地方依恋定义归入一个简单的理论框架中。该理论认为，行为者、心理过程、地方依恋的对象三者构成了地方依恋的三个维度（Scannell & Gifford，2009）。该三维结构框架系统地梳理了地方依恋的主要定义，随着以后的深入探究，对各维度的理论将更加丰富和深入，有望实现对地方依恋这一现象的全面理解。

2.2.2.1 地方依恋：人

人作为地方依恋的主体，主要有两个层面：个体与群体。在个体层面上，地方依恋涉及个人经历与该地方之间的联系。一般说来，个体在一个地方留下了难忘的回忆，他也会对这里产生较深的地方依恋，而这种地方依恋影响着个体形成稳定的自我意识。同样地，当个体在某一特定地方经历了一些重要的事件，他会赋予这个地方重要的意义。重要事件包括实现了目标，如成功求婚；经历了重要的人生转折，如与挚友相遇；体验到个人成长，如参与了毕业典礼。有研究者认为，与其说一个地方本身对个体来说具有重要意义，不如说这种意义来源于该地方承载着个体的经历（Manzo，2005）。

在群体层面上，特定地方的象征意义具有群体特征。群体性的地方依恋在宗教群体对圣地的依恋上有较好体现。圣地是宗教文化中被上升至神圣地位的地方，宗教人士对于特定的圣地有共同的向往（Mazumdar & Mazumdar）。甚至区域内一些较小规模的教堂、寺庙，都有可能成为该地宗教人士的活动中心，在本地区宗教成员中具有共同的重要意义。对这些地方的崇敬、接近和保护既能满足群体成员的精神需要，还反映了他们对该宗教文化的忠诚。

除了宗教群体的圣地，还有得到其他形式群体成员依恋的地方。有学者将地方依恋描述为一个在社区中交互的过程，社区成员之所以对该社区产生依恋，是因为他们可以在这一地方体验、实践他们的文化，进而使文化得以保存。比如，陈忠实在长篇小说《白鹿原》中着重描写的祠堂，在当时当地的社会背景下，乡民由族长带领在祠堂中进行祭祀、奖惩、协商御敌等群体活动，形成了具有时代特征的祠堂文化，而祠堂对于大部分乡民而言也意味着深厚的价值观和情感归属。祠堂或许是主流文化的一个缩影，在更大地域空间上，文化通过共同的历史经验、价值观和意义符号将群体成员联系在一起。斯坎内尔推测，某一特定地方对于拥有相同文化背景、宗教背景或拥有其他共同经历的群体成员来说具有相同的意义，并且在许多时候，群体成员会将这种意义传递给后代，使得对该地方的依恋在一定程度上延续了下去。

那么个体层面的地方依恋和群体层面的地方依恋之间泾渭分明

吗？答案或许是否定的，即地方依恋的群体和个体水平并非完全独立。比如，对宗教地的依恋不仅能基于群体产生，还能发生在个体层面上。一个地方可以通过个体的经历，如顿悟而被个体赋予重要的精神意义。因此，一个地方在群体层面上所具有的文化意义和价值，会在一定程度上影响个体的地方依恋程度；个体在该地的积极经验，也会反过来作用于基于文化产生的依恋。由此可见个体的主观能动性以及基于地方依恋的社会治理具有合理性。

2.2.2.2　地方依恋：心理过程

第二个维度涉及个人和群体与地方之间的联结，以及发生在该地的心理互动的本质。斯坎内尔参考前人将地方感视作一种态度的观点（Jorgensen & Stedman，2001），将地方依恋的心理过程分为三个部分，即情感、认知和行为。

心理过程中的情感成分　毕业多年重回母校的欣喜，远离故土背井离乡的忧伤，定居梦想之城后的兴奋……地方依恋作为人与地方的联结，最为突出的表现形式正是在情感上。人文地理学家最早关注到个体与地方之间存在联结，如1974年段义孚提出的"恋地情结"，1976年瑞弗（Relph）提出的人与地方之间存在一种满足个体基本需要的情感纽带。随着环境心理学家对地方依恋的探究，地方依恋中的情感成分越加凸显，如有研究者强调对地方及其外观的自豪感（Twigger-Ross & Uzzell，1996），还有研究者强调地方给人带来的幸福感（Harris，Werner，Brown，& Ingebritsen，1995）。这种对地方的情感联结尤其表现在关于搬迁的研究中（Fullilove，1996），当人们被迫离开自己的居所时，会感觉悲伤、难过，随着时间的推移，个体会表现出对故居的怀念。

地方依恋通常是根据人与地方之间的积极联结来定义的，用以描述个体想要和某地保持亲近以及希望体验该地带来的积极情绪体验的心理过程。不过，人地之间的情感联结并非总是积极的，即具有显著意义的地方不总是引发个体的积极情绪。个体在特定地方不仅可以感受到爱、幸福和满足，在该地方的不愉快经历或创伤还可能导致个体的消极情感，如恐惧、矛盾和仇恨。虽然这些负面的重要经历也可能导致个体赋予地方重要意义，导致其与该地的联结，但通常情况下，我们对地方依恋的理解还是着重于积极情感联结的一面。

心理过程中的认知成分　说起故土难离，每个人总能谈到记忆中与童年和故乡有关的重要地点，小卖部、电影院、街心公园、游乐场、书店……说起城市，几乎每座知名的城市都有专属的地标建筑，伦敦塔桥、纽约自由女神像、东京塔、新加坡帆船酒店、上海陆家嘴超高层建筑群……从家乡的小卖部，到城市中精致绝伦的地标性建筑，它们指向了地方依恋中另一项重要的成分——认知成分。个体对依恋地的记忆、认识、信念以及建构出来的地方所具有的意义使得这一地方对个体来说具有独特的重要性。正如人们会对发生过重要事件的地方更加依恋，个体对某一地方的记忆包含了对个体过去的表征，通过记忆个体为这一地方建构特定的意义并将其与自身联系起来，进而促进对这一地方的依恋的形成。此外，个体在理解周围环境时，往往会将信息构建成一组认知信息或图式，以便在最大程度上连贯简便地处理这些信息。图式（schema）也称认知结构，指的是个体所构建的有关思维和动作的组织化的模式，用于解释一些相关的经验，比如个体会根据别人对自身的反馈建立起对自我的图式，如包含我是一个外向的人、我在某一方面是专业的等，这就有助于我们理解并组织所接收到的与自我相关的信息，进而提供了一种了解自我的快捷方式。同样，在感知、加工与地方相关的信息时，图式同样适用。比如，熟悉感是地方依恋认知成分的一种表现，依恋一个地方即了解关于该地方的细节信息并能将这些细节加以建构。此外，许多人可能会表现出对某一类型的场所更容易形成依恋，如田园乡村或是健身场所等，这其中其实暗含了这一个体更容易对具有哪些特征的地方形成依恋的图式。对于那些追求体态美的人来说，他们可能构建起了一个喜欢可以维持体态的地方的图式，因此无论是健身房，还是公园的跑步道，他都更有可能形成依恋。因此，地方依恋包含了个体根据自身信念，以及个体基于对该地方细节和功能的了解建立起的图式。

此外，地方依恋形成中的认知过程还体现在地方对个体的自我表征的影响上。正如在上一节中提到的由普罗肖斯基提出的地方认同的概念，当个体自身与某一地方之间存在某些相似性，或某一地方具有某些如名胜古迹、文化村落等突出的特征时，个体可能会将有关该地方的记忆、思想和偏好等纳入对自我的定义中。此外，地方还能为个体提供相似性与独特性的信息，如与社区成员的房屋外观相似能给人以归属感，而物理环境的差异，如地理位置和气候的差异则能满足个体独特性的需要。当地方能影响个体对自身的表征，使个体将这一地方的某些特征融入对自我的认同当中时，个体对这一地方的依恋也在这个过程中建立了起来。

心理过程中的行为成分　　地方依恋通过行为的表达主要体现在对地方的接近及重建。对所依恋的地方的接近行为可以表现在当个体离开家乡拼搏，年长时想要回乡的迫切愿望。另一行为表现体现在地方的重建及搬迁、装修的选择中。例如，1974 年遭受龙卷风袭击的美国俄亥俄州的捷尼亚，市民本可以通过灾后的重建解决一些之前存在的城市规划问题，但他们却选择保留从前的那个捷尼亚（Francaviglia，1978）。此外，当个体必须搬迁到新的地方时，他们会更多地选择与依恋地相似的地方，以此保留对该地方的依恋。

延伸阅读

态度的 ABC 模型

梁宁建(2006)

斯坎内尔将地方依恋划分为情感、认知和行为三种成分，是基于态度的理论模型。在此，我们简单介绍一下心理学中态度的定义以及态度的 ABC 模型。

态度是指个体基于过去经验对周围的人、事、物持有的比较持久而一致的心理准备状态或人格倾向。美国心理学家布雷克勒(Breckler)在 1984 年提出态度的 ABC 模型，认为态度包括情感成分(affect)、行为意向成分(behavior)和认知成分(cognition)。

认知成分指的是个体如何知觉态度的对象，它既可以是具体的人、物、事，也可以是代表人、物、事的抽象概念。不管是抽象的还是具体的态度对象，人在认知时总是带有一定倾向。例如，"认为人性的善恶是与生俱来的"，虽然比较抽象，但是表明了说话者对于人性善恶的看法，反映的是说话者对人性善恶这一态度对象持有的信念。

情感成分是个人对态度对象的评价与内心体验。例如，对于朋友的某一个观点你是接纳还是拒绝、对于某一个事物你是喜欢还是厌恶、对于某一项工作你是热爱还是憎恨、对于某一起事件你是同情还是冷淡等，这些都反映了个体对于态度对象的好恶情感以及内心体验。

行为意向成分指的是个体对态度对象的行为准备状态，反映了个体对态度对象的行为意图和准备状态。态度一旦形成，就会对态度对象产生既可以是积极的，也可以是消极的影响，如一旦你对垃圾分类持有支持的态度，那么你在丢垃圾的时候就会积极地遵循分类标准。此外，态度具有特定的意动效应，一项有趣的实验是这样做的，实验人员让被试闭上双眼，手中拿着一根线，线的末端系着一个重物，让被试想象此时正有一个磁场正吸引着这个重物，使其左右摇摆，同时让他保持手的静止，默想几分钟后让被试睁开双眼，他会惊奇地发现重物正按照他想象的方式在摆动。

2.2.2.3　地方依恋：地方

地方作为依恋的对象是三维结构中的第三个维度。据前人大量的研究，被个体依恋的地方对象主要有社会和客观两种属性。由此，地方依恋也可分为"基于地方社会属性的依恋"和"基于地方客观属性的依恋"。

地方的社会属性主要有两方面指向：一是地方所能提供的社会支持和人际网络；二是地方所象征的社会意义。地方所提供的社会属性得到了许多研究者的关注。比如，有些研究对比了居民在新旧两种住宅小区的居住满意度，虽然老小区让居民感到拥挤，但仍能令居民感到居住满意，在一定程度上是因为老小区中形成了令个体感到熟悉的邻里关系。西方的社区研究得到了相似的结果，比如，弗里德等人发现，尽管个体所生活的社区非常破烂，但他们依然对这个社区产生了很深的依恋，其奥秘是社区成员间的互动联系。

地方所象征的社会意义是地方社会属性的另一指向。地方的社会意义表现为华尔街象征着金融、财富汇聚，而硅谷和中关村象征着科技创新和人类智慧……斯特德曼提出的地方依恋模型以地方意义为基础，该模型认为，与其说个体依恋的是地方的特征，不如说个体依恋的是依托该地方特征所产生的意义。一个人对其所生活的城市产生依恋，在一定程度上源于该城市所能象征的社会身份。这种象征的社会意义也可能来源于记忆，比如一个人因为某个新地方的气候而对其产生依恋，可能是因为这种气候和儿时依恋的地方的气候相似，而这个地方就象征着过去的那个地方。

地方依恋还能基于地方的客观属性产生。地方依赖作为地方依恋的重要组成部分，揭示了地方所拥有的设施和资源在地方依恋中的重要性。小到个体所居住的家、街区等，大到自然环境的公园、山水，都能在一定时空中提供相应的设施资源，来满足个体需求或达成个体目标，从而促使个体形成对该地方的依恋。

基于地方社会属性的依恋和基于地方客观属性的依恋并非独立存在的两种形式，相反，二者能相互作用，进而影响个体的地方依恋。一方面，客观属性能够影响该地方所能提供的社会属性，如"步行社区"（可见 9.1.3）为居住者提供了良好的户外活动环境，为街区内个体的社会交往提供了条件，从而增强街区内的社会凝聚力，最终对个体的街区依恋产生积极影响。健身房也具有同样的表现，个体出于健身的目的对健身房产生依恋（这里主要是地方依赖），而志同道合的人汇聚在一起，这种社交互动又会加强地方依恋的程度（这里或许会产生地方认同）。另一方面，个体对地方社会属性的依恋也可能作用于个体对客观属性的依恋，比如上文的例子，个体对气候的依恋可能是因为这样的气候代表着个体的过去。个体过去生活的地方记录着个体过往的经历，因而被赋予了重要意义，于是与该地方有关的空间特征或客观属性也被打上了烙印。

2.3　中国文化中的地方依恋剪影

虽然地方依恋作为专业术语进入研究者的视野才六十几年，但人与地方之间的特殊联结古已有之。中国是农耕文明的发源地之一，人与地之间的情谊体现在历史及社会文化生活的方方面面。前两节讨论了地方依恋的内涵、相关概念以及理论模型，接下来本节将把地方依恋置身于我国的文化背景下，呈现一幅中国文化中的地方依恋剪影。本节首先将从农耕文明、村落建筑、诗词言语及节日习俗四个角度展现中国传统文化中存在的地方依恋现象。随后将结合中国的新型城镇化道路，展现其进程中不同个体的地方依恋的变化。最后将介绍中国学者对于地方依恋现象的探索。

2.3.1 中国传统文化中的地方依恋意象

虽然"地方依恋"的学术概念源起于 20 世纪 50 年代，但个体与地方之间存在联结的现象在传统社会中就能寻到踪迹。《静夜思》的"举头望明月，低头思故乡"广为流传，其中便蕴藏了浓浓的思乡之情。回望中国的几千年文化史，在各个不同的时期中都能寻得一些人们依恋土地，尤其是依恋故土的意象。

2.3.1.1 农耕文明中的地方依恋

中国是古代农耕文明的主要发源地之一，农耕文明作为中华文明的核心，孕育了地方依恋的许多重要意象。早在很久以前，中国早期农业就形成了南稻北粟的格局。先秦时期民间流传的《击壤歌》中："日出而作，日入而息。凿井而饮，耕田而食。帝力于我何有哉！"描绘出一幅农民最原始的生产和生活图景，前两句道出了农民的时间和空间的规律性，即西蒙所述的地方芭蕾（详见 2.2 节），而这种地方芭蕾促进了人与土地之间的联结，使农民对其产生浓烈的地方感。后面两句道出土地为农民提供了重要的生活资源，体现了农民对土地的依赖。而最后一句道出了农民对生活状态的满意和自豪，不仅反映出地方依恋中的人与地方的积极情感联结，还反映了农民对自身能力的肯定，即土地上的劳作经历在一定程度上融入农民的自我认同中。

此外，金子武雄认为水田稻作的特色是，田地被开发后，如果适当管理，能永久使用。因此，田地的开发加强了人们的定居性（李朝辉，2006）。个体在一个地方居住的时间越长，越容易形成对该地方的根植感。

除了这种对土地的客观属性的联结与依恋，农耕文明下还滋养了人们对地方社会属性的依恋。由于自给自足的生产方式、长期定居的生活方式及频繁的自然灾害，让以血缘为纽带的聚族而居成为中国古代的习惯，家庭关系成为人们最为重要的社会关系。此外，由于人们只有在互相帮助的情况下，才能更好地完成农业生产、抵御灾害，迫使人们在生产和生活中以群体方式为主，促进了熟人社会的形成。这种人际支持和社会网络作为地方的重要社会属性，极大地促进了人们对地方的依恋。

这种由农耕文明带来的乡土依恋持续至今，尽管随着现代化和城市化的进展，农民的生存方式或许已逐渐离开土地，但他们的精神世界始终保持着他们固有的本性，即一种对土地的眷恋和依赖（薛晓阳，2016）。

2.3.1.2 村落建筑中的地方依恋

中国的古村落作为一种传统的人类聚居空间，深受中国传统哲学中的"物我为一""天人合一"等思想的影响，表现出独特的聚居空间特点，充满生机与活力。作为农耕生产者聚居劳作和繁衍生息之所在，在其中能寻得许多地方依恋的踪迹。

中国学者在总结古村落的环境空间特点时提出，"人之居处，宜以大地山河为主"是古村落空间形成的理念基础。让我们想一想素以山水竞秀而称奇的皖南徽州，以水出名的黟县的宏村，典型的依恋大地的人类聚落黄土高原的窑洞村落（刘沛林，1998）。我们会发现，大多数古村落都是依山傍水的，一是因为农耕劳作与起居生活对自然资源的依赖，二是因为传统聚落认为人是自然的部分，必须融于自然，与自然同生同息即"以山水为血脉，以草木为毛发，以烟云为神采"。这种空间特点一来反映了人们对地方的自然资源的依赖，二来"物我为一"的观念反映了个体将自然融入自我概念当中，二者都体现出了地方的客观属性对地方依恋的影响。

刘沛林最先提出"景观基因"的概念，指某种代代传承的区别于其他景观的因子，表现为居民特征、图腾标志、主体性公共建筑、环境因子和布局形态(翟文燕，张侃侃，常芳，2010)。当地方在一定程度上表征自我时，地方的独特性能满足个体的独特性的需要。有学者在以侗族村寨为对象研究传统村落的景观基因时，也发现这种景观的独特性，对个体的地方认同有着积极的影响(杨立国，刘沛林，林琳，2015)，体现出地方依恋的认知成分。

此外，这些历史村落还包含着丰富的文化内涵，在一定程度上反映了三维结构中的"人"的群体层面。传统村落的精神空间，源于宗族观念和宗教意识的结合。宗祠、村庙成为村落中最重要的文化建构和精神象征(刘沛林，1996)，这对于其中的成员来说都是相同的。这种村落文化通过共同的历史经验，价值观和意义将人们联系在一起，使他们可以在这里体验、实践并传承他们的文化，也使得地方依恋得以延续下去。

2.3.1.3 诗词言语中的地方依恋

怀乡诗是中国古体诗的重要类别，也是中国传统文化表现地方依恋的特殊载体。古代中国的农耕文明塑造了安土重迁的文化品格，但人们往往会由于各种原因远离故土。首先，王朝更替，战火连年，社会动荡，百姓无法安居，不得不离乡流浪。《小雅·黄鸟》中的"言旋言归，复我邦族"，表现出流落异乡之人的思乡情切。其次，朝代的建立、巩固和扩张需要征召数量庞大的徭役，征夫戍卒们由此背井离乡，作别妻儿父母。《小雅·采薇》中三度"曰归曰归"道出了戍卒的归乡心切。

此外，离乡求学、求仕是另一怀乡的缘由。诗人的故土之恋，主要有三种表现形式：一是思乡念友；二是宦途失意；三是"落叶归根"的情结。《小雅·小明》的"曷云其还？政事愈蹙"道出了一位官吏因奔波在外，经久不归而对故乡的怀念。《涉江采芙蓉》中的"还顾望旧乡，长路漫浩浩"中的思乡侧重于思念故乡的亲人。潘岳的《在怀县作诗二首》的"信美非吾土，祗搅怀归志"则表现出因宦途失意而激发的归志。最后，"白头""白发""落叶"等意象伴随着落叶归根的人生价值追求和归之不得的痛苦，如王建《荆门行》的"壮年留滞尚思家，况复白头在天涯"。

这些诗句暗含着诗人对故土深深的依恋，体现出斯坎内尔所述的地方依恋的三个维度。第一，百姓在土地上的经历形成了他们对故乡的地方依恋，这种依恋的主体有时是个体，有时是整个族群。第二，感怀故乡与思念亲友密不可分，体现出地方的社会属性和客观属性各自的重要性及两者之间高度的互动性，即与同一片土地上的家人、朋友的互动加深了他们对故土的依恋。第三，显而易见，离别故土的怅惘和哀伤符合地方依恋的情感成分，而归乡的心切和落叶归根的追求则体现了地方依恋的行为成分。

2.3.1.4　节日习俗中的地方依恋

"独在异乡为异客，每逢佳节倍思亲"，每逢除夕、中秋、重阳、冬至等节日，游子的思乡之情便浓烈而迫切起来。节日勾起了人们的思乡之情，激起了回家之欲，是地方依恋的重要呼应。

究其原因，地方作为节庆实践的场所，首先承载了个体重要的经历，与家人齐聚一堂，共度佳节，欢声笑语，和睦温馨，这样的美好经历使人们赋予"家"重要的意义，进而加深地方依恋。此外，节庆还具有丰富的社会文化意义，不同的地方有着自己独特的节庆习俗，并成为该地重要的文化特质，而这种文化特质也深深地影响该地方的人，影响他们对地方的认同。例如，广州除夕团圆饭后的"行花街"新年仪式，有学者研究发现"迎春花市"对人们的地方认同有着积极的影响作用，使人们对广州有着更深的归属感、融入感和自豪感(刘博，朱竑，袁振杰，2012)。节庆和事件将空间、时间与记忆综合起来对身份和地方认同进行建构和再生产，成为地方空间文化身份的符号。

延伸阅读

岭南年俗"行花街"

谢中元(2013)

行花街又称逛迎春花市，是岭南民众广泛认同的年俗非物质文化遗产。迎春花市即花卉集市，珠三角以花为市的交易起源于唐宋时期。目前所知的最早在诗歌中描述除夕花市，提到除夕买花过年的习俗的诗歌，是清光绪年间举人冯向华的《羊城竹枝词》："羊城世界本花花，更买鲜花度年华。除夕案头齐供奉，香风吹暖到人家。""迎春花市"的概念产生于1950年中华人民共和国成立后的第一个春节，八年后，广州首次以"迎春花市"为名在太平路(今人民南路)办起了一个有着200多个档口的花市。至此，在春节的时候行花街成为独具岭南特色的过年习俗。

用灯笼、鞭炮等元素打造主牌楼和副牌楼，一条或几条街这么长的档口使得迎春花市非常热闹。而过年行花街买花成了岭南人心照不宣的传统，花市里的核心象征物"花"最常见的三种分别为寓意大展宏图、走桃花运的桃花，寓意花开富贵的水仙花和寓意大吉大利的橘。此外，还有许多花名如"发财树""富贵竹""仙客来"等寓意着岭南人祈福求利的愿望。迎春花市无疑展现了岭南地域文化的不同色彩。

2.3.2 以人为本的新型城镇化战略

以人为本、四化同步、优化布局、生态文明、传承文化的新型城镇化道路为我们描绘了一幅新蓝图，而在发展城镇化的过程中，如何才能让更多人满意是一个值得深思的问题。"让居民望得见山，看得见水，记得住乡愁"道出了"新"字的核心——以人为本。由于"人"与"地"往往有着紧密的联结，因此在城镇化道路中关注地方改变对个体产生的影响，发挥人的主观能动性，能促进人们在发展与变迁中真正幸福。

随着城镇化的发展和新农村的建设，农民离开土地，城镇涌入新人，对于农村人口和城镇人口来说，他们的居住环境都发生了变化。而无论是对于农村人口还是城镇人口，他们对原居住地的地方依恋都会受到影响，甚至面临中断和瓦解。这不仅会造成个体情感上的负面反应，更有可能成为社会不安定的潜在隐患。因此，为解决这一问题，培养人们对新居住地的地方依恋至关重要。这应成为"以人为本"的新型城镇化战略中不容忽视的问题，也为我们在本书中强调的——"基于地方依恋的社会治理"提供了深刻的社会背景。

2.3.2.1 城镇化道路中的农民视角

农民对土地的依恋 2013 年我国的城镇化率为 53.73%，与世界平均水平大体相当。城镇数量和规模不断扩大的同时，越来越多的农民也不再拥有土地。人们可能认为，今天的农民并不依赖土地。数以亿计的农村人口迁移到城市，或者在新城镇定居。即便还生活在乡村，农民的生存也并不完全依靠土地，甚至还有人过着白天城里上班、晚上归乡的生活。不过，有许多研究者提出，或许农民的生存方式已经逐渐不依赖于土地，甚至完全与土地无关，但其精神世界仍保持着固有性格——对土地的眷恋和依赖（薛晓阳，2016）。一项对松阳县茶地流转意愿的调查显示，440 名农户中过半的农户不愿意流转土地。其中，农民的年龄越大、农户没有非农就业经验、农户家中农业劳动人口越多、对土地流转政策越不了解等就越会造成农户对土地的依赖，流转土地的意愿就越低（周琳燕，程慧琴，冯丽霞，2015）。另一项调查针对那些已进入城镇生活的农民，结果显示，即使选择一次性买断土地的获利高于转租土地，120 人中仍有 75.7% 的人选择将土地转租（李智静，方娜，2016）。这些研究结果都在一定程度上体现出农民对土地功能上的依赖和情感上的依恋。

农民工对家乡的依恋　张德明在研究描绘乡土依恋、故园情结的乡土诗时指出，"每一个打工诗人眼前都面临一床象征工业化的机器，而他们的身后，无一例外地都有一座藏满梦想与思念的乡村"，如诗人田禾在《喊故乡》中写道："别人唱故乡，我不会唱/我只能写，写不出来，就喊/喊我的故乡/我的故乡在江南……"（张德明，2010）随着城市化和工业化进程的推进，我国涌现出一支新型的劳动大军——农民工。他们主要从事非农产业，有的是在农闲季节外出务工、亦工亦农，流动性较强，有的则是长期在城市就业，已经成为产业工人的重要组成部分（钱胜，王文霞，王瑶，2008）。作为中国"流动性社会"的重要组成部分，农民工对家乡的依恋有着多种表现及功能。第一，与地方依恋的三维结构理论一致，农民工对家乡的依恋不仅是对原居住地的依恋和认同，也是对家人的挂念，对家乡社会关系的关注。第二，为了能外出务工后衣锦还乡，对家乡的依恋成为一种精神力量，想念着家乡，心里才有奔头（甘凌之，2015）。第三，对家乡的依恋还有可能成为农民工心中的慰藉。在我国城镇化推进的实践中，大量的农民工身在城市，却难以融入城市。尚未健全的制度遇上不被接纳的身份，城市公共服务的温暖并没有惠及广大农民工。在面对这些不适应时，回家被当作一条缓解焦虑情绪的退路，是农民工们心中的安全港。

推进农业转移人口市民化——记住乡愁与促进融入并进   人口城镇化重在农业转移人口市民化，在此过程中，农民们所面对的问题，包括与原有地方情感联系的割裂、身份的转变、与原居住于此的居民的二元分化等，会对他们的主观感受与心理变化造成不容忽视的影响（邓秀勤，朱朝枝，2015）。由此，推进农业转移人口市民化的社会治理，可以从记住乡愁与促进融入两条路并进，即在保护他们对原住地依恋的基础上，培养对新环境的地方依恋。

一是保护在外游子对原住地的依恋。前文已提到一部分原住地依恋的功能，它既是一种在外拼搏的激励，也是一种遭遇挫折时的慰藉。此外，对原住地的依恋还能转化为对新环境的依恋，即个体在接触到新环境中与原住地相似的元素时，会主动将其与自身的经历和该元素的象征意义关联起来，从而转化为对新环境的依恋，这也有助于对新环境的适应。

保护对原住地的依恋，其重点在于保护原住地。然而，家乡却并非一成不变。当城镇化过分追求效率，进行简单粗暴的大拆大建时，不少旧貌换新颜的乡村也悄然失去了它的特色和灵魂。物理环境的改变，消解了其居住者共同拥有的记忆空间，那些赋予特定空间的价值和意义无所依凭，乃至历史文脉也受到冲击。这不仅打击了在外游子对家乡的依恋，更会影响地方依恋的传承。因此，应该保存有记忆的乡村，让游子们记住乡愁，在他们心中留一席温暖的港湾之地。

二是培养外来者对新环境的依恋。虽然农民们身在城镇，却往往会因"集中安置"而被阻碍了对城市的认同，或是因为聚集在城市边缘而与城市社会产生隔膜（邓秀勤，朱朝枝，2015）。因此，在加快推进户籍制度改革，为农民提供城镇身份的基础上，还要关注他们城镇人心理身份的建设。在实践上，可以通过建设社区，增加与城镇人口的接触和交流，建构新的人际关系和社会网络，通过地方重要的社会属性培养他们对新环境的地方依恋，进而促进他们的地方认同。

2.3.2.2　城镇化道路中的城镇视角

城镇化对社区居民地方依恋的影响　城镇化不仅改变了外来人口的生活环境，也改变了城镇人口的居住地环境。城市所承载的人口高速激增，向城市环境及社会治理提出了新的挑战。消极的一面毋庸多言，我们已在第1章从物理环境和社会环境两个角度举例讨论过"城市病"了。从积极的一面看，也有越来越多的城市搭建了高效的立体交通网络以便市民出行，增加的人口也意味着增加的科技创新能力和消费市场，为之而来的资本提供了更多的就业岗位。秉承以人为本的原则，城镇化过程既要关注农业转移人口的主观感受，也要关注城镇人口的心理变化。

城镇化进程改变着城市的环境，旧的建筑可能换成了新的高楼，居民楼附近可能建起了新的共同空间。无论是城市客观环境的改变，还是在社会交往环境上的变化，都会影响城市原有居民对这个城市的地方依恋。一项研究比较了城镇化对不同社区居民地方感的影响，选取了南昌市旧城中心到乡村地区的三个社区，结果发现，大士院社区居民的地方依恋和地方认同显著低于其他两个社区。造成这种差异的原因在于，大士院社区受城市化影响最大。研究者进一步发现，社区的居住环境、交通条件、居民的整体素质等都是影响居民地方感形成的重要因素（满谦宁，刘春燕，黄涛燕，杨梅，2018）。另一项有关广州居民对环境满意度的调查发现，本地人口的环境满意度远低于外来人口（詹皖欣，詹明忠，2015）。这些研究都提示我们，城镇化的发展所带来的诸如人口拥挤、交通堵塞、环境污染等问题影响了城镇的品质，进而影响了城镇人口的地方依恋等主观心理感受。

独特文化个性的缺失　正如在第1章中讲述的"千城一面"的现

象，城镇化的道路中可能使得城镇面临独特文化个性缺失的风险。中国国土经济学会理事长柳忠勤说："盲从混乱的规划使越来越多的城市正丧失独特的历史文化个性。"首先，在传统文化中，不同的地方有其独特的景观基因，对居民的地方依恋有着积极的促进作用，而如今的城市化建设中，正如冯骥才所言"千城一面失去了城市的文化个性，失去了自己独有的文化灵魂"。此外，城市文化建设中出现重物质文明建设，轻精神文明建设的倾向（向德平，田北海，2003），不少地方存在"文化社区无文化"的现象，甚至连上万人的大社区也面临着缺少文化设施规划的问题，居民活动的场所"捉襟见肘"。根据斯坎内尔的三维结构理论，一个地方所特有的文化对其成员而言具有共同或特殊的意义，在这一地方上共同实现与传承这一文化能促进成员间积极地联系及对该地方依恋的形成与巩固。

保护与培养城镇人口的地方依恋——回归民意与文化建设并进

城镇化进程中，城镇的客观环境面貌以及人际交往面貌不断地变化着，不同的居住者对这些环境客观组成部分的改变都有着不同的主观体验，并影响着他们的主观幸福感以及他们对这个城镇的地方依恋（李纾，刘欢，郑蕊，2017）。当居民将城镇化感知为积极的变化时，他们对居住地的地方依恋会得到提升（Von Wirth，Grêt-Regamey，Moser，& Stauffacher，2016）。因此，在城镇化的建设过程中，考虑城镇人口的主观感受，发挥他们的主人翁意识，有助于在达成城镇化客观指标的同时满足主观指标，实现真正的以人为本的城镇化。

此外，文化对城镇的持续发展和居民对居住地的联结有着积极的促进作用。因此，在从农业文明、工业文明过渡到生态文明的大背景下，城镇还需建设其独特的文化个性，散发独特的生命力，促进居民的依恋和认同的形成。

2.3.3　中国学者对地方依恋现象的探索

　　2006 年，黄向和保继刚首次从游憩学的角度将"place attach-ment"概念引入中国。此后，随着地方理论的引入，中国学者对地方依恋现象的探究越来越多，研究成果也越来越丰富。将中国期刊全文数据库作为检索源，在关键词中输入"地方依恋""场所依恋"及"场所依赖"进行检索，时间截止到 2018 年 12 月 17 日，检索结果有222 篇（各年份的文献篇数见图 2-2）。继 2006 年地方依恋概念的引入，国内学者对这一现象进行不断地探索，发表的成果数量也在稳步上升。从研究的主题上看，国内学者对地方依恋的探究主要包括地方理论的引进、探讨与评述，游憩休闲领域中对于游憩者及游憩地居民地方依恋、情感、行为的研究以及对于乡村、城市居民的地方依恋、情感、行为的研究。

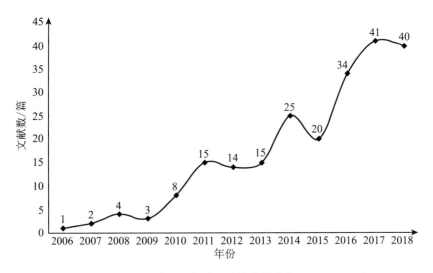

图 2-2　我国的地方依恋相关研究的数量变化（2006—2018）

2.3.3.1　地方理论的引入与构建

　　研究初期，中国学者主要是进行地方概念及地方理论的引进，并进一步提出相应的地方概念的研究框架。最早，黄向、保继刚、

Geoffrey(2006)详细讨论了场所和场所依赖的概念及其在外国的最新进展,构建了研究场所依赖理论的 CDEEM 研究框架,即对场所依赖的研究应包含概念研究(concept)、描述型研究(description)、解释型研究(explanation)、评估型研究(evaluation)、方法论研究(methodology)。随后,唐文跃(2007)对地方理论进行进一步的梳理与研究,总结了地方感研究中的各个概念与方法,提出了地方感研究的 ODTG 框架,即对象(objects)、领域(domains)、主题(themes)、目标(goals)。

随着越来越多的地方概念及现象的研究,中国学者渐渐开始采用相应的研究方法进行地方依恋的本土化研究。黄向和温晓珊面向广州白云山的游客,通过"游客使用图片"(游客受雇拍摄法)的研究方法,探讨了地方依恋的基本结构。

2.3.3.2　旅游者的地方依恋

对旅游者地方依恋的研究在前期主要集中在地方依恋对旅游者满意度、忠诚度、环保行为及游后行为的影响上。以历史街区作为研究对象,有研究发现游客对安徽黄山市屯溪老街的地方认同和地方依赖对其购物动机都有显著的影响,其中地方认同的影响更大。地方认同还会正向影响游客的购物满意度,进而影响其购物忠诚度,即使得他们更有可能故地重游或更有可能向他人推荐这里(钱树伟,苏勤,祝玲丽,2010)。还有学者以浙江省旅游度假区为例,研究了旅游者对地方的地方依赖、地方认同以及环境责任行为之间的关系。其中,环境责任行为指的是个体所体现出来的对环境负面影响最小化的行为或有利于环境可持续利用的行为。结果发现旅游者对地方的地方依赖能够促进其对地方的认同和环境责任行为,且地方依赖可以提高地方认同进而增加游客的环境责任行为(范钧,邱宏亮,吴雪飞,2014)。

随着地方研究的进一步推进,研究没有止步于地方依恋对旅游者态度、行为的影响，学者开始探索地方依恋的作用机制，例如，探究旅游地如何影响旅游者的地方依恋，进而通过地方依恋影响旅游者的态度、决策和行为。研究者以徽州文化旅游区为例，发现旅游者对该地的文化越认同，地方依恋也就越高，进而提高了他们的忠诚度，具体表现为更多地对这一旅游区进行口碑宣传(唐丽丽，朱定秀，齐先文，2015)。还有学者发现满意度能通过影响地方依恋影响忠诚度(张茜，郑宪春，李文明，2017)。此外，旅游地与游客在自然、人文等方面形成的差异越大，对游客而言吸引力越强，而研究发现旅游地吸引力会通过影响地方依恋进而影响游客的资源保护态度(赵腾飞，王良举，桑林溪，2017)。

2.3.3.3 旅游地居民的地方依恋

对旅游地居民地方依恋的探究是游憩休闲领域的另一重要组成部分。学者对此的探究主要有：不同景区居民的地方依恋；旅游发展背景下居民地方依恋的变迁；居民地方依赖对拆迁态度、旅游开发的影响。有学者以陕西省商南县城西街历史街区为例，发现这一历史街区中居民与地方的互动及其心理过程是其产生地方依恋的根本原因，而社区的拆迁激发和强化了这一地方依恋的作用(孟令敏，赵振斌，张建荣，2018)。

另外，有学者对草原旅游地居民的地方依恋进行探究，结果发现地方依赖程度越高，居民越希望草原的文化和自然资源得到更好地保护，但没有发现地方依恋对旅游开发态度的影响(秦兆祥，2017)。还有学者以婺源古村落为例，发现居民对古村落的功能依赖使他们不愿意迁出村落，即地方依赖成了居民迁居的阻力因素，而居民对古村落的情感依恋促使他们更多地考虑对古村落的保护，进而成为迁居的推力因素(唐文跃，2014)。

关于旅游地居民的地方依恋的变迁，研究者以广西阳朔西街居民为例，以定性研究的方法发现旅游商业化会导致地方依恋构成维度和表现强度发生变化。在本地居民通过适当的商业经营活动这一适度商业化的背景下,"经济依赖"与"情感认同"处于可持续发展的良性互动状态,有助于提升居民的地方依恋。一旦旅游地的商业化发展为失控的局面,这一过度商业化会造成各群体的地方依恋减弱甚至中断,进而影响地方的可持续发展(保继刚,杨昀,2012)。

2.3.3.4 居民的地方依恋

除了上述两个游憩休闲的研究范畴,研究者还对非旅游地居民的地方依恋表现出较高的兴趣。这方面的研究主要分为两个部分:一是研究不同类型的居民对其所住地的地方依恋;二是探究居民对其所住地的休闲地的依恋与行为。研究者通过问卷调查探究小城镇居民的地方依恋及地域环境对地方依恋的影响,发现在小城镇居民地域环境的地方依恋特征中,小城镇的延续性、独特性、效能性是居民最看重的三个地域特点,其中,小城镇延续性体现在其传统建筑、传统文化的延续、自然形态的保护,以及建筑与自然之间的互相协调;小城镇的独特性体现在建筑环境的色彩、造型以及自然环境中独特的地形、水体等;小城镇的效能性体现在环境所具有的功能,包括交通因素、卫生因素(李钢,2016)。还有研究者以南京仙林大学城为例,研究大学生对于大学城的地方依恋,发现大学生的地方依恋具有地方认同、功能依赖和情感依赖三个维度,大学生的地方依恋处于由地方认同到地方依赖的过渡阶段(熊帼,张敏,姚磊,汪侠,2013)。此外,对于第一部分的研究,还包含了少数民族居民的地方依恋、梯田居民的地方依恋、农村青少年的地方依恋等研究。

关于第二部分的研究,有学者以南京夫子庙为例,探究城市居民对其的地方依恋,发现对夫子庙的地方认同大于地方依赖,而时间因素和经济状况是影响居民对游憩地的地方依恋的主要因素,具体来说，居民的年龄越大，或是居住时间越长，或是收入水平越高，他们对夫子庙的游憩地方依恋就会越高（唐文跃，2011）。有研究者以大明宫国家遗址公园为例也发现了类似的结果，城市居民对公园的地方认同大于地方依赖，而影响地方依恋的主要因素有对公园的了解程度、游览次数、停留时间、交通方式等（柳艳超，权东计，吴立周，2017）。

3

人：地方依恋的主体

在第 2 章中，我们通过国内外学者对地方依恋概念的相关探讨与研究，对地方依恋的具体内涵以及相关理论的发展有了进一步的理解，并深入了解了地方依恋的三维结构理论，从而得知地方依恋包含三项重要元素：人、地方及过程。在接下来的第 3 章、第 4 章、第 5 章中，我们将依次聚焦这三个部分，进行更细致的探讨。

作为地方依恋三要素之一，人是地方依恋的主体。本章将由"人"的视角出发，以人与特定地方互动的远近程度为线索展开：3.1 围绕最近距离的"当地人"，探讨他们的地方依恋如何促进或抑制城市的管理与发展；3.2 关注的人地互动距离稍稍被拉远，主要在城镇化背景下，关注城市"新居民"对原居住地以及现居住地的地方依恋的异同与相互影响；3.3 则将放眼于更远的人地互动距离，探讨"旅游者"对旅游地产生的地方依恋，并考察旅游者的地方依恋会对当地产生何种影响。

3.1 当地人：生于斯长于斯的复杂情感

地方对于个体而言，具有特定的意义与价值。生活其间的人们反复行走在景致熟悉的道路上，与相熟的友人招呼问好……随着时间的流逝，这个地方的一砖一瓦、一草一木将会逐渐在他们心中被赋予特殊的情感。在这一节中，我们将聚焦于当地人的地方依恋，观察他们对自己生活的这片土地所怀揣的特殊情感，同时，深入思考这种根植于心的情感对城市管理与发展产生的作用。当地人的地方依恋能够在社区建设、环境保护与政策推广等方面促进城市建设，却也有可能让人故步自封，无法容忍居住地的任何变化，成为城市进步的阻力。

3.1.1 观察：当地人的地方依恋表达

地方依恋作为一种特殊的人地关系，体现的是人与特定的地方之间较为深层的情感联系，这种情感联系的产生与延续来自人与地方之间持续的相互作用。对于长期居住于某地的居民来说，对土地的依恋经过漫长的积淀，已成为一种深层次的情感关系，可能并不轻易显现，往往需要在特定的情况下才会被激发，从而有所表现。让我们从庐山搬迁计划的执行过程里，观察当地居民面临原住地变更时，他们的行为如何受到地方依恋的影响。

这次的主人公们来自庐山的牯岭社区。牯岭位于"匡庐奇秀甲天下"的庐山之上，是一座海拔逾千米，三面环山一面临谷的"云中山城"。近两万的居民在这方绿树成荫、云雾缭绕的土地安居乐业。然而此地作为庐山政治、经济、文化与旅游集散的中心，商业化开发与城市化发展不可避免地给当地的生态环境带来了不良的影响，如汽车尾气排放量、生活垃圾的增加。同时，随着来访庐山的游客数量不断上升，牯岭愈发拥挤，尤其是在旅游高峰期。

于是，为了保护生态环境、促进旅游可持续发展，庐山风景名胜区管理局 2004 年通过的《庐山风景名胜区（2004—2020）总体规划大纲》中提出：庐山风景名胜区内与旅游无关的人员将逐步迁移至山下居住，从而减少庐山上的非游客人群，最大限度地减少对世界文化遗产环境的破坏，使庐山的自然生态资源得以永续。规范中要求的下迁人员主要包括三类：饮水源上游的居民、住在老别墅的居民和核心景区的居民。这些下迁的居民会被集中安置在九江市濂溪区的庐山新城。2014年7月，庐山新城一期工程建设完工，达到入住条件，牯岭居民下迁工作正式启动。对于庐山之上土生土长的居民来说，下迁工作意味着他们要离开居住多年的土地，到陌生的环境开展生活，该过程激发了当地居民对自身居住地的依恋情感，并在具体言行上有所反映。

2018年，有研究者采用自由访谈与半结构化访谈法，在庐山东谷与西谷两个区域展开针对居民地方依恋与迁居意愿的调查（唐文跃，龚晶晶，童巧珍，张腾飞，李文明，2018）。在58名被访居民中，有30人支持搬迁，15人则对下迁工作持反对的态度，其余13人则视情况而定。该比例与2005年其他研究者在下迁计划刚颁布时进行的大样本调查（样本量为800人）得出的结果相近：愿意搬迁、不愿意搬迁与持无所谓态度的居民占比为 39.2%、32.4% 与28.4%（胡洋，2005）。可见，有相当一部分居民不愿意离开自己生活多年的牯岭社区下迁到庐山新城。在访谈中也可以观察到他们对庐山一定程度的地方依恋，体现了地方依赖与地方认同两个维度。

延伸阅读

访谈法

访谈法（interview）是心理学基本研究方法之一，研究者通过与被访者面对面沟通交谈来了解与分析被访者的心理和行为。根据访谈进程的标准化程度可将它分为结构式访谈、半结构化访谈和无结构访谈。

> 　　结构式访谈（structured interview）又名标准化访谈，是一种定量研究方法。这种访谈的被访者必须按照统一的标准和方法选取，一般采用概率抽样。访问的过程也是高度标准化的，即对所有被访者提出的问题，提问的次序和方式，以及对被访者回答的记录方式等是完全统一的。
>
> 　　半结构化访谈（semi-structured interview）指按照一个粗线条式的访谈提纲而进行的非正式的访谈。该方法对访谈对象的条件、所要询问的问题等只有一个粗略的基本要求，访谈者可以根据访谈时的实际情况灵活地做出必要的调整，至于提问的方式和顺序、访谈对象回答的方式、访谈记录的方式和访谈的时间、地点等没有具体的要求，由访谈者根据情况灵活处理。
>
> 　　无结构访谈（unstructured interview）又称作深度访谈或自由访谈，它与结构式访谈相反，并不依据事先设计的问卷和固定的程序，而是只有一个访谈的主题或范围，由访谈者与被访者围绕这个主题或范围进行比较自由的交谈。因此，在这种类型的访谈中，无论是所提问题本身和提问的方式、顺序，还是被访者的回答方式、谈话的外在环境等，都不是统一的。

　　在地方依赖维度上，居民对牯岭特有的自然环境与旅游经济的依赖是影响他们搬迁意愿度的显性因素。庐山当地居民对牯岭的依赖体现在两个方面：一是对宜居环境的留恋。庐山作为知名的避暑胜地，常年温度偏低，且树木环绕、空气清新，被访居民所说的"这么多年住习惯了，这里自然环境好""夏天也不热，适合避暑"体现了他们对庐山特有的自然环境的依恋之情。二是对当地旅游经济的依仗。"靠山吃山"的牯岭居民多数从事与旅游相关的工作，如售卖纪念品与特产、经营特色餐馆或旅馆，或者当导游带领游客游玩等。对于当地居民来说，旅游经济收入占了家庭收入的很大比例，是他们重要的基本生活保障，自然也是当地人面临搬迁时难以割舍的部分。这种功能性的地方依赖因素在访谈中被居民反复提及，且依赖程度的强弱直接影响了居民表现出的搬迁阻力大小。

在地方认同维度上，庐山居民表现出了对当地生活方式与旅游文化的认同，这两方面的认同是影响他们是否配合下迁计划的隐性因素。生活在牯岭社区的当地居民身处"熟人社会"，比邻而居、悠然自得，有着稳固的社交圈与社会关系。多年下来，这种怡然惬意的生活方式在潜移默化中为当地居民所习惯和认同，因而也成为居民不愿搬迁的理由。在牯岭生活越久的当地人对搬迁计划的抵触情绪也相对更强烈。同时，当地人也表现出了对庐山作为风景名胜区特有的旅游文化的认同。在当地居民看来，旅游的发展提高了庐山的知名度与影响力。想到生活在庐山这座世界文化名山之中，受访的当地居民不自觉会在言辞神情中流露出自豪之情。不过，与居民表现出的地方依赖不同，在访谈中，这种情感性的地方认同因素，常常需要在研究者问及时被访者才有所表示，可见此类强烈的乡土观念与情结是作为隐性因素影响着居民对下迁计划的配合程度的。

庐山搬迁计划的颁布与执行激发了当地人对庐山的地方依恋，而居民所表现出的依恋之情在一定程度上成为居民离开牯岭的阻力。然而，研究者还发现，有部分居民表示为了缓解庐山的生态压力与改善环境问题，自己愿意选择搬迁。此时当地人对搬迁的赞同来源于自身强烈的环保意识与责任感，而环保意识的形成则需要以居民对庐山的深厚感情为基础。在感知到庐山日益凸显的生态困境，并理解通过搬迁减轻环境压力的初衷之后，这些当地人会愿意为了保护庐山的美好生态而牺牲部分个人利益，此时他们对庐山的依恋情感反而会成为配合搬迁的推力。

从上述事例中可以看到，牯岭社区搬迁计划的提出与实施激发了深藏于庐山当地人心中对这方土地的依恋之情，而这种多维度的深层情感不仅会成为当地人反对迁居计划的阻力，也可能成为居民配合与支持搬迁政策的推力。那么，当地居民的地方依恋对城市管理与发展可能造成的推力和阻力究竟会有哪些具体表现呢？在接下来的章节中，我们将进行更为具体的探讨。

3.1.2　当地人的地方依恋对城市发展的促进作用

人因为特殊的人类活动必须在一个特定场所生活，并且对该场所有长久的需要与利用，这种对所停驻的土地的依靠会让人对该地的历史、文化，乃至社会脉络产生特殊的情感。对于城市居民来说，对所生活城市的依恋之情体现了他们对生活之地的喜爱与维护，从而有利于城市的管理与发展。

3.1.2.1　地方依恋促进社区感的形成与社区建设

社区是若干社会群体或社会组织聚集在某一个领域所形成的一个生活上相互关联的大集体。社区感(sense of community/psychological sense of community)由美国社区心理学家西摩·萨拉森(Seymour B. Sarason)于 1974 年在《社区感：社区心理学的前景》(*The psychological sense of community*：*Prospects for a community psychology*)一书中率先提出，指社区成员之间及其同团体之间的相互影响与归属感，通过彼此承诺而使成员需要得以满足的共同信念，并且以社区历史为基础所形成的情感联结(Sarason，1974)，社区感的形成能够促进社区建设。而社区建设是城市管理的重要基础，是目前城市管理体制改革的重要内容，也是现代社会发展中重要的一环。我国城市化进程的加快，也意味着城市社区正以前所未有的速度发展，社区发展状况既直接影响城市居民的生活水平和质量，也反映了城市社会治理的水平和质量。

为了推进社区建设、提升社区社会治理的质量，培育居住者的地方依恋，特别是"主动型的地方依恋"尤为重要。波兰社会心理学家利薇卡（Lewicka）曾展开了一项大样本社会调查，探究了 2556 名波兰居民的地方依恋类型与其社区生活表现之间的关系。研究者测量了参与者们对社区的地方依恋，根据地方依恋程度，将参与者分成两种依恋类型与三种非依恋类型，共计五种地方依恋类型（Lewicka，2011）。两种依恋类型为传统型依恋（traditional attachment）与主动型依恋（active attachment）。传统型依恋的居民对居住地的感情仅以"这是我生活的地方"的认知为出发点，并不会把自己生活的城市与其他地方作比较，感受不到居住地的独特之处。主动型依恋的城市居民则是出于自己的喜好选择了居住的地方，对所生活的城市与社区的感情更为主动，也会关注当地的发展与改变。三种非依恋类型的居民共同表现为对居住地缺乏依恋，具体来说：地方疏离（place alienation）的居民对生活的地方表现出明显的厌恶情绪与疏离的态度；地方相对性（place relativity）的居民对居住地与家庭有着矛盾和条件性的接受态度，如生活在小城镇的人们对这方养育自己的土地有着眷恋的同时，却也羡慕并向往着大城市的热闹繁华，因而可能对偏远静谧的城镇有所不满，抱有矛盾的情感；依恋缺乏（placeless-ness）的居民与居住地并无情感上的联系。

对五类居民的社交与生活情况进行比较后，研究者发现，比起对所居住社区情感疏离或无依恋感的人，地方依恋强烈且尤其是主动型依恋的人对他人的信任程度更高，有较强的凝聚力，同时也具有较强的社会资本与邻里联系，一般不以自我为中心，还会表现出对自己总体生活有更高的满意度。这也就是说，地方依恋在人们的社区生活与社区建设中，能够起到类似桥梁的作用，个体与群体地方依恋的培养将会促进他们社区感的形成，有助于社区的和谐融洽发展。

3.1.2.2 地方依恋促进当地人对资源与环境的保护

在本节的开头，我们提到了庐山居民对庐山的地方依恋与他们对搬迁计划的态度之间的关系，并且发现，面对庐山不断恶化的环

境问题，有些居民表示，为了保护当地的生态环境，他们愿意按照
搬迁计划离开生活多年的牯岭社区，迁往庐山下居住。这些居民对
庐山有着深厚的感情，并将这种感情转化为了强烈的环保意识与责
任感，甚至愿意牺牲部分个人利益，来维护庐山特有的自然风光。
从城市管理方面来说，城市居民的地方依恋会成为其保护城市资源
与环境的推动因素，鼓励人们支持城市的环保政策，管理城市景观，
或参与到相关的集体行动中去。

　　对此，在美国缅因州一个较小但是快速发展的城镇进行了一项
实验研究，探索了当地居民对资源保护措施的态度是否受到他们对
居住地的依恋程度和类型的影响（Walker ＆ Ryan，2008）。研究者
给参与实验的 470 名居民观看了 24 张当地的风景照，包括马路、林
地、农场、湖泊以及被称作 Monmouth 的城镇特有的文化元素（如特
色建筑、石墙、墓地等），居民们会评价自己对照片上的这些地方的
依恋程度，也据此将以上风景照分为了四类：水景、农场、森林与
空地以及文化特色（如图 3-1）。

地方依恋评分：3.87

地方依恋评分：3.78

地方依恋评分：3.66

地方依恋评分：3.39

图 3-1　文化特色照片分类的地方依恋评分

此外，居民需要为自己对于城镇景观保护与土地改造策略的态度做出评价。他们需要评价一些城镇景观保护政策的重要性，例如，"保护林地以及其他自然资源""为公共娱乐保留空地（如小径、公园）""限制空地和农业用地的开发"等举措。还要评价自身对一些土地改造策略的支持度，例如，"农业保护策略和计划""使用土地信托公司购买或开发的权利""公私合作伙伴关系来保护城镇的重要场地"等。研究发现，居民对城镇景色的依恋极大地影响了他们是否愿意做出保护当地资源的行为，即对居住地的地方依恋水平越高，个体对景观保护的举措越重视，也更愿意支持土地改造的政策。

3.1.2.3 地方依恋影响当地人对旅游政策的支持

旅游业的发展能够给城市带来经济收益增长、就业机会增加以及城市知名度提升等一系列好处。但不可否认的是，游客的涌入也极有可能对当地的社会文化和当地人日常生活造成一定冲击，形成负面影响。旅游目的地的当地居民在面对这些积极和消极的情况时，会对旅游政策做出怎样的反应，是事不关己、漠不关心，还是主动参与、高度投入呢？这取决于他们自身对当地的地方依恋。地方依恋较强的居民对旅游影响的感知能力会相对较强，并有可能产生更高的满意感。对此，有研究者指出社区居民的地方依恋越强烈，社区居民就更容易关心旅游业对当地经济与文化造成的正面或负面的影响，甚至也会更渴望当地旅游业有所发展，从而使城市更富裕繁荣。

3.1.3 当地人的地方依恋对城市发展的抑制作用

人们对居住地的地方依恋给予他们生活中所需的归属感、安全感，引导着人们更好地建设自己生活的这片土地。与此同时，人们对某地的依恋同样会存在一些消极后果，抑制了城市的发展。这种负面的后果可以从个体和城市两个水平来看。在个体水平上，对故土强烈的感情会降低人们的流动意愿，甚至失去人生中一些难能可贵的机遇，又或者在面临自然灾害（如地震、洪水和辐射等）的时候会拒绝离开已经不适合生存的土地。在城市水平上，当地人强烈的地方依恋可能会制约城市革新的步伐，表现为给予新出现的城市建筑或景观片面的消极评价，拒绝为城市基础设施建设而服从搬迁，抵制可能助推城市发展的新型工业项目等。

3.1.3.1 对"风险源"的视而不见

对居住地强烈的地方依恋会让人们安于现状，降低人们的流动意愿，不愿意离开已经建立起感情的土地，尤其是在居住地长期生活的居民，以及年纪较大的人也会倾向于维持原有的生活状态，而不去改变。然而，在当地安全存在隐患或是遇到地震等自然灾害时，此时依恋所导致的人们不愿离开居住地的倾向则有可能带来消极的后果。

一项有关菲律宾皮纳图博火山（Pinatubo）附近居民的调查研究反映了人们在面对居住地自然灾害风险时的复杂心态（Gaillard，2008）。皮纳图博火山位于菲律宾吕宋岛，曾在1991年6月15日发生猛烈的爆炸式大喷发，这次喷发是20世纪世界上最大的火山喷发之一。火山喷发前两个月，由于菲律宾当地专家的探测和美国地质调查局科学家的加入，提前对火山附近居民进行了疏散，大约有25 000人从离火山最近的村庄撤走，有约14 500名家属和随从人员从火山附近的美军克拉克军事基地搬走。然而，纵是如此，最终的火山喷发还是导致了大量的火山灰和火山碎屑流喷出，将山顶削平了300多米的同时也带走了逾千人的生命，造成50亿比索的损失。灾难过后，人们也陆续返回，重建家园并继续生活。后来，盖德拉便针对山民对火山喷发的风险感知展开了调查，他发现当地山民虽然遭受过灾害的损失，却仍然愿意居住在危险的地区。从当地人对居住地的选择来说，他们的生活资源、历史文化传统、政治经济方面的因素的影响力远远超过了灾害危险本身，地方依恋作为这些因素的集中体现，促使他们离开安置中心返回原居住地。

盖德拉的研究是在自然灾害发生后对当地居民展开的调查，侯光辉等人的研究则考察了在突发事件（天津港"8·12"瑞海公司危险品仓库特别重大火灾爆炸事故）发生之前（2014 年 11 月）和发生之后（2015 年 9 月、2016 年 3 月）当地社区居民的风险感知及地方依恋的变化过程（侯光辉，陈通，王颖，傅安国，2018）。在第 1 章中我们曾简单提及过这个研究（见第 1 章 1.2）。

在爆炸事故发生前，2014 年 11 月，侯光辉等人为了开展社会调查，来到瑞海公司附近的化工社区，通过访谈等形式了解社区居民的生活现状，以及他们对自己生活社区的地方依恋与风险感知。据研究者了解，瑞海公司是一家国家级大型氯碱化工企业，鼎盛时期员工人数过万，占地 330 公顷，企业周边有多处居民住宅小区，居住着近五万员工、员工家属以及相关服务人员。瑞海公司安全事故也偶有发生。尽管如此，面对显而易见的安全隐患，该社区却很少出现针对污染的相关抵制或是成规模的搬迁现象。于是，研究者针对社区居民的态度进行了访谈与调查。结果表明，受访居民确实感知到当地的环境污染与安全隐患存在风险。

那么是什么阻碍了他们离开此地，寻找更适宜居住的家园的脚步呢？访谈结果显示居民对该社区的地方依恋程度可能决定了他们是否搬离。有一位 53 岁的退休职工这样说道："俗话说，靠山吃山靠水吃水。我从小在厂区长大，小时候在工厂的学校上学，长大也在厂里上班。祖孙三代都是化工厂的人。在这一片儿住了几十年，习惯了。子不嫌母丑，狗不嫌家贫。亲朋好友大部分都是这一块儿的。"另一位 46 岁的在职员工述说了自己对童年时对化工厂的美好回忆："小时候，每年冬天，爸爸就带我去化工海沧锅炉间洗澡，那个洗澡池成了我对冬天的回忆。我还记得，厂里办过许多活动和节目，排球赛、篮球赛啊。"这些童年记忆和个体经历反映了他们对所在社区的眷恋与依赖。这片土地承载着他们的记忆，这里有熟悉的景致和亲切的友人，因而在搬迁需要承担一定的住房购置成本和交通成本之外，居民对社区的地方依恋也影响着居民是否因安全隐患而离开居住地的决策。

2015 年 8 月 12 日 23：30 左右，位于天津市滨海新区天津港的瑞海公司危险品仓库发生特别重大火灾爆炸事故。《天津港"8·12"瑞海公司危险品仓库特别重大火灾爆炸事故调查报告》中显示，该事故造成 165 人遇难，8 人失踪，798 人受伤住院治疗。事故发生后，天津市委、市政府迅速成立事故救援处置总指挥部，统筹相关部门力量，展开应急救援处置工作。事故现场指挥部在推进现场清理工作的同时，对事故中心区及周边大气、水、土壤、海洋环境实行24 小时不间断监测，防止污染扩大。此后，天津市启动人口密集区危化品生产企业搬迁工程，化工产业重组布局加快，相关企业"退城入园"，在搬迁的过程中推进转型升级。

在爆炸事故发生后，侯光辉等人对周边社区的居民进行追踪调查，结果显示，在事故发生和处置期间（2015 年 9 月），受访居民对居住地的风险感知和搬迁意愿均处于高位，而地方依恋水平则显著低于事故发生前。在事故处置基本完成和后续政策措施相继出台后（2016 年 3 月），受访居民的风险感知较前一阶段明显回落，地方依恋则有一定程度的回升。这些结果提示，突发事件导致居民的风险感知急剧扩大，不仅消解了居民对社区的地方依恋，更是打破了地方依恋对风险感知与搬迁意愿之间的缓冲机制，但是在对突发事件进行迅速的处置并实施长期的应对举措后，突发事件对风险感知的扩大效应可能在一定程度上得到遏制，产业转型催生的社区转型升级也可能为居民的地方依恋带来助力。

3.1.3.2　排斥居住地发生变化

人们对居住地产生地方依恋，也意味着他们对这片土地的一草一木有着独特的情感。然而，在城市发展过程中，对居住地的改造和建设不可避免，人们原本熟悉的环境自然会随之发生改变。此时，对原有环境的眷恋便有可能使他们对改变产生相应的抵触情绪，即使这种改变有利于城市的发展与进步，例如某些先进技术与工业的引进或旅游业的发展。

一项研究调查了英国北威尔士两个小城镇的居民对于在海岸建立海上风力发电厂的态度，并探讨了当地居民地方依恋的程度是否与他们对该项目的态度有关（Devine-Wright & Howes，2010）。这两个海湾小城镇分别是兰迪德诺（Llandudno）和科尔温湾（Colwyn Bay）。研究者通过焦点小组访谈的形式，即分别在两个城市各进行两组八人的访谈，了解两地的居民对所在城镇的看法与态度。对于兰迪德诺，受访者大多认为这是一个"旅游胜地"，"自然风光""特别的地方"。一位被访者形容道："这儿是个秀丽怡人的度假胜地，从1842年开始人们就因为优美独特的自然景致开始聚集在这里。这一点是毋庸置疑的。"而对于科尔温湾，被访者则多数用"正在衰败的地方""一切都不在了""治安不稳定"等比较消极的词语来描述，如有人如是说道："嗯，我觉得，在我看来科尔温湾正在无奈地走下坡路，事实上它很难得到资助，委员会也并不关心。"两地受访者对居住地截然不同的态度反映了当地居民在地方依恋程度上的差异。

延伸阅读

焦点小组访谈法

胡浩（2010）

焦点小组访谈法，又称小组座谈法，采用小型座谈会的形式，招募并挑选一组具有同质性的被访者，研究者在访谈提要的指导下，针对预先设计好的主要研究问题，组织被访者参与讨论，让他们在访谈中表达自己的主观感受，从而获得对有关问题的深入了解。

根据参加人数的多少和进行方式的不同，焦点小组访谈分为三类：(1)全员团体焦点访谈：访谈持续 90～120 分钟，由一位受过专门训练的主持人引导，根据共同的人口特征统计、态度等安排 8～12 人参加；(2)微型团体焦点访谈：除了组成人数为 4～6 人外，其他方面与全员团体焦点访谈相同；(3)电话团体焦点访谈：参加人在电话中讨论，由受过专门训练的主持人引导，时间为 30～120 分钟。随着计算机网络技术的迅猛发展，已经有研究者开始在网上进行团体焦点访谈，出现了电子团体焦点访谈和网络焦点访谈等。

焦点小组访谈的调查方法可以被用于以下方面：(1)揭示对某一问题、现象的群体反应；(2)通过访谈能够就某一研究形成假说和推论；(3)改进和完善一些定量研究方法；(4)解释并阐述其他一些定量研究方法的结果。

在两个城镇回收的 457 份调查问卷也显示了相似的结果：人们对于兰迪德诺的地方依恋程度显著高于科尔温湾。这也导致了两地居民对于在当地建立风力发电场项目持有不同的态度。虽然风力发电厂能够降低发电成本，减少环境污染，然而在兰迪德诺，居民认为建造风力发电厂将会使原本舒适安逸、环境优雅的城镇经历无法规避的工业化，影响原本的恢复性环境（可见第 9 章）。由此，当地居民，尤其是地方依恋程度强烈的人，会将这个项目看作对自己居住地的威胁，甚至出现愤怒的情绪，产生对项目的消极态度和抵触行为。而在科尔温湾，人们的地方依恋与对项目的态度、反对情绪之间则没有明显的关系，可见对于项目是否会实施的关心相对不那么强烈。研究者由此得出了结论，当人们对居住地地方依恋的程度较为强烈时，他们会不希望所在地的环境发生过大的变化。例如，在以自然风光为特色的城镇，人们便会想要维持原本安静的生活状态，因而排斥新兴工业的入驻，拒绝更多的现代化，这在一定程度上阻碍了城市发展前进的步伐。

此外，当地人的地方依恋也可能影响他们对当地旅游业的态度和支持程度。以挪威的斯瓦尔巴群岛（Svalbard）为例，该群岛位于北极圈内，有着独特的野生动物、壮阔的北极自然风光和古老的矿业小镇，是看极光与北极熊的好去处，自然是众多旅游者的向往之地。随着旅游业的发展，这个人烟稀少、规模不大的普通城镇逐渐发展为一个现代化的社区。林林总总的工商企业，以及形形色色的文化活动在吸引着络绎不绝的游客的同时，也丰富了当地人的生活。然而，研究者在斯瓦尔巴的行政中心和最大聚居地朗伊尔城（Long-yearbyen）进行调查却发现，当居民对城市的地方依恋水平越高时，他们反而会对当地环境产生的变化有不适应的感觉，对当地的旅游业的发展容忍度更低，表现为抵抗和排斥（Kaltenborn，1998）。

3.2　新居民：城镇化带来的机遇与挑战

越来越多的人为了生计或梦想，背井离乡来到高楼林立、熙来攘往的大城市，以期寻求更多的机会，并渐渐融入这座城市。他们在这里建立新的人际关系，求学、求职乃至成家立业，成为城市的新居民。城镇化背景下，外来人口成为新居民的过程中充满着机遇与阻碍，而对于城市来说，需要接纳源源不断、来自五湖四海的人们，同样可能需要面临城市管理方面的各种问题。在这个过程中，人们对家乡的情感，以及不知不觉中产生的对后来居住的城市的依恋情感，会如何影响城市的发展呢？本节将回答这个问题。

3.2.1　城镇化进程与地方依恋

城市（镇）化为城市带来了新居民。改革开放让国人不用再与土地、与户籍捆绑，大规模的人口流动热潮也在这四十年间愈演愈烈。伴随着挖掘机隆隆的轰鸣声，原有的城市发生了翻天覆地的变化，更多的新兴城镇也一座座拔地而起。西方学者汤姆·米勒（2015）在他的著作《中国十亿城民：人类历史上最大规模人口流动背后的故事》中提到："由农而城的旅程，正是中国从一个贫穷落后的国家向全球经济大国转变的过程。"自改革开放以来，中国的大小城市已容纳了五亿新增居民。米勒预计，到 2030 年，这个数字将达到十亿，占全球人口的八分之一。

延伸阅读

重庆——中国城镇化的奇迹

节选自《中国十亿城民：人类历史上最大规模人口流动背后的故事》

汤姆·米勒

中国城镇化最为显著的奇迹莫过于重庆。作为长江上游最大的城市，它一度昏昏欲睡，显得与东部沿海城市的生机勃勃格格不入。如今，这座勉强让人满意的沿江港口城市正经历着举世瞩目的转型。在过去的十年间，几百座高层住宅楼从这座城市的红壤深处拔地而起，一座座崭新的桥梁凌空飞跨于浑浊的江水之上。摩天大楼鳞次栉比，堪比香港的城市天际线。然而，其盖楼的狂热丝毫没有放缓的迹象：走进重庆，就好像走进了大型建筑工地。在这座城市的北郊，一台台推土机将草木繁盛的小山包和水草丰美的深沟幽谷改造为平地，以满足地产商对于土地永无止境的索求。机场边上，一对对建筑工人正在单轨铁道上铺设路轨，使之最终接通九条线路。在市中心的老城区，旧房铲除者正执铁镐对着老旧房屋猛敲狠砸。

《中国流动人口发展报告(2017)》指出，近几年人口城镇化水平持续提高，人口继续向城市群聚集。流动人口平均居留时间(年)持续上升，由 2011 年的 4.8 年升至 2016 年的 5.7 年，说明人口流动的稳定性增强。流动人口平均年龄持续上升，与此同时，"80 后""90 后"新生代流动人口比例稳步增长，2016 年已达 64.7%，已成为流动人口中的主力军。

美国城市地理学家诺瑟姆(Ray. M. Northam)研究了各个国家与地区在发展过程中城镇人口占总人口比重的变化，并由此将欧美城镇化进程总结为一条倒 S 形曲线，即"诺瑟姆曲线"(图 3-2)，以此来直观描绘世界各地城镇化的发展历程。通过诺瑟姆曲线所阐述的城镇化基本原理，来理解我国城镇化的地域差异和预测未来发展趋势，可以发现：1995 年，我国的城镇化率为 30.0%，在接下来的二十年里，我国城镇化率以每年约 1% 的速度增长。2011 年时，城镇常住人口首次超过农村人口，达到了 6.91 亿人，城镇化率为 51.3%。等到了 2015 年，人口城镇化率已达到了 56.1%。根据诺瑟姆曲线，我国的城镇化率正处于 30%～70% 的加速发展期。按照规划，到 2020 年，常住人口城镇化率达到 60%，户籍人口城镇化率达到 45%，户籍人口城镇化率与常住人口城镇化率差距缩小 2 个百分点，将实现 1 亿农业转移人口和其他常住人口在城镇落户。

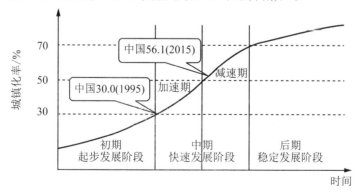

图 3-2　城镇化进程的"诺瑟姆曲线"

在第 1 章我们谈过城市化浪潮汹涌且将持续澎湃，如何在居住流动中成为新居民，落实"既来之则安之"的社会治理策略，既是本书立意的重要方面，在现实中也是有关个体身心健康及社会稳定发展的关键议题。与当地人主要依恋一个居住地不同，新居民由于居住流动的经历，其地方依恋的对象可能是多元的，既有那个难以割舍的家乡，也有这个朝夕共处的新家。多元的依恋对象形成了多元的地方依恋。接下来我们将讨论多源地方依恋交织会对新居民的行为及流入的城市产生何种影响。

3.2.2　月是故乡明：原有地方依恋的影响

对于新居民而言，离开原来生活的家乡，并在另一个陌生的地方逐步适应、落地生根的过程中，他们原有的对故乡的依恋和渐渐对新城市产生的依恋也将会影响他们对新城市的适应与习惯。"羁鸟恋旧林，池鱼思故渊"，城市新居民在进入不同的生活圈、接受不同的生活节奏时，常常伴随着对故土的眷恋，而这种对原居住地的地方依恋所产生的影响存在积极和消极的两面。

3.2.2.1　阻碍新居民的地方依恋产生

对家乡的地方依恋可能影响新居民在新城市的适应过程，对他们融入新环境产生阻碍作用。对于改变居住地的居民来说，身处陌生的居住环境，适应不同的社会规则并建立新的人际关系，此过程中人们对原住地的思念不可避免。这种对原居住地的依恋情感使得居民更难接受新环境的不同之处，缺少安全感，减缓了新地方依恋的孕育。正如有研究者指出的，搬迁会扰乱居民的地方依恋，破坏地方依恋的延续(Brown & Perkins，1992)。

在一项聚焦我国广州城市移民地方感的质性研究中还指出新居民的地方依恋会由于他们对家乡的依恋之情而被大大削弱(Qian，Zhu，2014)。一位 55 岁的女性被访者强调了家乡对于中国人特殊的重要意义："对于任何中国人来说，扎根意识是中华民族的文化传统。对家乡的眷恋没有复杂的原因——我们只是相信这一点，它是一种社会规则和文化规范。"另一位 25 岁的男性被访者以恋人为比喻，阐明了对家乡的依恋阻碍了自己爱上所在的移民城市："当然我在很多事情上依赖于广州，我的工作、我的业余生活、我的日常社交圈都在这里。但是这并不意味我爱这座城市，也不意味着我想要永远留在这座城市。我对城市的爱意并不强烈，我始终还是更爱我的家乡。这种感觉就像是和一位女孩儿相爱。如果你已经把爱留给了一个人，你就无法轻易爱上另一个人，哪怕另一个人各方面的条件都更好。"

对于中国人来说，对家乡的眷恋根深蒂固，因而可能阻碍了个体感受自身对当前所处城市的情感，从而影响他们对新城市的融入。但也有研究者提到，如果能够正确意识并理解个体地方依恋中断或瓦解时的感受与体验，反而能够在此过程中找到帮助新居民适应新环境的捷径。

3.2.2.2 促进新居民的适应过程

对原居住地的依恋之情也有可能促进新居民的适应过程，从而促使他们积极参与到城镇建设中去。如若在城市建设中引入家乡相关元素，此时因为新居民对家乡的地方依恋，反而能够促进他们与新环境的情感联结，帮助他们更好地适应新环境。英国学者布洛克（Brook）就曾在一篇名为《把这儿变成那儿》（*Making here like there*）的文章中提到，最强烈的地方依恋情感可能是当一个人流离失所的时候，不管出于什么原因，他们现在生活的环境在某种程度上让他们感到陌生，因此他们会引入一些记忆中的地方特有的元素，让他们感到宾至如归，作者强调如果通过树木移植或者园林建造等方法使得新环境中出现原居住环境的元素，就会让新居民有回到家乡的感觉，从而更容易对这个陌生的地方产生认同（Brook，2003）。

为此，2013 年 12 月，中央城镇化工作会议以特殊的修辞方式提出了基于乡愁观的战略，即"让城市融进大自然，让居民望得见山、看得见水、记得住乡愁"。"乡愁"作为一个具有人情味的概念，意味着在过去的一定的地域环境中，人与自然环境相互融合产生地方文化与人们情感的交叠（见图 3-3）。通过自然环境、乡村聚落文化与城市人文环境相结合的园林景观营造，能够留住人们难以割舍的"乡愁"，维系对记忆中的土地的地方依恋，促进时代朝向更文明与人性化的城镇化、工业化转型。

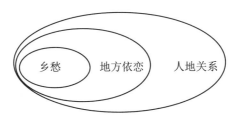

图 3-3　乡愁与地方依恋的关系

当人们离开原居住地来到新的城市生活，或原居住地发生巨大变化时，不得不面对原有地方依恋的瓦解，但若意识到原有地方依恋的存在并对其稍加利用，反而可以使之为新居民的城市适应提供动力，作为一种精神寄托帮助他们更好地适应不同的城市生活。此外，在应对环境改变和对新环境的适应中，人们不仅有对原居住地的地方依恋的减弱或中断，新居民们同样会对新城市产生与家乡不同的情感，形成新的地方依恋。接下来，我们将探讨这种新的地方依恋如何影响新居民，并由此作用于城市的发展与建设。

3.2.3　此心安处是吾乡：新地方依恋的影响

离开原居住地来到不同的地方生活，新居民面临着身份的转变和迁移。离开原有熟悉的环境和社会家人关系来到新的城市社区，往往需要一段时间来适应新的城市文化与社区管理形式。对新环境的地方依恋的培育能够帮助居民增强对城市与社区的认同感，形成归属感，从而让自身真正融入新身份中去，以此身份为城市发展建设付出自己的努力。

当一个地方能够满足人们的情感需求，就可以激发生活于此地的人们产生对该地的情感，而当人们对该地表示认可并产生喜爱感、满意感或者从中获取安全感的时候，便形成了他们对这个地方的认同（Ujang，2012）。人们对所生活城市的地方依恋是人们能够调动起来以面对现代城市发展中的挑战的心理资源，也是人们在城市中身份和社区的重要标志和缔造者（Corcoran，2002）。一项在广州开展的研究考察了广州城市移民的地方依恋与对广州的认同感之间的关系。广州作为我国的一线城市，实际2000万人口中有一半都是外来人口。对此，研究者通过问卷研究与深度访谈相结合的方式来理解外来人口对广州的复杂感情。研究发现，广州城市移民对广州的依恋之情与他们对城市的地方认同感息息相关，由此可以认为，地方依恋与地方认同感之间的影响是相互的。

新居民对所在城市的归属感与认同感可以说是城市社会稳定发展的前提条件，也是形成城市内在精神资产的前提（王晓华，蒋淑君，2005）。如果新居民认同城市特有的城市文化，并将自己的身份归属于这个城市，将会鼓舞他们去努力营造与维护城市文化。而当城市的社会群体对这座城市产生美好的感情依赖，他们便会逐步在各方面对城市产生认同感，将会迸发出巨大的力量。

3.3　旅游者：对旅游地的心向往之

近二十年来，随着旅游业资源日渐丰富、旅游市场逐步完善，加上生活水平的提高，人们在工作学习之余，越来越多地选择用旅游的方式来度过假期的休闲时光。无论是在名胜古迹、摩登都市，

还是某处遗世独立的田园乡村，穿梭行走于大街小巷之中的都不再
仅仅是在当地工作生活的居民，手持相机、四处游览的游客同样比
比皆是。他们可能是三五成群的亲朋好友，又或者是独自体验当地
风情的背包客。对于旅游者来说，初到旅游地，身处其中，感受着
别具一格的风土人情，休闲放松的同时，也在加深对这个陌生地方
的了解和认识。而在这个过程中，如若旅游者能感知到该地相较于
其他地方更能给他带来舒适安全的体验，甚至可能觉得这个地方相
比于他的居住地更能满足自己的特定追求，那旅游者自然会对这个
地方产生情感上的联结，也就是对旅游地的认同与依恋，这种依恋
情感也会随着旅游次数以及旅游深度而发生变化。在本节，我们将
通过旅游者的视角，观察他们对旅游地地方依恋的形成，以及对旅
游地的影响。

3.3.1　旅游者地方依恋的形成

3.3.1.1　旅游者地方依恋的概念与构成

旅游者地方依恋可以被定义为游客与所在旅游地之间基于情感
情绪、知识看法与本人的行为的一种联系，在此类人地关系中，情
感占据了主要的核心地位。简言之，旅游者在旅游途中，因为对自
己身处的地方的认识逐渐丰满，从而给这个地方赋予某种独一无
二的意义并产生情感上的联结，这时旅游者便对旅游地产生了地方
依恋。

在旅游者地方依恋的构成维度上，被广泛认可的地方依赖与地
方认同两个维度的分类同样适用。国内与旅游者相关的实证研究也
多应用以上概念对游客的地方依恋程度进行测量，并根据研究具体
的情境对测量题项进行修改与调整。在此基础之上，也有研究者进
一步尝试了对旅游者地方依恋构成维度的探索性研究。

举例来说，有国内研究者曾采用游客受雇拍摄法（Visitor-Employed Photography，VEP），于广州郊野公园白云山采集样本，研究旅游地地方依恋的组成要素（黄向，温晓珊，2012）。首先，研究者按照每年参观白云山次数大于 10 次的要求确定参与者 40 人。其次，参与者被要求跟随研究者前往喜欢的游览路线，在此过程中，会在样本常去的景点停留，参与者需要拍摄对其而言有特殊意义的场景或物件。拍摄的图片需要体现出旅游者与旅游地之间的特殊依恋情感，内容不限，大到白云山公园的一个广场、一片湖泊，小到路边的一株植物、一块石头皆可。最后，在拍摄结束后，研究者对样本展开访谈，样本需要对所摄内容做出说明，表明自己想通过照片展现怎样的一种"人—地方"关系。访谈的问题包括：请您介绍一下这张照片；您为何要拍下这张照片；请针对照片内容，介绍一下当时的具体情况；您现在来白云山的主要目的；每次来白云山是否会到照片中的景点。

延伸阅读

游客受雇拍摄法

随着现代摄影技术的发展，一种被称作"游客受雇拍摄法"的研究技术成了不需要再定义游客体验，就能捕捉人与环境之间动态互动的重要方法。游客受雇拍摄法通过参与者自己所摄照片定义人类的感知，并在辅之以访谈的情况下将个体的认知、情感和其他主观感受结合到客观景观的属性与空间配置中去。在尽可能减少研究人员对旅游者经历的干扰的前提下，旅游者所得的照片从自身的角度展现了他们的所见所闻，以及他们所理解的人—地关系。这项技术最早是由切里姆在其公共形象研究中作为社会指标引入的（Cherem，1972）。游客受雇拍摄法能够有效、快速地测量现场和实时回应，适用于各类实地情况，尤其是线性的场所，如河流、道路等。游客受雇拍摄法被广泛应用于休闲娱乐的场合。例如，有研究采用该方法测量旅游者在加拿大城市多伦多的旅游经历，测量旅游地的形象，以及确定当地人和游客在观念与经历上的异同。

　　研究者在对质性数据进行梳理与探讨后，从纵向将旅游地地方依恋分为精神性依恋和功能性依恋，从横向将旅游地地方依恋分为环境景观、休闲、人际社交和设施服务四个维度，从而构建了一个二维八象限的地方依恋结构模型，如表 3-1（黄向，温晓珊，2012）。

表 3-1　旅游地地方依恋结构示意图

	环境景观维度	休闲维度	人际社交维度	设施服务维度
精神性依恋	自然敬畏尊重 环境保护意识	休闲放松感知	独处逃逸感知 珍贵记忆积累	标志设施感知
功能性依恋	自然审美欣赏 自然景观特征欣赏 文化审美欣赏	休憩功能感知 能力兴趣培养 旁观参与感知 休闲便利感知	社交活动聚焦	服务享受感知 设施使用感知

　　举例来说，功能性依恋中的自然审美欣赏指的是关注环境景观的美观度而形成的地方认知。受访游客所拍摄的照片为阳光透过树叶间隙（图 3-4 左），并且将地方依恋表述为"白云山这里环境很好啊，这几年是越来越好了，树木花草也多了。这里空气好，走累了，就到这里坐坐，听听音乐，你看现在这么坐着看过去，对面的景色很漂亮啊"。精神性依恋中的珍贵记忆积累维度则体现了与家人温馨的回忆或以往的一些印象深刻的珍贵回忆带来的感受而形成的地方认知，对此，受访者拍摄的是白云山公园中宽阔的马路（图 3-4 右），

并描述为"我第一次上白云山是在 1965 年，那时候到白云山的交通很不好，还是和工友一起骑着单车带着干粮上山的。我们上山的路很不好走，得从小路上山，而且也不像现在台阶小路这么好走，都是要攀着树枝上山的，很辛苦啊"。由此可见，研究者由此对地方依恋的维度进行了探索与细化，体现了旅游者对旅游地的地方依恋具有独特性。

图 3-4　受访者所摄照片

3.3.1.2　旅游动机对地方依恋的影响

旅游者对旅游地的情感受到多种因素的影响，旅游动机是旅游者地方依恋产生的重要因素之一。旅游者来到某地的动机和原因各有不同，可能是通过休闲度假来释放生活工作中的压力，也可能是为了探寻某个著名遗迹背后荡气回肠的历史故事，又或者背上沉重的行装在徒步中挑战自己的极限。旅游者所去的旅游目的地能否满足他们来此时抱有的期望，在很大程度上影响了他们对此地的依恋程度。

美国研究者就曾在波士顿被当地人亲切称为"翡翠项链"（Emerald Necklace）的城市公园带进行调查（Kyle，Mowen，& Tarrant，2004）。翡翠项链既有优美的自然景致还有完善的游乐设施，徒步、摄影、野餐休闲或皮划艇等运动项目应有尽有，这也使得游客来此的目的不尽相同。研究者将旅游者的动机分为了六类，分别是学习体验、探索自我、寻求刺激、社会交往、亲近自然，锻炼减压（见表 3-2）。

表 3-2　旅游者的六种动机

学习体验	学习旅游地的文化历史
	体验旅游地的风土人情
	了解城市或乡村的特别之处
探索自我	感受孤独
	做自己
	思考自我价值
寻求刺激	考验我的忍耐力
	向别人展示有的事情我可以做到
	冒险
社会交往	享受与旅游团体的人在一起的时光
	与他人分享我的能力与知识
	结识新朋友
亲近自然	亲近大自然
	欣赏风景
锻炼减压	帮助减少日常生活中累积的压力与紧张感
	获得身体上的放松
	得到锻炼

　　最后研究者发现，旅游者对翡翠项链的地方依恋受到他们旅游动机的影响，而且不同的动机在一定程度上影响了依恋的不同维度。在该研究中，地方依恋有四个维度：地方依赖、地方依恋（狭义）、地方认同、社交联系。当旅游者的动机是锻炼减压时，他们对该地的依恋往往表现为地方依赖。探索自我、亲近自然以及锻炼减压的旅游动机，则会影响旅游者对旅游地情感性的依恋。对当地文化感到好奇的学习动机以及进一步认识自我的探索动机，会更容易激发旅游者对旅游地的认同。旅游者与当地产生的社交联系，则源于寻求刺激、社会交往与亲近自然的旅游动机。

　　对于游客来说，丰富的选择往往能够满足他们的需求，从而对这个有别于繁华都市的世外桃源产生强烈的依恋感。此外，旅行经验、目的地的吸引力、与同行者的关系以及旅游地的客观条件同样影响着旅游者对当地的情感依恋。

3.3.2　旅游者地方依恋的影响

目前，我国各个省、自治区、直辖市皆在积极发展当地的旅游业。旅游业的发达使得城市有大量人流的涌入，带来了经济发展的机会，在增加就业机会与提升城市形象的同时，还能加强国际交流与合作、促进环境与社会的协调发展。可见旅游业对城市发展的影响毋庸置疑。当旅游者来到一座城市，通过在当地的生活获取他们想要的体验时，他们产生的地方依恋同样也会给城市旅游业带来一定程度上的改变和挑战。那么，游客对旅游地的地方依恋会给当地带来何种影响呢？接下来，我们将从旅游者忠诚度、购物行为及环保意识与行为三个方面进行探讨。

3.3.2.1　增强游客忠诚度

在竞争日趋激烈的市场，如何把握消费者的产品偏好，保持消费者对产品的忠诚度是产品经营者提高收益降低成本的关键之一。游客忠诚度是指游客明显偏好参与特定游憩活动的坚持行为（Backman & Veldkamp，1995）。相比于维持原有的顾客，开发新顾客的成本要高出四到五倍（Fornell，1992），因此，消费者产品忠诚度十分重要。从旅游业经营的角度出发，旅游者对旅游地方的忠诚度对当地旅游业的发展也至关重要。

而在旅游业充满竞争的现如今，随着人们的旅行足迹渐渐遍布世界各个角落，出行目的地也愈发多样。旅行前点开旅游网站，各种旅游攻略五花八门，景点各有特色，往往让人挑花了眼。那么，什么因素能够让游客流连忘返、一去再去呢？众多研究表明，旅游者对旅游地的地方依恋程度，会显著影响他们对旅游地的评价以及对该地的忠诚度。不同学者对旅游地忠诚度的定义各不相同，可以从行为和态度两个层面概括，行为层面体现的是游客多次参与特定活动，态度层面则表现为游客情感上的偏好。而通过提高旅游者对旅游目的地的地方依恋程度，会提高他们对旅游地的忠诚度，也就是能延长游客在旅游地停留游玩的时间，使其去该地重游的意愿越发强烈，从而为旅游地带去更多的利润收益和价值。

以白凯(2010)在西安市的调查研究为例，研究者在位于西安市的"后花园"，长安区中的上王村、祥峪沟村和黄峪寺村三处的农家乐展开问卷调查。首先，他们询问了游客对旅游地地方依恋的程度，问题包括：游客对自己当时身处的场所是否有情感上的依恋，在此处获得的旅游体验是否有其独特之处等。其次，研究者还考察了游客对旅游地的忠诚度，问题包括："我认为我对该旅游地有忠诚度""该地是我农家乐旅游的优先选择""我只到该地进行农家乐旅游休闲""我愿意再次到访该地的农家乐"等。最后，共有452名游客中为有效样本参与其中，结果显示，旅游者的地方认同与地方依赖与他们对旅游地的忠诚度相关，对旅游地依恋越高的游客，对该地的忠诚度也越高，越愿意将该地作为他们的优先选择或唯一选择，也会有更强烈的再次来此地游玩的意愿。

另一项研究细化了对旅游地忠诚度的类型。该研究在土耳其知名海岸城市迪迪姆进行，将对旅游地的忠诚度分为三种类型：基于旅游地能够满足旅游动机的认知忠诚(cognitive loyalty)、表达与旅游地情感联系的情感忠诚(affective loyalty)、反映重游意向的意志忠诚(conative loyalty)(Yuksel，Yuksel，& Bilim，2010)。同样采用问卷研究的方法发现，游客对迪迪姆的地方依恋越高，他们越会认为迪迪姆相比于其他旅游城市能为他们带来更多的益处、也更愿意将迪迪姆作为他们度假的首选地。而且，地方依恋与忠诚度的关系受到旅游者对旅游地满意度的间接影响，这意味着，游客对迪迪姆的地方依恋增强了他们对该地的满意度，从而提升了游客对迪迪姆的忠诚度。

3.3.2.2 影响旅游者的购物行为

旅游活动包括"食、住、行、游、购、娱"，旅游购物作为六项要素中重要的一环，是增强旅游业整体经济效益的重要途径，而旅游购物在旅游总收入中所占的比重也被看作旅游业发展程度的标志。游客作为旅游购物活动的主体，他们在旅游地的购物行为受到自身对旅游地的认知与感受的影响。也就是说，对于旅游者而言，他们对于旅游目的地的地方依恋感知会影响他们在当地的旅游购物行为。

我国研究者在历史型街区开展的研究对以上观点进行了印证。作为城市历史的载体，我国几乎每座城市都有那么一条人来人往、家喻户晓的历史老街，是来城市观光旅游必去的景点之一。研究者基于美国顾客满意度模型（ACSI），采用半结构式观察访谈与问卷法相结合方式在苏州著名历史街区型购物场所——观前街开展调查，探讨地方依恋与游客购物行为之间的联系（钱树伟，苏勤，郑焕友，2010）。结果显示，多数游客造访观前街的动机为访古怀旧与特色购物体验，而观前街独特的建筑风格与丰富的地方特色商品迎合了旅游者来此的目的，让他们觉得"这个地方很特别"，甚至"迷恋上了这里"。这种依恋的情绪很大程度上提高了旅游者的满意度和忠诚度，具体表现为"在此购物比我期望中更满意""会再次到这里休闲购物并将观前街推荐给别人"。此外，尽管游客们指出观前街还是存在"过于拥挤、环境嘈杂、秩序混乱"等问题，却也会因为对此处的认同与喜爱，而降低购物投诉或做负面口碑宣传的可能性。

可见，增强旅游者与旅游地之间的情感联结关系，是减少购物抱怨、提高消费者的满意度，进而增强购物忠诚度的有效途径。

3.3.2.3 提高旅游者环境保护意识

旅游者与旅游地形成的地方依恋还影响着他们如何看待当地的

资源保护与管理。旅游者的到来给当地带来的是经济的增长和数不胜数的发展机会，但同时也存在给环境带来不良影响的隐患，旅游者的不良行为极有可能对当地环境产生不同程度的破坏，如污染环境、破坏文化古迹、危害野生动植物等。旅游者作为旅游活动的主体，他们的行为表现在旅游地可持续发展中的作用不容低估。

前文中说到，当地居民对生活地方的依恋感越强，他们就越愿意支持对当地资源与环境的管理。对于旅游者来说，也是一样。当旅游者身处旅游地，并且在游玩过程中对这个地方产生认同和依赖的时候，他们也会更希望这个自己喜欢的地方不要受到污染或破坏，从而主动地减少对生态环境的破坏，保护当地的自然资源，并采取行动促进旅游地的可持续利用。比如，旅游者会愿意选择相对低碳的出行工具，制止他人破坏环境的行为，或者作为志愿者参与当地的一些环保公益活动，甚至愿意捐助旅游地的环保事业等。

一项以中国台湾澎湖为背景的研究验证了以上说法。脍炙人口的《外婆的澎湖湾》作为台湾澎湖的观光歌曲，描绘了澎湖"海蓝蓝、白浪逐沙滩"的迷人景致，吸引了无数中外游客的目光。2013 年研究者于著名景点澎湖列岛向来此地旅游的游客发放问卷，询问游客对澎湖岛的地方依恋程度、澎湖岛对他们的吸引力以及他们的环境责任行为，并回收了 413 份数据（Chen，Wu，& Huang，2013）。根据数据分析的结果可以看出，对于来自五湖四海的游客来说，澎湖岛的自然风光与人文气息对他们的吸引力越强，游客越容易产生对风景地的认同与依赖，从而产生更强烈的意愿做出如"我将努力学习如何解决澎湖的环境问题""我会阅读与澎湖环境相关的报告与书籍""我会与人们讨论澎湖的环境保护问题"等一般环境责任行为，以及"我会捡起并丢掉沙滩上的垃圾或树枝""我会参加海滩清洁活动""我将遵循法律途径阻止澎湖环境的破坏"等特定环境责任行为。

此外，另有研究者在四川省知名旅游景点九寨沟进行问卷调查，同样关注了旅游者地方依恋与他们环保行为倾向的关系，并区分了地方依恋不同维度与不同类型环保行为倾向之间的相互影响（万基财，张捷，卢韶婧，李莉，李红强，王礼茂，2014）。研究样本包括587名参与者，结果显示，旅游者地方认同越强烈，他们越倾向于做出遵守型环保行为（即指依据既定的环境保护规则规范而采取的环保相关举措），而旅游者的主动型环保行为（即指文明规定外可参与的非强制性环境保护相关活动）则更多地受到地方依赖的影响。换句话说，旅游者认为此次的出行对他们而言很有意义，从而产生情感性依恋的时候，他们更容易遵循相关环保规定并履行义务，做出遵守型的环保行为，如"我会遵循景区的环境准则""我会妥善处理旅行中的垃圾"等。同时，如果旅行者认为旅游地在各个方面都胜过其他地方，在该地可以获得独一无二的旅游体验，而对该地产生依赖的时候，这种功能性的依恋会让旅游者更倾向于主动积极地采取行动去保护当地环境，如"我愿意捐款帮助景区防止自然灾害""遇到破坏环境的行为我会劝说"等。旅游者对所在地的依恋感越强烈，越满意自己在此地获得的休闲经历，他们也会更愿意做出与保护当地环境相关的举措，不管是被动地遵守当地的环境准则，还是主动地维护环境。

4

地方：地方依恋的对象

在第 3 章，我们对"人"这一地方依恋的主体有了更深刻的认识与了解。根据地方依恋的三维结构理论（见第 2 章 1.2 节），"地方"作为地方依恋的对象，也是非常重要的部分。人们会对什么样的环境产生地方依恋呢？之前的章节给出了很多答案：城市、乡村、家、社区、旅游地……如果一个环境能满足个体的需求，并能允许他们实现自己的目标，这一环境就会被视为比其他可选择的环境都更好的地方，并进一步发展为对该环境的依恋。在本章中，我们将系统地讨论地方依恋的对象——地方，首先讨论如何理解地方的含义，接着从不同的空间尺度来讨论地方依恋，最后重点分析地方最有力的例证——城市以及城市地方依恋的影响因素。

4.1　地方的概述

地方(place)维度强调了被依恋对象的特征及本质(Scannell & Gifford，2009)。在本节，我们将对地方的含义进行简要讨论，介绍将地方划分为物理环境和社会环境两方面的分析思路。

4.1.1　什么是地方

地方是被赋予了特殊意义的空间。围绕地方的内涵，主要有两种取向。一种取向是三个维度说，认为地方由三个维度组成，即物质性（materiality，指在地方存在的建筑和设施等）、意义（meaning，从个人的到公共、社会的意义）、习惯（practice，个体每天在地方所做的普遍性的活动）。另一种取向是两维度说，正如地方依恋的三维结构理论所强调的，地方包含社会特征及物理特征。鉴于地方依恋的三维模型从总体上对地方依恋进行了更全面的概括与理解，同时对地方这一概念有更加深入的理解和内容扩展，因此，本节将从物理特征和社会特征两个维度进行介绍。

4.1.2　地方的物理维度

地方依恋可以建立在地方的物理特征上。地方的物理特征包括自然风光、建筑物、环境建设等方面，研究者通常使用建筑物的大小或空间规模、所选区域的清洁度或景观资源度等对地方的物理特征进行描述。有的研究者认为，地方的物理特征会直接影响个体对这一地方的地方依恋。例如，对地方依赖的定义突出了一个地方作为依恋中心的物理特征，因为它可以提供便利或资源来支持一个人的目标。也有学者认为，个体不直接依附于一个地方的物理特征，而是依附于这些特征所代表的意义（Stedman，2003）。也就是说，地方的物理特征也许不会使人直接产生依恋感，而是会影响个体对该地方知觉的象征意义，这种象征意义才是个体产生地方依恋的基础。地方的物理特征限制了一个地方可能采用的意义，因此，基于物理特征的地方依恋依赖于这些地方的符号意义。有意义的地方类型包含了广泛的物理环境，包括建筑环境（如房屋、街道、某些建筑和非住宅室内环境）和自然环境（如湖泊、公园、小径、森林和山脉）（Manzo，2003）等，只有物理特征的地方才能对个体存在象征意义，最终使个体产生地方依恋。

4.1.3　地方的社会维度

　　地方的社会特征强调了人与当地社会网状结构的连接。有研究者认为，在地方中个体所产生的社会联结或归属感，以及情感关系与社会关系等都是基于地方中群体共同的利益、历史联系的（Long & Perkins，2007）。当研究情境聚焦于紧密的人与社区间关系、根深蒂固的代际间联结或强烈的宗教象征意义时，对社会属性的诉求将会更高。

　　对一个地方的依恋意味着对住在那里的人的依恋，以及对这个地方提供给他们的社会互动的依恋（Woldoff，2002）。空间纽带之所以变得重要，很大程度上是因为象征着社会纽带（Lalli，1992）。社会纽带可以从两个角度理解，一是个体在其所处位置对与其互动的他人的依恋，二是个体对所处位置所代表的社会群体的依恋。后一种类型的依恋象征着一个人的社会群体的认同，与地方身份紧密相连（Twigger-Ross & Uzzell，1996）。个体对这个地方产生依恋，是因为这个地方有不同于其他地方的"独特性"。城市依恋即是发生在城市层面的群体地方依恋的一个实例（Vorkinn & Riese，2001）。还有部分关于地方维度的研究集中在社会方面，即人们依附于促进社会关系和群体认同的地方。马克·弗里德的研究是在一个非常破旧的社区进行的。结果表明，强大的邻里关系仍可以从人际交往中产生，从而增强居住者对该地的依恋。某些物理特征，如密度、距离、设施和其他社会领域的存在都会影响这些交互（Fried，2000）。

　　还有研究则强调了物理和社会特征都会影响个体整体的地方依恋水平。有一项研究在三个不同的空间水平（家庭、社区和城市）上测量了个体对地方的社会维度和物理维度的依恋水平（Hidalgo & Hernández，2001），结果发现，地方依恋的强度会因空间水平的不同而产生变化：家庭和城市层面的依恋程度高于社区层面。而且，居住者对地方的社会维度依恋强于对物理维度的依恋。

需要补充的一点是，个体的地方依恋也可以反过来影响个体对地方环境的感知，例如与地方的依恋程度越高，个体越容易对地方产生愉快、健康及安全等积极的看法和印象。事实上，相较于地方依恋或情感联结较少的个体，地方依恋水平较高的个体会表现出更信任居住城市环境条件的倾向（Bonaiuto，Breakwell，& Cano，1996）。例如，一项在加沙地区进行的研究表明，对加沙有着更强烈地方依恋的犹太人会更愿意相信加沙利于人居住，不乐意相信生活在加沙是危险的（Billig，2006）。地方依恋程度与个体对适宜居住环境的评价有关，人们对物理环境和社会环境特征的评价越高，对地方产生的依恋可能性越高（Mesch，Manor，1998）。因此，地方依恋不仅建立在情感纽带的基础上，还建立在空间环境赋予的认知和意义上，人们赋予环境和地点意义，进而对意义产生依恋（Stedman，2002）。

4.2 家国天下：多尺度的地方依恋

地方有着自身的地理尺度，大到亚洲、欧洲这样的大洲，小到家庭中的一个房间、阳台。有研究者认为，在衡量地方依恋时，应该考虑空间层次，即从地方的地理尺度（家、社区、城市和国家）对地方依恋进行理解。地方的地理尺度不同，依恋的强弱也会不同。以往研究对不同的尺度类型的地方依恋已得出了较一致的结论，即人们对家和城市层面的地方依恋要强于社区层面。还有研究者提出，随着人们受教育程度的提高和流动性的增强，人们依恋的尺度会不断扩大，会从社区到整个地区乃至全球（Tuan，1979）。在本节，我们将依次讨论个体对家、社区、地区/国家的地方依恋及其影响因素，个体对城市的地方依恋将在下一节重点展开。

4.2.1　家

4.2.1.1　对家的地方依恋

当我们谈到地方依恋时，哪个特殊的"地方"会第一时间出现在我们的脑海里呢？相信大多数人在脑海里出现的是——家。家作为连续性、秩序、根源、自尊、依恋、隐私、舒适、安全和避难所的象征（Tognoli，1987；Moore，2000），同时也意味着所有权。人们在进行地方依恋的研究时，在评估地图上，家庭住址往往是被试最喜欢的地方。

家作为一个重要地方，可以是公寓、住宅、居民楼、乡间的民居……自有其物理特征以及深层的物质象征。在家这一场所里，我们或多或少会留下自我的物质痕迹。让我们回想一下，走出电梯，我们可以非常自然地朝自己家的方向走去，再走一会儿就能看到熟悉的家门；拿出钥匙打开房门，能看到熟悉的摆设，或许还有自己心爱的小宠物在等你回家。当你想起这些时，是不是情不自禁地露出了笑容呢？这是因为小至自己添加的一包纸、一副碗筷，大至添置的家具及装修风格等，家中的设施及装置都包含着我们对家的体验和丰富化的情感历程。而这一由物质性所引发的情感体验，是我们在其他地方场所不能轻易体验到的。例如，大部分人家里都喜欢陈列照片，当你看到照片时，是不是也能想起照片背后的故事，而这个故事和其意义是不是你与家人共同的回忆呢？相信你回想起家的时候，一定不会缺少幸福的故事。因此，我们可以发现，家的物质性是有其意义在的，它的物质性不仅指的是具体的事物，还蕴含了丰富的意义。家的物质性使它区别于其他场所，成了我们地方依恋的重要对象。

一个场所之所以会成为我们依恋的对象，是因为这个场所包含了我们的个体特殊经验（personally important experiences），即我们在这个场所里所体验过及经历过的人生重要事件会使我们对这一场所产生依恋（Manzo，2003）。我们自婴儿时期开始至成年离家，家作为承载我们成长历程的重要场所，包含了我们从幼时至成人的记忆和经历。我们的人生重要改变及成长转折大多都发生在家这一场所中，因此，家作为包含了我们主要人生历程的场所，是地方依恋的重要载体。

我们在家这一特殊场所中，也有着普遍性的社会活动。同时值得注意的是，我们在家这一场所中所采取的普遍性的社会活动，往往还包含着"家人"这一重要客体。与父母或家人的互动基本包含在个体在家的活动中，这种习惯性的活动不仅使我们对家产生舒适及稳定的感觉，还会加深我们与家人的情感联系。而与家人积极的情感联系进而影响我们对家产生更多的正向情绪，从而使我们对家产生更深层次的地方依恋。

4.2.1.2 社会转型中的家庭结构变迁

在快速的社会转型期间，由于政府政策的变化与更新，人口变迁及家庭资源的变化会对家庭产生影响（韩央迪，2014），进而影响个体对家的地方依恋。因此，正确地认识在社会转型期间人口与家庭结构的变化，以及从家庭资源和家庭关系的变化出发，进一步探讨如何有效地缓解社会转型期间对家庭产生的负面影响，对整体的社会治理是很有必要的。

以 2010 年 12 月 1 日，全国妇联和国家统计局联合组织实施了第三期中国妇女社会地位调查，由报告的部分内容可发现，在社会变迁的过程中，家庭资源产生了变化。第一，两性家庭任务分配不公，女性家务劳动负担较重，家庭给女性带来的任务较重。据第三期的中国妇女社会地位调查可发现，72.7% 的已婚者认为，与丈夫相比，妻子承担的家务劳动更多；女性承担家庭中"大部分"和"全部"做饭、洗碗、洗衣服、做卫生、照料孩子生活等家务的比例均高于 72.0%，而男性均低于 16.0%。女性承担"辅导孩子功课"和"照料老人"主要责任的占 45.2％和 39.7％，分别比男性高 28.2 个和 22.9 个百分点。随着托幼园所发展的市场化，托幼服务缓解女性工作与育儿矛盾的功能削弱，目前被访者 3 岁以下孩子由家庭承担照顾责任的占 99.9％。其中，母亲作为孩子日间主要照顾者的占 63.2％。在目前 3～10 岁的农村儿童中，35.9％的儿童从没上过幼儿园，而"附近没有幼儿园"是造成这一现象的主要原因。工作与育儿的冲突影响了年轻母亲参与有收入的社会劳动，城镇 25～34 岁有 6 岁以下孩子的母亲在业率为 72.0％，比同年龄没有年幼子女的女性低 10.9 个百分点；农村 25～34 岁有 6 岁以下孩子的母亲在业率为 79.7％，比没有年幼子女的农村同龄女性低 6.7 个百分点。18.9％的在业母亲"有时"或"经常"为了家庭放弃个人发展机会，比男性高 6.5 个百分点。因此，家庭资源可能更多地向男性倾斜，而女性则被要求在家庭中付出更多的努力与承担更多的任务。

第二，两性收入仍存在差异。如图 4-1 所示，调查显示，18～64 岁女性在业者的劳动收入多集中在低收入和中低收入组。在城乡低收入组中，女性分别占 59.8％和 65.7％，比男性高 19.6 个和 31.4 个百分点；在城乡高收入组中，女性仅占 30.9％和 24.4％，均明显低于男性（见图 4-1）。数据同时揭示，城乡在业女性的年均劳动收入仅为男性的 67.3％和 56.0％，且不同发展水平的京津沪、东部和中西部地区城乡在业女性的年均劳动收入均低于男性。因此，家庭资源可能较多地还是由男性提供，女性所能支配的家庭资源较少。

因此，通过种种数据我们都可得知，在社会变迁的历史进程中，家庭资源不可避免地都受到了影响，从家庭这一角度去理解社会变迁所带来的影响，为从家庭这一角度去结合地方依恋和社会治理提供了可能性与合理性。因此，家庭作为地方依恋的重要对象，如何结合家庭与地方依恋，对社会治理在家庭层面上进行改进与提升，是我们未来可以思考的方向。

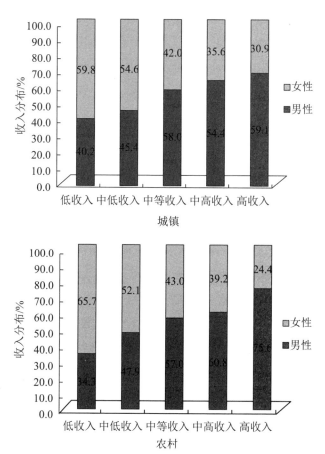

图 4-1 城乡男女年均劳动收入分布

4.2.2 社区

无数个家庭的集群，在现代城市中被称作为社区。社区一般是指"一个复杂的友谊和亲属网络系统以及植根于家庭生活和正在进行的社会化过程中的正式和非正式的联系纽带"（Kasarda & Janowitz，1974）。城市社会学家认为，地方依恋必然是社会性的。对国外的研究显示，首先，大众社会根据阶级、种族和宗教来决定地位。其次，地位和生活阶段相似的人根据自己的生活方式和经济条件选择住所的位置和类型。最后，一些相对同质的社区就出现了，人际依恋和网络在其中得以发展。

已有研究区分出了两种类型的社区，即兴趣社区和地点社区。兴趣社区指的是成员通过生活方式和共同兴趣相互联系，并不总是局限于某个地方，比如在线的课程学习社区、专业的技术讨论社区或宗教团体，它们之间的联系并不涉及某个地方，所以这个术语并不适用于地方依恋。地方依恋研究中所探讨的社区主要是地点社区。地点社区描述了根植于地方的社会关系，指的是一种支持社会互动的空间，其成员通过地理位置相互联系（McMillan & Chavis，1986；Nasar & Julian，1995），例如，第3章曾提到的庐山牯岭社区。

围绕着地方依恋，有关社区的研究主要从三个视角展开，分别是社区规模、社区的开放类型和社区的同质化程度。关于社区规模，以往研究表明，社区规模与地方依恋之间呈现负相关（Wilson & Baldassare，1996；Lewicka，2005）。一般说来，社区规模可预测个体对社区的地方依恋，且社区规模越大，地方依恋程度越低。与社区规模有关，当地社会资本（Wood & Giles-Corti，2008）、服务和景观类型（Kelly & Hosking，2008）等其他因素也会显著地影响着人们的地方依恋。社会资本是指那些在人们日常生活中占大多数的无形资产，即组成社会单位的个人和家庭之间的善意、友谊、共情和社会交往（Hanifan，1920），社会资本越强的地方会使个体产生更多的地方归属感，因此产生更强的地方依恋（Lewicka，2005）。

关于社区的开放类型，现代社区一般分为封闭式社区及开放式社区。封闭式社区是指有限制进入的居住区，且居住区内的公共空间是私有的。通常用篱笆或者围墙封闭起来，目的是防止非居民进入居住区。开放式社区是指可实现城市公共资源共享、与城市功能空间有机融合，营造富有活力的城市氛围和完善城市功能的住区（吴金稳，2016）。一项研究比较了封闭式社区与开放式社区的居民对社区的感知，结果发现，相比于开放式社区的居民，高收入的封闭式社区居住者报告了更低水平的社区感，更高水平的个人安全感和社区安全感。不过两者之间的实际犯罪率以及地方依恋没有显著差异（Wilson-Doenges，2000）。

关于社区的同质化程度，目前研究的结果相对一致，即社区的同质化程度越高，居住者对社区的地方依恋越强。社区内成员的异质性会降低人们的地方依恋（Kasarda & Janowitz，1974；Mesch & Manor，1998；Stolle，Soroka，& Johnston，2008；Putnam，2007）。澳大利亚的一项调查发现，邻居多样性与邻居之间的信任度之间存在负相关关系（Leigh，2006），即社区居民越多样，居民彼此之间的信任度却会越低。

4.2.3　地区/国家

不同国家及地区的环境与文化也会影响我们的地方依恋。民族主义和社会文化是地方依恋的另一种内涵表达，此时地方代表着一个群体（Bonaiuto，Breakwell，& Cano，1996）。在群体层面，地方依恋是由符号组成、成员共享的地方意义，即地方被组成成员赋予了意义，并因组织成员间共享的地方意义更进一步加深个体对地方的依恋。已有研究对不同的集体地方依恋进行了探讨，包括文化、性别及宗教等维度。例如，地方依恋可基于宗教，即通过宗教，某些地方的意义被提升到神圣的地位（Mazumdar & Mazumdar，2004）。此外，地方依恋也可以被描述为个体对从单独走向群体并最终成为同质性群体时所形成的共享文化的依恋（Michelson，1976）。这就说明文化可以通过共享的历史经验、价值观和符号将个体联系起来，形成特殊的地方依恋。景观感知研究结果也证明了这一观点。例如，森林被西班牙裔人认为更具威胁性；对于美国人来说，非裔美国人和女性的威胁相较于欧洲裔美国人和男人会更小（Virden & Walker，1999）。

我们应注意的是，地方依恋的文化和个人层面并不是完全独立的。文化场所的意义和价值影响着个体场所依恋的程度，而个体在一个场所内的体验如果是积极的，就会继续维持并可能加强个体对某一文化场所的依恋。

4.3 城市：地方最有力的例证

城市依恋是发生在城市层面的群体地方依恋的一个实例（Vorkinn & Riese，2001）。奇怪的是，城市作为地方依恋的对象之一，却并没有像家和社区一样得到研究者足够多的关注。尽管比较多个地理尺度下的地方依恋的研究数量不多，但现有研究结果表明，基于城市建立起来的地方依恋要强于基于邻里或国家建立起来的地方依恋（Cuba & Hummon，1993；Hidalgo & Hernández，2001）。例如，一项地方依恋的研究报告提到，对地方依恋的研究约有70％集中在邻里关系上，20％集中在家庭关系上，只有10％集中在城市关系上。这种忽视在城市结构相对单一的小城镇是可以理解的，但如果拓展到具备一定人口规模的大城市，就会在住房类型、社会人口构成、地方政府政策或历史遗产等方面产生异质性的结果。对比以历史文化遗产著称的城市和现代化公寓楼林立的城市，已有研究发现，前者的居民比后者的居民更依恋所在的城市。因此，在4.2节介绍了家、社区、国家等地方依恋的对象后，这一节将聚焦城市，将其作为单独的地方依恋的对象进行讨论。

我们将在本节探讨两个主要问题：第一，既然城市的发展及现代化进程会影响个体的地方依恋，那么追本溯源，城市发展的历史脉络是怎样的？对此，我们将以中国城市的发展为例，呈现一定历史文化背景下的"城市的故事"。第二，在现代城市中，哪些城市元素会直接或间接影响个体的地方依恋强度呢？对这个问题的回答将延续第一节的思路，从城市的物理环境元素和社会环境元素两方面进行分析。

4.3.1　中国城市的历史

我国历史文献中详细地介绍了城市的发展。在最开始，我国的"城"与"市"是两个不同的概念。城，多是指四面围以城墙、扼守交通要冲、具有防卫意义的军事据点，例如，"城，郭也，都邑之地，筑此以资保障者也"等；而市则指的是交易市场，《说文解字》认为："市，买卖之所也""贸、贾，市也"等。由此可见，城与市在最开始是分开进行理解的两个场所，并且从古文文献记载城与市的基本特征看，城与市之间也没有存在必然的内在联系。但到了周代，随着城与市的发展与变化，这两个词开始逐渐合并起来，并含有了"城市"的意义，即城市是一个人口集中、非农业各类产业发达、军民以非农业人口为主的地区，且通常是周围地区的政治、经济、交通与文化的中心(张全明，1998)。

我国古代城市的发展大致可分为以下两个阶段。

第一阶段，从战国至南北朝时期。此时期城市的发展在很大程度上受政治因素的制约，具体表现为政治局面的发展。在战国至东汉末，当时我国历史的政治局面是从分裂走向统一与稳定的时期，表现在城市的发展趋势是由点的分散与狭小变化为点的相对集中与扩大。而后期，从东汉末至南北朝时，我国境内政权不时呈鼎立状态，或是呈南北对峙或分裂局面，政治动乱持续，战争频繁城市的发展趋势极度不稳定，且城市的兴衰会受到突发性政治、战争等因素的影响。此外，随着各个时期边疆地区的持续开发，城市的地理空间分布更广阔，在长江与珠江流域已出现了一些新的城市。但南方除少数大城市的发展水平逐渐接近北方外，黄淮流域的城市数量与发展水平在当时仍占全国的主导地位。

第二阶段为从隋唐至清末，从时间上大致可把当时的城市史地沿革划分为隋唐五代、辽宋金元和明清三个时期。

隋唐时期城市发展的原因除政治的再次大一统以外，大运河的开凿，南方经济的持续发展，海外贸易的兴起、增多，茶叶及其经济作物的广泛种植等也是其重要因素。这是因为贸易的兴起与增多不仅改善了长江与钱塘江流域和北方地区以及海外的交通联系，更促进了人口的流动和商业贸易的发展，从而带来了商品经济的发达与繁荣。同时，完全靠手工操作的密集型商品经济生产吸引了大量劳动力在经济发达的地区迅速聚集，促使南方地区人口密度不断升高。因此，在运河两岸、东南沿海、长江流域、湘鄂赣等地出现了一批新的城市，从而不断地改变着城市发展及其地理分布的状况，城市发展的重点区域开始由中原地区逐渐向江南地区转移。但这时城市本身的发展还处于相对封闭的状态，城市的内部结构仍是实行坊、市分开管理定制；并且这时城市的政治、军事中心职能还比较明显，相对的以工商业为主的城市还较少。五代十国城市发展的趋势更体现了上述的各种特点。

辽宋金元时期，北方地区由于长期受战乱的影响，不仅使原有的城市遭到了战火的破坏，而且大量北方人口由于不堪忍受长期战乱的痛苦再度大规模向南迁移；同时，宋王朝南渡，政治中心随之南移，从而为集中全国人力、物力、财力以加速南方城市的发展提供了便利的条件；另外，广大南方地区自五代以来政治相对稳定，经济持续发展，自六朝以来南方不断开发，在经过两宋数百年的发展后其经济基础更为雄厚，从而使南方地区城市的迅速发展具备了最基本的、亦是最重要的推动力；此外，南方优越的自然条件不断得到广泛地开发和利用，不仅为经济的发展，城市的建立等提供了充足的水源，而且有利于内河航运和海外贸易的发达，贸易和货物的转运，使南方沿海地区和通往内地的交通线上的城市迅速发展，新的城市不断兴起。

明清两代城市发展的速度进一步加快，其整体水平不断提高，城市的数量、规模、类型、结构、功能等，在这一时期相较以前有了显著的发展和变化。促进这种发展和变化的主要原因，首先是社会生产力的普遍提高，各业经济的迅速发展，尤其是农业经济内部结构的变化，及农业经济商品化部分的不断增长，为城市的发展提供了极大的推动力，而城市的发展又反过来促进了农业经济商品化程度的扩大和加深；同时，明清时期社会的相对稳定与国家长期统一，国内外交通的发展及其各地联系的进一步加强，人口的增多，特别是康乾时期人口的成倍增长及其向城镇的聚集和开发边远地区所带来的人口大量流动等因素，都在不同程度上推动了当时城市的发展，并决定或反映出城市发展的新特点。

综上我们可知，城市的发展与国家的稳定及政治经济发展水平存在高度相关。在经历了早期的"城"与"市"分开的结构后，由于我国古代经济发展水平不断提高，以及政治趋向统一，"城"与"市"逐渐开始合并，并最终形成了初步的城市结构。城市结构的形成又反过来促进了人口的流动与经济的发展，并最终成为一个稳定的概念。

4.3.2　城市化

本书的社会背景是中国的城市化，在之前的章节中，"城市化"也经常出现在我们面前。一般说来，衡量一个地方的城市（镇）化水平的方法是计算该地城市（镇）人口占总人口的比例。那么什么是城市化呢？

许多学科将城市化作为研究对象之一，根据学科自身的特征强调了城市化的不同方面，从而形成了具有学科特异性的城市化定义。《中国百科大辞典》中，人口学对城市化的定义是农业人口向非农业人口转化并在城市集中的过程，表现在城市人口的自然增加，农村人口大量涌入城市，农业工业化，农村日益接受城市的生活方式。社会学对城市化的定义则是农村社区向城市社区集聚和转化的过程。其中包含城市数量的增加、规模的扩大以及城市人口在总人口中比重的增长；同时，还有公用设施、生活方式、价值观念等方面城市特征的形成、发展以及对周围农村地区的传播和影响。在社会学中，一般以城市人口占总人口中的比重来衡量城市化水平。此外，城市化水平还会受社会经济发展水平的制约，并与工业化关系密切。城市规划学对城市化的定义则是由第一产业为主的农业人口向第二产业、第三产业为主的城市人口转化，由分散的乡村居住地向城市或集镇集中，以及随之而来的居民生活方式的不断发展变化的客观过程。

李曙强(2005)总结了不同学科对城市化定义的共同点，将城市化定义为城市的发展壮大，同时人口由分散的农村向城市集中的社会进步过程。这一过程包含三个方面：第一，人口的变化，具体表现为城市人口增加，农村人口相对减少，城市人口在国家总人口中的比例不断提高；第二，城市数量增加、城市规模的扩大以及城市状态(城市体系结构、地区分布)发生变化；第三，城市经济关系和生产方式的普及和扩大，农村逐步实现城市生产方式和生活方式。

"城市化"一词最早出现在巴塞罗那规划师塞尔达(Ildetonoso Cerda)1861年出版的《城市化概论》一书中。学界一般认为，中国社会的城市化始于1978年改革开放，而西方城市化则始于第一次工业革命时期。西方城市化进程主要包括以下三个阶段(周跃辉，2013)。

4.3.2.1 18世纪中叶—1950年：工业城市化阶段

西方社会的第一次城市化进程脱胎于第一次工业革命。18世纪从英国发端的工业革命，使西方城市的初始形态——城邦与城堡——开始从政治管理中心和军事防卫堡垒，转向以工厂生产和贸易交换为主体形态的经济中心。在第一次产业革命的推动下，

1851 年英国的城市化水平就超过了 50％，率先进入成熟的城市化阶段。法国、德国、加拿大等国家相继启动了城市化进程。19 世纪 40 年代到 20 世纪 50 年代，第二次产业革命在美国、德国、法国等主要资本主义国家兴起，使得重化工业取代纺织等轻工业而成为主导产业。在这一时期，西方国家的城市化进程明显加速，发达国家的城市化水平从 1850 年的 11.4％ 上升到 1950 年的 52.1％。1950 年，英国达到 79％的城市化水平；其他一些西方国家在此阶段均成功地实现了高度的城市化，美国当时的城市化水平为 64.2％，德国为 64.7％，加拿大为 60.9％，法国为 55.2％，瑞典为 65.7％。当然，西方国家工业化带来的城市化进程，也不可避免地衍生出了"城市病"。环境污染、人口拥挤、城市犯罪及各种社会问题接踵而至，因此，西方主要国家从 20 世纪 50 年代开始出现了"逆城市化"现象。

4.3.2.2　1950—1990 年：逆城市化阶段

逆城市化最主要的特征是人口迁移的方向发生逆转，郊区开始成为主要的人口聚居区。1950 年，美国的城市人口有 64％住在市区，而到了 1990 年，这一数字却还不到 39％，人口与产业分布的郊区化或逆城市化特征非常明显。同时，中心城市服务业的就业百分比从 85％降至 52％，制造业则从 67％降至 45％。欧洲的各个发达国家也出现了同样的人口与产业分布情况。之所以产生逆城市化，一方面是因为非均衡发展带来的以城市病为特征的城市经济社会问题突出，另一方面是因为西方发达国家的城市经济在交通条件显著改善的条件下，迅速向大城市的郊区和周边中小城市延伸，城市的产业活动也不断向城市外围扩散。在这一时期，由于交通条件的进一步改善，高速公路等基础设施将城市郊区与城市中心连为一体，优美的环境则成为吸引大量西方国家中产阶级和富人阶层到郊区来居住的另一主要因素。

当然，由于城市郊区分散的地区基本上还隶属于大城市，虽然其起到了一定的人口分散作用，但城市中心区的基础设施压力仍然很大，城市交通问题日益凸显，各发达国家开始进入大规模轨道交通的建设阶段。中心城区的衰落，也使得西方国家的政府开始考虑如何制定适当的政策，吸引居民重新回到城区来。

4.3.2.3　20 世纪 90 年代以来：再城市化阶段

到 20 世纪 80 年代末期，美国、日本等发达国家都已经达到成熟的城市化水平。在此阶段，一方面，西方国家已经完成工业化，城市的生活和工作条件得到显著改善，农村人口流入大城市的压力不复存在；另一方面，逆城市化的现象使得城市中心区相对衰落，这时西方国家的城市政策重点开始由建设新城市转向中心城区的复兴，包括提高城市规划水平，提升服务业水平，完善公共交通，加强环境治理。与此同时，石油价格持续攀升，人们的出行成本大幅增加。这些因素交织，催生出一种新趋势——人口从城市郊区重新回到较大城市及中心城区，即"再城市化阶段"。随着中心城区的复兴，中心城市的交通变得更加紧张。因此，发达国家加强了对交通需求管理的深入研究，用以解决交通拥堵问题，霍华德（Ebenezer Howard）等人的田园城市理论得到了人们的广泛认同。城市规划的许多理念在此阶段被大量采用，西方国家对城市的功能有了进一步的认识，市场化的产业分工使得现代服务业蓬勃发展，城市能够为人们提供更多的就业机会、更舒适的生活环境，人们也就更愿意回到中心城区来。

4.3.3　中国的城市化掠影

城市化是一个社会发展的过程，这一过程是有其规律性存在的。西方国家所经历的城市化，与我国的城市化发展进程亦有相似之处。同时，由于环境、政策及国情之间的差异，我国的城市化进程有着自身的特点。诺贝尔经济学奖得主斯蒂格利茨（Joseph E. Stiglitz）曾提出，21世纪影响世界的两件大事，一是中国的城镇化，二是美国的高科技。一方面，我国的城镇化正面临着前所未有的重大战略机遇期，城镇化必将成为我国实施扩大内需战略的主要方面；另一方面，也必须看到西方国家三百年的城市化演变历程所带来的种种问题和矛盾，从城市的起源到工业城市化、从逆城市化到再城市化，都表明城市化遵循着一定的规律。

中国城市化进程是中国农村转化成城市的过程。中国的城市化进程包含了几个不同的阶段，与国家的经济发展水平息息相关。具体来讲，从19世纪下半叶到20世纪中叶，由于受到世界列强的侵略以及军阀割据的困扰，中国城市化的发展并不均衡。自20世纪50年代中期以后，我国建立了城乡二元分割的社会结构，使得城市化长期处于停滞状态。而改革开放以后，中国城市化进程明显加快。因此，我们将从改革开放前与改革开放后这一时间段对中国的城市化发展历程进行介绍。

在改革开放以前，中国的城市化呈现出以下几个特点：第一，政府是城市化动力机制的主体；第二，城市化对非农劳动力的吸纳能力很低；第三，城市化的区域发展受高度集中的计划体制的制约；第四，劳动力的职业转换优先于地域转换；第五，城市运行机制具有非商品经济的特征。而这些城市化的特点，导致了城乡之间形成了相互隔离和相互封闭的"二元社会"。

二元社会结构，是指通过一系列分割城乡、歧视农民的制度安排而人为构建的城乡隔离的社会结构，主要包括政府对城市和市民实行"统包"，而对农村和农民则实行"统制"，即由财产制度、户籍制度、住宅制度、粮食供给制度、副食品和燃料供给制度、教育制度、医疗制度、就业制度、养老制度、劳动保险制度、劳动保护制度甚至婚姻制度等具体制度所造成的城乡之间的巨大差异，构成了城乡之间的壁垒，阻止了农村人口向城市的自由流动。"二元社会结构"这一概念是原农业部政策研究中心农村工业化城市化课题组于1988 年最早提出并详细论述的，研究者提出，二元社会是不利于城市化的发展的。我国的城市化进程原本应与国家的工业发展进程一致，但由于二元社会的出现，导致这一时期的城市化进程裹足不前。二元社会结构使我国城市化水平既明显滞后于国内工业化水平，又大大落后于发达国家、发展中国家和世界平均水平。因此，改革开放以前，我国的城市化发展进程是停滞不前的。

改革开放以来，中国的城市化进程大致经历了以下三个阶段（汪冬梅，杨学成，2003）。

第一阶段，1978—1984 年。这个阶段是以农村经济体制改革为主要动力推动城市化的。这个阶段的城市化带有恢复性质，"先进城后建城"的特征比较明显。第一，表现在大约有 2000 万上山下乡的知识青年和下放干部返城并就业，高考的全面恢复和迅速发展也使得一批农村学生进入城市；第二，城乡集市贸易的开放和迅速发展，使得大量农民进入城市和小城镇，出现大量城镇暂住人口；第三，这个时期开始崛起的乡镇企业也促进了小城镇的发展；第四，国家为了弥补过去的城市建设漏洞，提高了城市维护和建设费，结束了城市建设多年徘徊的局面。这个阶段，就人口来看，城市化率由1978 年的 17.92% 提高到 1984 年的 23.01%，年均提高 0.85 个百分点。

第二个阶段，1985—1991 年，乡镇企业和城市改革双重推动城市化阶段。这个阶段以发展新城镇为主，沿海地区出现了大量新兴的小城镇。

第三阶段，1992—2000 年，这是城市化全面推进阶段，以城市建设、小城镇发展和普遍建立经济开发区为主要动力。1992—1998 年，城市化率由 27.63% 提高到 30.42%，年均提高 0.42 个百分点。进入 90 年代以后，中国城市化已从沿海向内地全面展开。
1995 年年底与 1990 年相比，建制市已从 467 个增加到 640 个，建制
镇则从 12 000 个增加到 16 000 多个；从人口来看，城市化水平也从
1990 年的 26.41％提高到 28.62％。

迄今为止，我国的城市化进程发展迅速，并取得了较大的成果。
据国家统计局在 2018 年公布的《中国统计年鉴 2017》可知，到
2017 年年末，中国大陆的总人口(包括 31 个省、自治区、直辖市和
中国人民解放军现役军人，不包括香港特别行政区、澳门特别行政
区和台湾地区以及海外华侨人数)为 139 008 万人，比上年年末增加
737 万人。从城乡结构看，城镇常住人口 81 347 万人，比上年年末
增加 2 049 万人，乡村常住人口 57 661 万人，减少 1 312 万人，城镇
人口占总人口比重为 58.52％(国家统计局，2018)。而自党的十六大
以来，中国城镇化发展迅速，2002 年至 2011 年，中国城镇化率以平
均每年 1.35 个百分点的速度发展，城镇人口平均每年增长 2 096 万
人。2011 年，城镇人口比重达到 51.27％，比 2002 年上升了 12.18 个
百分点，城镇人口为 69 079 万人，比 2002 年增加了 18 867 万人；乡
村人口 65 656 万人，减少了 12 585 万人。根据中国六次人口普查数
据(1953 年、1964 年、1982 年、1990 年、2000 年及 2010 年)，历次人
口普查城市化水平依次为：12.84％，17.58％，20.43％，25.84％，
35.39％，49.68％，具体城市化水平如图 4-2 所示。

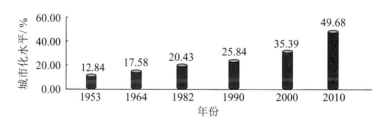

图 4-2　历次人口普查城市化水平

由此可见，我国的城市化进程虽非一帆风顺，但总体城市化水

平呈不断上升趋势，进入 21 世纪以后城市化发展势头迅猛。

综上所述，中西方城市化既遵循着相似的规律，又存在差异。相似之处在于，城市化是由经济发展需求所驱动的。回首我国的城市化和西方国家的城市化进程，两者都伴随着经济与工业的快速发展，并与经济发展相辅相成。差异之处则体现在当前的城市化阶段上，目前我国主要的城市化仍处于农村人口向城市流动的阶段，具体表现为城市人口的增长和农村户口的下降（如《中国统计年鉴 2017》所示），而西方城市化的进程已经历了"逆城市化"和"再城市化"阶段，大部分国家的城市已经历了人口迁移"逆转"，郊区成为其市民主要理想及现实的居住地。

梳理西方国家的城市化进程对我国的城市化及城市的社会治理有重要的借鉴意义。城市化遵循着一定的规律，城市的发展也伴随着问题的出现，我们也不可避免地面临着资源紧缩、环境问题及人口密度过大等问题。如何规避西方国家城市化进程中所面临的困境与问题，以及如何在新的世界及时代背景下促进我国城市化的蓬勃发展，是我们未来将要解决的问题和将要面临的挑战。社会治理在这个过程中起着相当重要的作用，本书所探讨的地方依恋为我们提供了新的视角。

4.3.4　影响城市地方依恋的物理因素和社会因素

根据城市的发展历史，城市可视作有别于乡村的空间形式。正如学者钱穆所言，乡村代表着自然、孤独与安定，而城市则代表着文化、大群与活动。接下来，我们会对比城市和乡村的地方元素，包括两者的物理环境元素和社会环境元素，以此来阐述城市的空间元素对个体地方依恋的影响。

4.3.4.1　城市的物理环境元素对地方依恋的影响

从物理特征的角度看，城市与乡村在建筑和基础设施等方面存在很大不同。第一，在人口密度上，城市的人口密度相对较大，城市的发达程度与人口密度的大小呈正相关，而乡村的人口密度相对较小。城市的高人口密度对居住者地方依恋的影响可能存在两面性。从积极的一面看，高人口总量和人口密度意味着更多的产业类别和就业机会，比如在乡村，人们主要从事种植、放牧、养殖、林业及家庭副业生产，而到了城市，人们可以有更多选择，包括工业、商业、服务业等非农产业生产。根据地方依赖的定义，城市可以满足个体更多的教育和职业需求，从而使个体对城市的地方依赖程度更高。从消极的一面看，有着高人口密度的城市会令个体产生拥挤的感觉，这种拥挤感知会对个体的生理健康和幸福感造成负面影响，从而削减个体的居住满意度，由此不利于地方依恋的发展。

第二，在建筑形式上，城市房屋及建筑一般比较高大，高层建筑物密度大，而乡村房屋大多比较低矮、建筑物密度小。有研究发现，居住在老城区的个体更倾向于选择新中式低层住宅作为理想的居住环境，认为这种住宅可以提供较高的生活便利度（张玲玲，赵琦，2019）。生活环境是否便利，是使个体产生地方依恋的重要影响因素之一。

第三，在道路分布方面，城市交通线路多成网状，且交通网络较为便利，路面等级高；而乡村交通线路有限，一般由主干道和村用道路组成，路面等级较低。交通线路的丰富与否与地方交通便利度紧密相关，而交通便利与否会影响个体的居住满意度，进一步对个体的地方依恋产生影响。

此外，不同规模的城市对其居住者的地方依恋也有影响。城市规模可以理解为城市的大小，学界一般从城市人口规模或空间面积对其进行定义。城市的大小可以影响个体发展的情感纽带，特别是影响其对自己所属区域的空间感知，以及他们对该区域的责任和动机（Syme，Nancarrow，& Jorgensen，2002）。有研究表明，地方依恋和地方规模之间存在 U 形曲线关系（Hidalgo & Hernández，2001），最初的地方规模主要包含三个类型：房屋、街区及城市。也就是说，研究者通过询问"如果我从自己的房屋/城市/搬出，我会感到难过；如果我离开我的街区搬向其他地方，我会感到难受"等问题来对个体对这三种不同地方规模的地方依恋进行测评。结果发现，在社会维度上，个体对房屋的地方依恋要大于城市，并进一步大于街区；在物理维度上，个体对城市的地方依恋要大于房屋，并大于街区。但是这一研究结果并不能说明人们不依附于邻里，而是与其他空间范围相比，街区地方依恋较弱。而之后的研究更进一步地拓宽地方规模的含义，并再次证明了这一曲线关系的正确性。城市的大小与个体地方依恋有关，具体表现为大、小城市的地方依恋程度显著高于中等城市（Casakin，Hernández，& Ruiz，2015）。一项在以色列进行的研究则发现，城市规模与地方依恋之间存在着积极的相互作用，具体表现为在较小的社区规模中，情感联系较大社区规模更强——尤其是对于宗教性居民来说，居住在较小而有凝聚力的场所是他们的主要动机（Casakin & Billig，2009）。不过这项研究的实施者也提出，这是个例而不是普遍现象。出现这种结果的原因在于宗教的影响，即在较小规模场所中所聚集的居民其同质化程度会较高；同时较小的场所规模更适合发展宗教居民所要求的宗教生活。与宗教性居民相反的是，生活方式更加个人主义的普通居民往往会与大型定居点建立更牢固的联系，因为这些地方有着发达的服务和基础设施。

4.3.4.2 城市的社会环境元素对地方依恋的影响

从社会特征的角度看，乡村与城市间也存在着一定的差别。首先可以明确的是，不管是在乡村或是在城市，当地的居民都能且都必须建立起基于当地环境的社会网络，以此来支撑自己的生活。但是，通过乡村及城市间物理环境因素的差异，我们可以发现，相比于在城市，个体在乡村建立起居住者之间的情感联结或许更容易。相较于乡村，城市居民不管是在精力或是客观条件上，都会比乡村更难建立社会联结。尽管城市的人口密度比乡村大，但是家家户户间来往越来越少，不知道邻居姓甚名谁的情况并不鲜见。

我们曾讨论过社会空间分层、社会凝聚力、社会信任等方面的"城市病"症状，这些城市社会环境元素的配置不合理或缺乏无疑将为个体的地方依恋带来负面影响。此外，城市社会的安全程度也会对居住者的地方依恋产生影响。还有研究发现，对于那些认为自己所在城市的犯罪行为（主要包括入室盗窃、偷盗、故意破坏和人身攻击等）较少的居民来说，他们对城市的地方依恋程度更高（Brown，Perkins，& Brown，2003）。

综上所述，乡村及城市都是我们地方依恋的对象，两者的物理环境与社会环境特征在一般情况下存在较大差异。近年来，随着我国城镇化进程的不断推进和互联网的普及，乡村与城市之间的差异正在逐渐缩小。城市的发展离不开人，保持稳定、多样化和适当技能的人口对一个城市的可持续发展至关重要（Insch & Florek，2008）。因此，如何设计和管理城市的物理环境元素和社会环境元素，以促进城市居住者地方依恋的发展，是城市建设及社会治理需要面对的重要课题。

5

过程：地方依恋的内在过程

根据地方依恋的三维结构理论，第 3 章和第 4 章探讨了地方依恋的主体（人）是如何与地方依恋的对象（地方）进行互动的，接下去，本章将聚焦地方依恋的"过程"维度，结合社会治理的议题，从认知、情感和行为的心理过程阐述人这一主体与地方这一对象是如何联系在一起的。在认知过程中，我们将讨论如何评估城市环境的质量，以及地方依恋与主观城市环境质量之间的关系，而这一关系对城市社会治理具有重要的启发意义。在情感过程中，我们则聚焦于个体与地方相关的情感表达，重点关注地方的改变与破坏将给个体带来何种消极的影响以及如何使个体得以恢复。在行为过程中，我们回应了本书第一章提出的地方依恋对社会治理的意义，从亲环境行为、邻避效应及城市建设中的公众参与等角度发掘地方依恋的重要作用。

5.1 认知：城市环境质量的评估

城镇化的进程不断在推进，儿时的家园可能已与记忆中的画面大相径庭，瓦砖房升级成商品房、汽车出行代替了步行，我们的生活水平提高了许多，是否意味着城市的环境质量也提高了许多呢？客观的环境质量是否能代表人们感知到的环境质量呢？客观环境质量高是否意味着居民的主观满意度也高呢？本节将对这些问题展开讨论。

5.1.1 观察：客观与主观的城市环境质量

随着城市化、工业化的高速发展，人们的生活水平不断提高，城市面貌日新月异，与此同时，人居环境发展观也经历了巨大的变化。在国外，19 世纪工业的快速发展加快了城市化进程，随之而来的城市环境问题引起了学者们对人居环境的关注，一系列的城市规划理论应运而生。霍华德提出了田园城市理论（见第 8 章 8.2 节），格迪斯则强调把自然地区作为城市规划的基本框架和背景，芒福德的区域观则把区域与城市放在一个整体的环境中思考，认为城市是一种区域的表达，强调区域规划。此时国外的城市人居环境发展观为以物质空间规划为核心。第二次世界大战后迎来了城市重建、人居环境建设的新一轮高潮，如法国大规模工业化住宅的建设。随着人们的资源观念和环境观念的加强，人们对过去的住宅区建设提出了质疑和批评，以物质空间规划为核心的理论在人类行为、情感、环境等方面的缺陷也日趋明显。因此许多学者提出城市的形态必须从生活本身的结构中发展而来，强调城市建设中"人的需要"的重要性，人居环境发展观转而以人为核心。

早期的人居环境发展观以物质空间规划为核心，在一定程度上忽略了居住者对居住环境的感知及情感。以人为核心的人居环境设计，反映了人居环境与地方依恋之间的交互影响。一方面，居住者的地方依恋指导着人居环境的升级改造，其中伴随着社会治理过程，正是本书的基本立场之一；另一方面，居住环境又影响着地方依恋的产生和变化，比如地方环境的特征能在一定程度上表征个体的自我，满足归属感和独特性的需要。

学界对居住环境的研究主要有两种视角：客观环境质量和主观

环境质量。前者主要是对城市环境的客观指标进行观测，比如天气预报中的空气污染指数。后者主要是对人的主观感受进行衡量，比如我们在第1章中讨论过的拥挤感知。在地方依恋的三维结构理论中，有关地方依恋的心理过程含有认知成分，包含了个体对该地方的了解、记忆、信念和意义的建构，因此，个体评价主观环境质量的过程也是其地方依恋的认知过程。接下来，我们以城市环境为例，从客观城市环境质量和主观城市环境质量入手，讨论地方依恋的认知过程。

5.1.1.1　客观城市环境质量

已有研究结合《中国人居环境奖评价指标体系》，将客观城市环境质量分为经济环境质量、生态环境质量、人口与文化环境质量和基础设施与公共服务质量四个方面（吴朋，李玉刚，管程程，肖春晖，2018），如图5-1。在该框架下，不同的研究者所选取的指标大同小异，经济环境质量中包含城市经济发展现状、城镇化发展水平、居民收入水平等；生态环境质量中包含城市污染、城市绿化等方面，选取的指标有人类活动对大气环境的影响、污水处理再利用能力、

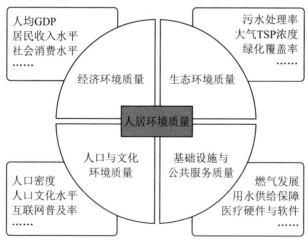

图 5-1　城市人居环境质量评价指标体系

建成区环境噪声达标率等；人口与文化环境质量包含人口增长率、人口居住质量、每万人商业服务网点数等；基础设施与公共服务质量则包含液化石油气家庭用量、居民整体通信水平、万人拥有医生数等。

客观城市环境质量的上述四个指标发展并不是同步的。学者们对不同经济发展水平地区的城市环境质量展开研究，包括经济发达的北京、上海、广州等一线城市，南京、重庆、大连等二线城市以及欠发达的中小城市。学者们在珠江三角洲研究发现，城市整体的客观人居环境质量不断得到改善，但内部协调性差，表现为经济环境改善速度最快，服务环境紧随其后，生态环境改善最为缓慢，城市绿化虽有所改善，但是城市污染居然逐渐加剧（李志勇，2005）。学者们在京津冀地区研究发现，从 1985 年开始，人口、土地、经济和社会四项城市化指标均呈上升趋势，其中经济方面增长幅度最大，而 2000—2012 年该地区的人居环境质量也呈现上升趋势，但经济环境、社会公共环境在城市间呈现出不平衡的状态（杨坤矗，2017）。在南京有研究者将水质量、空气质量和噪声污染状态作为环境质量的客观指标，探究 1986—2007 年环境质量的演变。研究发现，尽管地表水综合污染指数有所波动，但水质总体的演变呈现良好的趋势，空气环境质量的波动较小，总体也呈现良好的演变态势，而噪声污染的改善十分平缓且改善幅度较小（王志宪，虞孝感，林丽，2010）。

5.1.1.2 主观城市环境质量

仅以客观的环境质量指标来衡量人居环境的建设水平是不充分的。因为人居环境的建设和改善其根本是为了满足居住者的需求，让居住者过上更好的生活，其落脚点应是个体的主观感受。改善客观环境能在多大程度上改善居民主观体验呢？这需要主观的指标进行判断。为此，研究者常常使用"居住满意度"来衡量居住者对环境质量的主观评价。居住满意度（resident satisfaction，RS）被定义为居住在一个特定的地方所带来的愉悦或满足的体验。正如以往研究者强调——在居民反应与行为意愿、行为和居住环境社会层面的关系上，满意度扮演了核心的角色（Hidalgo & Hernández，2001）。

有研究将客观环境质量的指标作为居住满意度的预测因素。一项对西安市长安区的人居环境质量满意度的调查发现，居民对长安区的整体人居环境满意度良好，最满意的是空气环境，然后是水环境、声环境，最不满意的是固体废物环境（薛璐，王森，段孟辰，2012）。

根据人居环境所包含的内容，也有学者从自然子系统、建筑子系统、网络子系统和社会子系统进行居民环境满意度的评估，从而更全面系统地了解客观环境的变化及其给人的心理感受所带来的影响。自然子系统包含气候条件、空气质量、地形及区位、噪声、自然灾害、水质、绿化。建筑子系统包含建筑特色、建筑标准、管理、配套情况、住所、工作环境、社区情况。网络子系统包含交通、医疗、生活供应、娱乐休闲设施、商业网点、通信、城市卫生。社会子系统包含就业机会、教育与科研、公众参与、市民素质、城市治安、生活压力、政府工作。以此，对南京市的客观与主观环境质量进行探究。

结果发现，在客观水平和居民的主观满意度上都是网络子系统最高，自然子系统次之，但无论是对于人居环境的子系统还是对整体人居环境，居民的满意度都要低于客观水平，其中，二者差异最大的是建筑子系统，其次是社会子系统（李华生，徐瑞祥，高中贵，彭补拙，2005）。对中小城市的同类研究也发现了类似的结果。一项研究以安徽池州市为例，发现居民的满意度要低于客观的环境质量建设水平，即使自然子系统、社会子系统、经济子系统和基础设施与公共服务四大方面总的来说处于较好的水平，但居民对绿化环境、垃圾清运、森林覆盖率、医疗条件、休闲娱乐设施、人口素质、政府的宏观调控能力、经济发展速度、治安状况、环境保护意识方面依然不是很满意(温倩，2007)。

还有学者围绕自然环境、基础设施及公共服务、社会、经济发展状况设计关于环境满意度的调查问卷。以武汉市为例，发现公共空间绿化景观环境、公共服务设施、社会环境、市政设施及交通便捷程度、住宅建筑舒适度、住区用地布局及建设强度是影响城市低收入居民环境满意度的主要因素(周婕，陈小芳，谢波，2009)。

上述研究表明，近年来城市化的速度和质量不断提升，客观的人居环境质量现状良好或显著改善，但是居民对环境的满意度并不是如同客观指标一般良好。这反映出客观环境质量与居民所感知的主观环境质量存在差异，也进一步显示出主观环境质量的重要性。

5.1.2 城市环境质量与地方依恋的关系

很多研究都发现居民所感知的环境质量能影响居民的心理和行为。在心理上，有研究发现城市结构、感知的环境质量与居民的健康及幸福感存在重要关系(Kyttä, Kahila, & Broberg, 2011)，而在行为上，也有研究发现感知的环境质量可以影响移民、移居(Gordon & Molho，1998)和住房重新安置的决策(Cameron & Mcconnaha，2006)等。

居住环境满意度与地方依恋作为环境心理学的两个重要概念，二者都是建立在相关的理论探究和实证研究的基础上，旨在探究人与居住环境(包括在家庭、社区和城市等层面)之间存在的关系。感知的居住环境质量在传统研究中关注个体在城市环境质量的特定方面上的感知问题，而地方依恋在传统研究中更多的是关注人与环境之间的关系，前者倾向于探究居民对居住环境的特定方面的感知和认知评估，而后者倾向于将居民与环境之间存在积极的情感联结作为一个整体进行探究(Bonaiuto, Aiello, Perugini, Bonnes, & Ercolani,

1999）。

　　许多研究结果都显示，地方依恋与个体对该地方的感知和评价之间存在联系，正如有学者所述，在某特定地方所体验的社会经历和所获得的不同的意义和价值不仅影响着个体对这个地方的表征，同时也构成了一种较为深刻的有关个体的独特性表达（Félonneau，2004），前者对地方的表征即个体对环境的感知与评估，后者则是个体对环境的主观联结。但由于纵向研究的缺乏，关于地方依恋与感知环境质量二者之间的因果关系尚不明确，从感知环境质量影响地方依恋这一方向以及地方依恋影响感知环境质量这一方向均存在合理的理论解释。此外，有研究者还认为二者之间可能存在双向和循环的联系。

5.1.2.1　感知环境质量对地方依恋的影响

　　研究者普遍认为并通过研究证明，住所满意度或感知的人居环境质量对地方依恋存在一定的影响。而且，他们在多个地理空间水平上得到了一致的结论。在家庭的水平上，提高家庭互动的质量以及在家庭中的控制感可以增强个体对家的依恋（Harris，Brown，& Werner，1996）。在社区的水平上，感知的环境质量对地方依恋所产生的影响主要有如下几个方面：第一，影响最大的因素是建筑和城镇规划方面。与那些建筑物过度且重复性高、缺乏绿化的社区相比，当社区建筑具有更高的审美愉悦性、内部实用性以及外部交互性时，居民有更高的社区依恋。第二，当居民感知到的社区氛围是和谐的，受维护而运作良好的时候，也会对该社区有更高的依恋。第三，感知社会环境质量对社区依恋也有一定的影响，在社区中感知到良好的社会关系能令居住者产生社区依恋，而社区中的社会关系令居住者感觉受到威胁时（如不安全、被孤立、被窥探等），则不易形成较稳定的社区依恋。

　　除了不同的地理空间水平，研究者还从环境的物理和社会两个维度探究感知环境质量对地方依恋的影响，还进一步比较了两个维度对地方依恋的作用强度。有研究在不同规模的城市中考察客观环境、社会、人口统计学三组变量对地方依恋的影响，结果发现，邻里关系和安全感是地方依恋的重要社会预测因素，建筑类型、尺寸和外观是地方依恋的重要客观环境影响因素。还有研究者比较客观环境特征与社会特征对地方依恋的作用，发现在欧洲社会环境特征中的人际冲突会显著降低居民对该地区的地方依恋水平，而在北美，居民的地方依恋更多地受到生态问题的影响。此外，社会环境特征与地方依恋的相关要大于生态环境与地方依恋的相关，意味着社会环境与地方依恋之间的关系可能比客观环境要更加密切（Stedman et al.，2007）。一项研究考察了严重精神障碍者对家庭支持机构的地方依恋后得到了相似的结果，即家庭支持机构的社会环境质量与地方依恋的相关程度要高于客观环境质量与地方依恋的相关（Marcheschi，Laike，Brunt，Hansson，& Johansson，2015），这也在一定程度上支持了社会环境质量对地方依恋的影响可能大于客观环境质量的推测。

关于感知环境质量对地方依恋的影响，有研究者发现城市的客观环境质量和社会环境质量均能显著地影响居民对该城市的依恋程度，并且这种影响是通过影响个体的恢复性体验而作用的，具体而言，高质量的城市环境更能帮助个体减轻心理上的疲劳，在一定程度上恢复个体的注意力，进而增强个体对该地方的依恋（冯宁宁，崔丽娟，2015）。而且，地方依恋不仅仅是一个基于情感而建立起的纽带，它还会受到个体对该环境的认同及建构的意义的影响，而这种人们依恋一个地方所进行的归因也会反作用于个体的依恋感，使得个体更依恋这种意义（Stedman，2002）。

5.1.2.2　地方依恋对感知环境质量的影响

感知环境质量与地方依恋的关系不仅只有前者对后者的单向影

响，还有研究提供了反向影响的证据，即当个体对某特定地方有着强烈的依恋时，他往往会倾向于看到这个地方好的一面，更能感受到由环境产生的愉悦性和安全感（Rollero & De Piccoli，2010），与"情人眼里出西施"有着异曲同工之妙。

一项问卷调查探讨了个体与环境之间的联结如何影响个体对海滩受污染程度的感知，结果发现当个体与某一特定地方的联结越强，越倾向于认为海滩的受污染度低（Bonaiuto，Breakwell，& Cano，1996）。另有研究将这一机制锁定在地方认同过程上，即个体对所居住城市的地方认同能影响其对自己所居住的城市环境质量的感知（Kyle，Graefe，Manning，& Bacon，2004）。

我们在第 2 章讨论地方依恋的二维结构（地方认同和地方依赖）时提到，地方认同是一个人自我认同的子结构，包括个体广义上的对其所生活的物理世界的认知（Proshansky，Fabian，& Kaminoff，1983）。换言之，地方认同是一种认知结构，它有助于个体的自我分类（self-categorization）和社会认同过程（Pretty，Chipuer，& Bramston，2003）。所以地方认同和社会心理学中的"社会认同"在内涵上有一定的交叠。有学者提出，将地方视作一种社会类别，地方与社会认同具有相同的规则。地方认同也代表着一种群体化的身份，这种身份资格是由个体所在的地方来定义的（Twigger-Ross & Uzzell，1996）。参考社会认同理论及内群体偏好，在地方认同上，个体对该地方有着越高的认同，越想从该地方寻求独特性的满足，于是更多地注意到该地方好的方面，因此感知到更高的环境质量。

另外，有对加沙地区犹太定居者的研究发现，尽管居住环境存在危险，但那些对加沙地区有着更高依恋的犹太定居者更倾向于认为加沙地区存在更少的居住威胁，更愿意留在该地。当他们对家庭有着更高的依恋时，也同样会降低他们对环境威胁感的评估，并且更愿意留在加沙地区。比如，有一位受访者表示："这个地方是奇迹般的、独特的，无论是这里的人、地理环境、景观还是靠近大海，所有这些都让我忘记了安全的问题。"（Billig，2006）从这一感慨中可以看出，该地的环境在一定程度上满足了他对独特性的需要，促使其喜爱该地区。同时，这种与地方的联结降低了他对环境威胁性的感知。

5.1.3　城市环境质量评估的应用

20世纪末，钱学森提出"山水城市"的构想，随后展开的"山水城市讨论会"中，城市规划、建筑、环境艺术和社会人文科学等领域的专家关于钱老的构想达成了几点共识，其中之一就是需要重视当前建设中存在片面追求经济效益，不顾环境及社会效果的现象，并提出特别要把提高城市环境质量放在重要地位，加强城市设计、环境设计及城市的绿化工作，让人们生活在舒适、方便、优美、整洁的城市环境中。同期，姚士谋等人在分析我国城市化过程中存在的关键性问题时指出，控制城市的规模不能以牺牲城市环境质量为代价，任何一个有机发展的城市都需要一个合理的规模，才能合理地安排城市的生产、生活两大问题，合理组织公共交通运输系统，才能提高劳动生产率，创造国民财富（姚士谋，吴楚材等，1997）。由此可见，在城市管理尤其是城市化进程中，城市环境质量应得到重视。

在国外，城市环境质量评估在城市的建设和管理中应用广泛。如为了扼制生态环境的恶化，莫斯科通过了"莫斯科生态综合规划"，对城市的垃圾及污水进行治理。此外，日本早在1950年就颁布了《国土综合开发法》，随后为保护自然植被、增加植被覆盖、河川水资源的综合开发利用、河流的综合管理以及保护海洋资源等提供了法律的保障。此外，由于民众对生存环境质量的日益关注，环境管理部门会及时把观测到的环境质量数据通报给市民，市民团体每年也会组织各种形式的环境保护活动，对城市的管理和优化有着重要的促进意义(朱连奇，1999)。除此之外，第二次世界大战后法国建设的一大批住宅基本满足了当时的需要，但随着人们对资源和环境观念的增强，原住宅的选址不当，功能单一，缺少公共设施受到居民的批评，因此在后来的大规模住区改造中，特别强调了居住区与城市的社会联系功能，更重视社会环境、基础设施与公共服务的建设与管理。

在国内，1994 年通过了《中国 21 世纪议程——中国 21 世纪人口、环境与发展白皮书》，包含了六个方面：一是城市化与人类住区管理；二是基础设施建设与完善人类住区功能；三是改善人类住区环境；四是向所有人提供适当住房；五是促进建筑业可持续发展；六是建筑节能和提高住区能源利用效率。其中可见对人类住区可持续发展以及环境质量的重视。随后，我国在城市人居环境建设方面加大了改革力度，取得了较为辉煌的成就。不仅住房建设得到持续快速的发展，住房的综合质量也有较大的提高，城镇新建的住宅更加注重环境、功能和质量，旧住区的改造更加尊重不同民族、不同习俗的传统文化。此外，为了提高城市环境质量，创造良好的人居环境，各级地方政府针对城市存在的问题进行积极的治理和改造，施行了河道水系综合治理、污水处理设施建设、休闲广场和园林绿地的新建等举措(李先逵，2001)。

一般而言，与地方依恋的三维结构理论一致，城市的人居环境包含人居硬环境(物理环境维度)和人居软环境(社会环境维度)，前者指的是人居物资环境，即一切服务于城市居民并为居民所利用，以居民行为为载体的各种物质设施的总和，主要由居住条件、生态环境质量、基础设施和公共服务设施水平组成。后者则指的是人居社会环境，即居民在利用和发挥硬环境系统功能中形成的一切非物质形态事物的总和，由生活情趣、生活方便舒适程度、信息交流与沟通等方面组成(宁越敏，查志强，1999)。从环境科学的角度来看，城市人居环境评价是对城市人居环境质量的优劣进行科学的定量描述和评估。城市人居环境质量评价体系是一个巨大的系统，影响因素多，涉及面广，评价因素之间交叉联系，评价的过程复杂。评价城市人居环境的一般程序是对环境的背景资料的调查收集与监测→评价指标的确定→单项环境质量指标的评价→各评价指标权值的确定→人居环境质量的综合评价及评价结果的判定（魏忠庆，2005）。

在探究人居环境质量的基础上，专家学者们根据对某一城市或地区的人居环境质量评价结果，为城市的管理及优化提出相应的建议，如前文提到的在珠江三角洲地区和安徽池州开展的两项研究。对珠江三角洲地区城市的人居环境的研究发现：第一，珠三角城市政府的管理和服务水平相对较高，但与国外城市相比依然差距明显，因此研究者提出需要努力提高城市政府管理和服务水平；第二，城市的社会保障水平普遍较低，因此需要完善社会保障体系；第三，虽然整体的人居环境在逐年改善，但是城市污染却在逐渐加剧，因此研究者提出进一步强化城市污染的治理，提高城市绿化水平的优化建议（李志勇，2005）。由于居民主观感知到的环境质量与客观测量的环境质量还存在一定的差距，因此除了从客观的环境质量评价出发，还有研究者将客观和主观的城市环境质量评估结合，为城市管理提供优化的建议。对安徽省池州市的研究发现，城市客观环境质量处于较好的发展水平，但是居民对绿化、垃圾清运、医疗、政府的宏观调控能力、人口素质等方面依然不是很满意。因此研究者提出相应的优化建议，如重视环境治理、提高政府管理水平，强化人居环境软环境治理以及加强城市基础设施的建设，优化人居硬环境等（温倩，2007）。

除了评估客观环境及主观环境质量外，还有学者对影响居民主观满意度的因素进行探究，如一项研究以珠江三角洲地区若干个小区为例，研究者发现景观和物业管理类因素是居民对小区比较满意的核心因素，而配套设施和交通出行类因素是居民对小区不太满意的核心因素（杜宏武，2002），这都为社区和城市的有关环节提供了即时的反馈，为政府管理部门、规划设计单位以及住宅开发企业提供可以改进的选项。

城市环境质量的评估，综合评价了城市人居环境的状况及发展的趋势，有利于进行环境质量的横向及纵向的比较，建立它们之间直接或间接的联系，有助于发现当下环境中的进步及存在的问题，为城市环境的建设与管理提供重要的依据。

延伸阅读

国外老年友好型城市建设实践

城市人口的快速"老龄化"是当今全球城市化背景下的显著特征之一。在国际背景下应对老龄化问题的研究范式经历了由"成功老龄化"到"健康老龄化"再到"积极老龄化"的转变。由于自身身体健康状态的改变、与原有工作场所的联系中断、社会角色的改变，老年人常常容易产生悲观、孤独、抑郁和焦虑等不良情绪。而这种现象给城市管理也能带来一定的启示，不仅要满足老年人的物质生活，还要关怀他们的精神生活。以美国纽约市和加拿大伦敦市为例，其老年友好型城市建设具有重要的借鉴意义。

美国纽约市是首批入选世界老年友好型城市网络成员的城市，加拿大伦敦市2010年当选加拿大首个全球老年友好型城市网络成员。二者都强调了从户外空间和建筑、住房、交通、公众参与、尊重与社会包容等方面增加对于老年人的适用性（胡庭浩，沈山，常江，2016）。结合本节对城市环境质量评估在城市管理中的应用，其中两点具有非常重要的参考意义。

首先是增加老年人与地方的互动，致力于让地方为老年人提供更多的积极感受，此外，丰富的公共空间建设还能为老年人提供一个与人交流的良好环境，从客观条件和社会条件上增加老年人对环境的主观满意度。具体表现为纽约市的信息支持下的社区服务中心建设，以新技术为支撑，将普通的老年中心升级为创新型老年活动中心，提供多元化的艺术文化课程；开放 15 家图书馆为老年人提供绘画、陶艺、写作、诗歌等方面的课程。

其次是强调主观环境质量对城市建设的重要性，如纽约市的公众参与网络系统的建设。在网络互动平台上，老年人可对老年友好纽约建设中的各个方面发表观点，保证主体的公共参与性。伦敦市也对老年市民对于适老型城市建设现状进行了调查，结果发现老年人有着较高的满意度，但仍希望城市能够提供更为充足方便的公共交通，与社区保持良好交流的居住环境，更为人性化的购物环境以及老年友好的步行环境等。这都体现出了人这一主体的主观感受在城市建设与管理中的重要性。

5.2　情感：从即时愉悦到持久喜爱

在日常生活中，我们如何表达对一个地方的依恋呢？"住在这个地方我很开心""我对这个地方有感情""我为自己生活在这个地方而感到骄傲和自豪""我喜欢在这里做的事情比在任何其他地方更多"……这里的"喜欢""开心""有感情""骄傲""自豪"等都是常见的情感表达。地方依恋中的情感表达是地方依恋的核心成分。在第 2 章中，我们介绍过学界关于地方依恋的内涵众说纷纭，目前获得较普遍认同的定义是"人与特定地方在情感上的联系"，由此可见"情感"在很大程度上决定了地方依恋的内涵及本质。

地方可以为个体带来多种情感体验，比如，在即时反应上，个体身处舒适的环境中可以感受到愉悦放松，在长期感受上，一个地方的文化历史底蕴能够带给个体的自豪感。不过，由地方产生的情感表达都是积极的吗？第 2 章中我们曾提到家乡的面目全非让游子心无所寄，由此可知，当个体离开原来依恋的地方，抑或是依恋地发生改变或遭到破坏时，个体也会体验到消极的情感。在这一节，我们将首先讨论地方依恋的情感成分及其功能，再详细探究丧地之痛的原因和表现，最后我们将呈现从即时愉悦到持久喜爱的地方依恋（情感）连续体。

5.2.1 基于地方依恋的情感性表达

地方依恋是环境心理学的核心概念之一，几十年来吸引了众多研究者的目光，来自不同学科背景的研究者对地方依恋提出了不同的见解，这些观点各有侧重又相互交叠。在它们重合的部分中，人—地关系中的"情感"始终占据着重要位置。对情感成分的强调从地方依恋的概念出现时便已开始，从最早的"恋地情结"到威廉姆二维结构（地方依赖和地方认同），再到三维结构（社会联结、生活方式中心性、情感偏好），乃至斯坎内尔提出地方依恋的三维结构理论，均有迹可循。中国学者的研究也有相似的观点，比如在解释本地居民对家乡故土的依附情况和外来移民群体对"第二故乡"的身份重构现象时，地方依赖可能难以适用，故他们将地方依恋分为经济依赖和情感认同（杨昀，保继刚，2012）。

一脉相承地，许多研究强调了地方给人带来的开心、幸福及自豪等积极的情绪感受。一项研究强调了个体对地方及其外观的自豪感，当被问及为什么会对居住地感到自豪时，有居民表示看着这个熟悉的地方渐渐变化并发展为一个理想的居住地让他们感到非常高兴与自豪（Twigger-Ross & Uzzell，1996）。另一项研究在探讨商户对商业街的地方依恋时，也发现基于地方依恋的积极情绪表达。一些在该地的商户表示在这里工作感到很开心，还有人表示对于该地客观条件的改变感到开心与满足。该研究还发现地方依恋能给个体带来自豪感，如"因为我从年轻的时候就在这里工作了，所以我感到自豪"，还有人表示对于所在商业街的受欢迎度感到很自豪（Ujang & Zakariya，2015）。一项研究以旅游社区内的外来经营者为对象，通过深度访谈的方法分析他们的地方依恋，归纳出两个核心维度："经济依赖"和"情感认同"。情感认同高的经营者有更多的积极感受，更享受目前的生活状态。比如有店主表示"因为在这里没有压力，生活很闲适"，还有店主表示"人与人之间的相处非常愉快，感觉到一种从未体验过的温情"（杨昀，保继刚，2012）。

地方依恋也可能给个体带来苦恼、悲伤和怀念，尤其是在与特定地方分离或者所依恋的地方发生改变的情况下。地方依恋最基本的表现形式正是与依恋地保持亲近的渴望（Hidalgo & Hernández，2001），也有学者将家形容为"心之所在"（Anton & Lawrence，2014），因此当个体离开依恋地（如遭遇被迫搬迁），或面临依恋地的变化时（如遭遇自然灾害或经历地方整修），这种地方的变化对人们来说可能是一种消极情绪的源头，令人不安、苦恼甚至是感到深深的悲恸。除了离开家或者家乡，工作场所的整修也有可能在一定程度上剥夺了员工的依恋环境，使个体体验消极感受和情绪负担，甚至促使员工离开该组织（Inalhan & Finch，2004）。失去了原来熟悉的工作场所，意味着他们失去了"心理上最后一根稻草"。关于地方的变化给个体造成的消极情绪，我们将在下文中进一步讨论。

5.2.2　地方依恋的连续体

人的情绪情感在时间维度上有一定的延续性，本质上是一种情感的地方依恋是否也有这样的延续性呢？佩拉等人探究了芬兰两大城市居民最喜爱的地方及对这一地方的地方依恋在 10 个月后的稳定性，结果发现 64％的居民在 10 个月后所选的最喜爱的地方与 10 个月前的选择相同，总的来说，10 个月后对喜爱地的地方依恋强度高于 10 个月前(Korpela，Ylén，Tyrväinen，& Silvennoinen，2009)。从地方依恋的发展理论和地方芭蕾的观点来看，个体与地方的持续互动是地方依恋发展的重要因素，而在互动过程中的积极体验更是有助于地方依恋的形成和发展，下面将从恢复性体验、地方的可娱乐性、满意度及社区积极体验四个方面与地方依恋的关系来呈现地方依恋由即时愉悦到持久喜爱的发展。

5.2.2.1　恢复体验与地方依恋

个体从依恋地中可以获得开心、幸福、自豪、骄傲等积极的感受，避风港和安全基地的功能同样适用于地方依恋。事实上，一个人之所以对一个地方产生依恋是因为这个地方能让个体进行自我调节，包括促进积极的情绪变化和重拾应对挑战事件的能力(Korpela，1989)。许多研究都发现地方依恋可以提供情绪和认知上的恢复，进而使得日常的压力得到一定程度的缓解(Scannell & Gifford，2017)。个体在过程中感受到或者表现出的缓解、恢复被统称为"恢复体验"。当一个地方对个体来说具有情感性表达的功能，即个体能在这一地方调节自我，舒缓压力进而感受到轻松愉悦等积极感受时，对这一地方的依恋也在慢慢地建立，而这种体验的积累，会加深个体对这一地方的喜爱，使得个体越来越依赖这个地方，渐渐形成对这个地方的地方认同。

个体所依恋的地方更能给个体带来积极感受，因此更有可能给予个体恢复体验。这是因为情绪调节不仅仅存在于个体内在的过程，还涉及与环境的交互作用(Korpela & Hartig，1996)。有研究强调，有意的情绪调节和自发的情绪调节最好包含客观环境的使用(Izard & Kobak，1991)。家往往是个体报告最多的最喜欢的地方，其次是湖岸和树木繁茂的地方，个体报告在这些最喜欢的地方中能有更多的恢复体验，并且在这些地方中能使他们有更多的积极感受和更少的伤心、愤怒、恐惧等消极感受。此外，有些个体可能拥有一些用于休闲度假的房产，这些地方作为个体休闲娱乐的第二个家，对个体来说具有独特的象征意义和情感精神功能，如在这里曾经充满了个体和家人的欢声笑语，或是个体很喜欢这里的文化传统等，这些都促使个体对其形成依恋（Kaltenborn，1997）。对城郊林地的研究也发现居民前往林地可以短暂地逃离世俗的压力，进而在其中舒缓精神，调节情绪（Jorgensen，Hitchmough，& Dunnett，2006）。

来自地方的恢复体验对儿童来说也同样有效。9 岁和 12 岁的儿童报告他们最喜欢的地方不仅提供了玩乐的机会，还能帮他们放空头脑、放松身心、丢掉烦恼（Spencer & Woolley，2000）。佩拉等人探究了 10 岁左右儿童最喜欢的地方及其原因，结果发现超过一半的儿童可以在最喜欢的地方获得认知上的恢复，三分之一的儿童报告他们可以在最喜欢的地方进行情绪上的调节（Korpela，Kyttä，& Hartig，2002）。

在依恋地中的积极情感的体验和表达还在一定程度上促进了个体的地方认同，进而影响个体的行为。有研究者认为，这种环境与人的相互作用，促使个体的消极状态转为积极状态，可能也是地方认同发展的过程之一（Fuhrer，Kaiser，& Hartig，1993）。这种恢复体验不仅停留在短暂的情绪、注意的变化中，而是延伸到个体对自身和对世界的反思，这种反思有助于将新的经验同化入自我概念当中（Korpela & Hartig，1996）。正如前文所言，地方依恋还能使个体体验到骄傲自豪的情感，这种自豪能在一定程度上满足个体的自尊，进而促进地方认同的产生。个体最喜欢的地方能在一定程度上支持个体的自尊（Korpela，1989），忧伤苦恼的时候，儿童能在自己的房间中获得积极的自尊感。生活在历史悠久的小镇上的居民，也能从与当地的联系中获得更多的自豪感，自豪感的体验能在一定程度上满足个体独特性的需要，进而促进对该地方的认同。此外，当人们喜爱的地方为自然环境时，他们对喜爱地的地方依恋比那些喜欢城市环境的个体要更加稳定（Korpela et al.，2009），暗示了自然环境所具有的恢复体验在地方依恋的维持中的重要性，这些结果我们将在第8章进行详细讨论。

5.2.2.2　可娱乐性与地方依恋

倘若一个地方能提供新奇有趣的活动，给人带来开心兴奋的积极体验，这种可娱乐性也会促进个体从最初感受到的即时的愉悦，发展为对这一地方持久的喜爱。特定的地方不仅能成为个体的避风港，还能给个体提供许多新奇的、充满乐趣的、愉快的体验，这或许也是人们常常对旅游地、公园等游玩之地产生依恋的重要原因。斯坎内尔和吉尔福特的一项访谈研究支持了地方依恋的可娱乐性。例如，一位受访者描绘跳蚤市场时说："它曾经是弗格斯一座非常古老的建筑。周末，它因小贩的到来而变得有了活力，他们带来了从衣服到食物的各种你能想象的东西，它对一个孩子来说非常有趣，因为它不仅有各种我感兴趣的小玩意，还容易使孩子迷失在其中……"可以看出，跳蚤市场所提供的乐趣，满足了孩童时的被试对新奇、对游戏的渴望，进而促使个体建立了与跳蚤市场的情感联结。另一位受访者在描述他最喜爱的公园时说："我喜欢大家一起来到公园并享受在公园的时光，公园里有各种各样的人，爱好音乐的人时而在演奏，时而在与人交流，马戏表演者正在练习他们的动作，有时公园里只有许多遛狗的人。"这些经历给被试带来了积极的感受，进而增加了被试对公园的喜爱。

5.2.2.3　满意度与地方依恋

前文我们通过居住满意度探讨了如何衡量主观环境质量，现在让我们从另一个角度来讨论有关地方依恋的满意度——游客满意度。游客的满意度指的是对体验的情感反应以及对环境感知质量的多因素总结判断，包括对这一地方的客观特征和社会特征的感知，如旅游地独特的自然风景、拥挤程度以及其他游客的行为等因素。

当我们去一个新的地方旅游，我们渴望在旅游的过程中饱览自然风光，感受人文气息，渴望旅途给我们带来愉悦和幸福，当渴望得到满足，我们与这一旅游地之间的关系也在悄悄地发生变化。许多研究者认为，满意度能引起与旅游地相关的积极情绪体验，对其旅游经历感到满意的游客更有可能建立对旅游地的地方依恋。有研究以美国默特尔海滩的游客为对象，发现地方的吸引性、个体与该地方的互动经历及地方满意度是三个预测个体对默特尔海滩的地方依恋的重要因素(Lee，2001)。此外，一项研究调查了525名国家公园的游客，结果发现那些对去公园的决策越满意的游客，他们对公园的地方依恋也越高(Ramkissoon，Smith，& Kneebone，2014)。个体对旅游地的满意度能激发个体重游的意愿，进而使得从即时愉悦的体验中产生的地方依恋得以进一步发展。

5.2.2.4 社会支持与地方依恋

由灾害、搬迁、外出求学或工作等事件导致个体与重要地方分离，地方联结的受损给个体带来了许多消极的影响。在这种情况下，新环境中的社会支持可以帮助个体摆脱地方更换的不适，并且促进其与新的地方建立联系。

新环境中的社会支持虽然不能代替曾经的重要地方中的社会关系，但个体从社会支持中所体验到的积极感受，促进了个体建立对新环境的依恋，进而促进个体从地方依恋的破坏中得到恢复。一项研究针对加拿大和美国四个受火灾、龙卷风和洪水侵害的社区青少年展开，结果发现，卧室、青年中心、学校、娱乐中心、滑板公园、图书馆以及其他社区环境可以帮助他们从家园被破坏的消极感受中恢复，这些地方不仅满足了青少年从事爱好的活动和追求目标的需求，还增加了群体间的交往，给青少年提供了重要的社会支持（Scannell，Cox，Fletcher，& Heykoop，2016）。也有研究以留学生为对象，发现如果新环境具有社会互动、自我表达和情感表达的功能，则有利于他们与新环境建立依恋（Terrazas-Carrillo，Hong，& Pace，2014）。

5.2.3　丧地之痛：失去/远离故土的负面影响

地方依恋在情感上表现为对这个地方深深的爱，在这个地方能体会到开心、骄傲、幸福等积极的情绪感受。因此，接近这个地方对个体来说非常重要。而当个体无法与这个地方亲近，比如搬迁造成的分离、自然灾害的毁灭性破坏、地方面貌的改造等，对原有地方的依恋会对个体的幸福感产生消极影响。

"大地震之后的路面，到处坑坑洼洼。有的路段已裂出长缝，有的路段已完全塌方。房间大的巨石，摇摇欲坠地悬在崖边，似乎只要一声咳嗽，就会滚落而去。""聚源中学是我们第一个知道受灾最为严重的地方，……教学楼只剩下孤零零的半幢，两边已经完全坍塌。……路边一辆小车变形得如同被猛踩了一脚的易拉罐，两边的房子多数完全坍塌，一些居民住在路边塑料布搭成的棚子里，正用石头垒起的土灶烧饭。"（新华社记者：孙承斌，江毅，2008）。昔日住所充满美好回忆，突然倒塌毁于一旦，熟悉的场景成为碎片，这种丧失依恋地的经历会对个体产生极大的影响。事实上，有研究者认为在灾难带来的许多后果中，失去地方是最具破坏性的后果之一（Prewitt Diaz，2013），这种丧地之痛可以表现为体会到迷失方向、隔绝的感受以及宛如丧失了亲友般的痛苦。

丧地造成的严重影响是一系列的。在丧失物理维度上的地方后，许多其他条件也随之丧失了，其中包括社会纽带、物质财产、文化习俗、具有文化承载功能的重要建筑、具有重要定位意义的地标以及组成日常生活的重要时空习惯。这些条件可能是客观实体，也可能是象征性的，都标记着个人和集体身份。当这些条件随着地方的丧失而失去后，个体则陷入了迷失方向的状态。比如席卷加拿大不列颠哥伦比亚省两个社区的森林大火，摧毁了许多房屋和森林景观。当地居民报告称，因为丧失了熟悉的地标，他们感到失去了家园，进而产生了一种迷失感（Cox & Perry，2011）。个体的地方认同有时会基于景观在美学上的认同而产生，当景观遭到破坏时，这部分地方认同也会随之遭受破坏。如某些场所中的景观基因遭到破坏时，由景观基因所表征的自我也随之遭到打击，进而影响个体对这一场所的认同感。想象一下，当你所居住的地方的标志性建筑遭到了破坏，你对居住地的地方认同会受到怎样的影响？此外，由于地方的破坏，个体每天的时空常规也受到影响，那种基于在特定时间与特定空间互动的习惯与熟悉感遭到破坏，也会给个体带来一种迷失感。

除了自然灾害，非自然因素也可能是破坏人地关系的因素。如战争、环境遭到严重破坏、居住流动等都有可能使个体原有的地方依恋断裂，进而产生负面影响。1995 年哈佛大学社会医学系联合 80 多位精神科医生、心理学家和社会科学家对低收入国家的一项调查指出，迁居流离（dislocation）是影响心理健康的重要因素之一（Fullilove，1996）。20 世纪 60 年代到 90 年代，世界范围内低收入国家的难民有近 4000 万，还有近 7000 万的人离开自己的家外出寻找工作。同期的心理健康研究表明，这群背井离乡的人面临着诸多问题，包括重新建立居所、寻找工作以及从战争或创伤中恢复。

一项研究访谈了被迫搬迁并重新安置的居民，发现对旧居的居住满意度是居民消极情绪的重要来源之一。即使有少数居住者在旧居居住时并不满意，但因为他们对旧居也有强烈的地方依恋，所以在被迫搬迁后也表现出了深深的失落感。该研究进而将悲伤和哀悼的概念从丧失亲人朋友延伸到环境、社区，甚至是有象征意义的建筑物的丧失（Fried，2000）。此外，研究还发现个体与地方间联系的断裂会导致个体产生悲伤、怀念、隔绝、迷失的感受，进而影响个体的学业成绩，甚至影响个体的身体健康。

为什么丧失或远离土地会造成这些负面影响呢？在很大程度上是由于这种经历破坏了地方给予个体的归属感。归属感是一种提供幸福感的重要心理资源，个体与特定地方的积极稳定的互动建立起了熟悉感、依恋感和身份认同感，这三个重要成分极大地促成了归属感的获得。丧失或远离依恋地，面对一个完全陌生的环境，原本的熟悉感变为迷失感，对原来的地方越依恋，离开之后就会越怀念，而从原地方所建立的身份认同越强烈，在新环境中越显得格格不入，随之而来的是强烈的疏离感（Fullilove，1996）。

丧地之痛还会给儿童和青少年带来不容忽视的负面影响。例如，在卡特里娜飓风后，直至 2005 年有超过 37 万的儿童和青少年流离失所（Peek & Gump，2008）。研究发现，与成人一样，地方的破坏与丧失也会给儿童和青少年带来负面影响，给他们带来迷失的感受，降低他们的幸福感。当年轻人回想起灾难时，常常能表现出对已失去的地方的依恋，如一位在加拿大南部艾伯塔省经历了大洪水的年轻人回忆道："这是我最后一次见到我的房子"，话语中充满了伤感。还有一位四岁孩子的母亲说道："他一直重复'我什么时候才能回到我的学校，我什么时候才能回家'，但我很难向他解释他为什么回不去以前的那个地方了"，体现出了孩子对回到依恋地的强烈渴望。

大量研究指出，7～12 岁的处于童年中期的儿童与地方间的联结最为强烈。根据摩根的地方依恋的发展理论，探索导向的动机系统使孩童们离开自己的照顾者前往探寻迷人的环境，与环境的互动能使他们感受到感官的愉悦、自由，帮助他们掌握技能，进而与该地方建立积极的情感联系（Morgan，2010）。此外，研究发现，最受儿童喜欢的地方往往是可以满足儿童需求的地方，如通过提供一个安全的环境使他们可以调节自己的情绪，恢复注意或解决问题（Korpela & Hartig，1996）。因此依恋地对儿童来说具有重要的意义。

青少年时期，虽然卧室和自然环境是他们最喜爱的地方，但是他们的依恋范围更大，源自身份认同的依恋更强。如通过对卧室进行个性化的设计来寻求独特性，通过寻找远离家庭成员的空间来满足独立性的需要。商业和文化空间，如电影院、舞蹈俱乐部、青年中心等地方都是青少年新晋的依恋地，通过与这些地方的联结能满足他们对自尊、自主的需要，进而提高他们的整体幸福感和生活质量（Pretty，Conroy，Dugay，Fowler，& Williams，1996）。值得注意的是，与儿童和成人相比，青少年更多地会对能够提供适当社会化、教育及就业机会的场所产生喜爱，因此他们对于一个地方的依恋强度不如儿童和成年人也不足为奇（Eacott & Sonn，2006），但这并不意味着丧地对青少年就不存在负面影响。研究者观察到在灾难过后，流离失所的青少年更可能出现与压力相关的疾病（如哮喘），此外，他们也更容易出现攻击、违纪、毒品滥用等问题行为（Scannell，Cox，Fletcher，& Heykoop，2016）。

5.3 行为：城市的主人翁意识与公共事务参与

继前两节讨论了地方依恋的认知和情感过程后，本节我们将讨论人地互动中的行为过程。在前文中，我们谈到了许多与地方依恋有关的行为表现，比如，当个体对某个地方形成依恋后，会产生与之亲近的倾向，会故地重游，会向其他人宣传这个地方，还会参与保护该地的自然环境及社会文化等。在本节中，我们将重点关注地方依恋与亲环境行为的关系，讨论地方依恋对邻避效应的影响，以及在更大视域中探讨地方依恋对公众参与的意义。可以预测，当个体对居住地的地方依恋达到某种程度时，他们参与该地社会治理的意愿很有可能会随之更强，积极性也会更高。

5.3.1 亲环境行为的界定与塑造

5.3.1.1 什么是亲环境行为

亲环境行为（pro-environment behavior）的命名方式让我们想起了社会心理学的经典概念——亲社会行为。亲社会行为是指那些有利于他人的行为，亲环境行为可以理解为那些有利于环境的行为，比如，节约能源、参与垃圾分类、减少使用塑料制品等。随着人类活动对环境造成的影响，越来越多的研究者关注并投身于对亲环境行为的研究中。

与我们一直讨论的地方依恋相似，亲环境行为也有众多概念上的"近亲"，比如，对环境责任行为、环境友好行为、环保行为、生态行为等。有研究者通过对大量的文献（截至 2017 年 5 月）进行比较和整理，发现许多文献都存在互换使用这些概念的现象，而且这些概念在具体定义上其实是等同的。例如，环境责任行为指的是个体或群体为促进自然资源的可持续利用，或减少自然资源利用，尽可能减小环境问题而采取的系列行为；亲环境行为指的是个体或群体有意识地保护环境，实施对环境的负面影响最小化的行为；而环保行为则是指爱护自然资源，保护自然环境的各种行为。这些术语的内涵基本一致，都强调了对环境的保护和尽可能地降低对环境的负面影响（邱宏亮，范钧，赵磊，2018）。

亲环境行为是一类行为的统称，许多研究在探究亲环境行为时通常会集中关注一个方面，如市民保护水资源（如果环境允许，你是否愿意换上或安装一些节水设备）（Lam，1999），或者从私家车转用公共交通出行的意愿（如评定"在下一次出行中我会尽量使用公共交通"的程度）。还有通过有机食品消费来研究亲环境行为，他们发现虽然大多数消费者购买有机食品主要是出于健康的缘故，但也有部分消费者因有机食品的生产对环境友好而购买（Paul & Rana，2012）。

此外，还可从多个方面评估居民的亲环境行为，如在一项测量我国台湾高雄市民亲环境行为的研究中，研究者将亲环境行为分为衣、食、住、行、游五个方面。例如，在衣方面"在夏天我尽量穿着轻便凉爽以减少空调的使用"；在饮食方面"上个月我减少了肉的摄入量"；在住方面"我购买带有节能标签的电器"；在行方面"我支持增加燃油税以减少化石燃料的使用"；在游方面"我不购买瓶装水"等。还有一种区分亲环境行为的方式是按行为频率，分为偶然行为和习惯行为。偶然行为可以是安装隔热材料或购买节能家电等一次性行为，而持续地节约用水则属于习惯行为（Lavelle，Rau，& Fahy，2015）。

5.3.1.2 游客的亲环境行为

大众旅游时代使旅游地的环境质量与游客的行为密切相关，而"到此一游"及其他种种的游客行为极大地损害了旅游地的环境，给旅游地的生态保护带来了巨大的压力。因此近年来，可持续旅游得到极大的重视与支持，而游客的亲环境行为对可持续旅游的实现具有重要意义。

请想象一下，你兴致勃勃地来到公园准备躺在草地上沐浴阳光，却发现草坪被围了起来，旁边插着一个"草坪正在维护"的牌子，这时候你是会无视这块牌子继续踏入草坪，还是配合草坪的养护工作呢？人们发现，大部分旅游者具备良好的环境态度，他们会在旅游过程中主动地表现出环境责任行为，如分类回收垃圾、规劝他人保护环境、乘坐节能交通工具，通过参与公益活动、自愿捐助等方式投入环保活动中，甚至会在景区生态恢复期主动减少甚至放弃游览以最大化降低对环境的干扰。

5.3.2 亲环境行为的理论解释

5.3.2.1 计划行为理论

计划行为理论（The Theory of Planned Behavior，TPB）由美国心理学家伊塞克·阿耶兹（Icek Ajzen）提出，其认为行为意图是引导并引发行为发生的重要因素，而行为的意图则是个体对行为结果的态度、主观规范以及知觉行为控制三者的结果（Ajzen，1991）。该理论被广泛用于解释各种环境行为，其基本逻辑如下。第一，当个体认为亲环境行为能产生积极的结果时（对行为结果的态度），则更有可能做出实际行动。第二，当个体认为他的重要他人（如父母、教师、亲密的朋友等）对他做出亲环境行为持有积极支持的看法，或是个体认为他的重要他人也会积极地实践亲环境行为时（主观规范），他会更有可能做出亲环境行为。第三，知觉行为控制是个体对控制的信念，是对实践这一行为的过程中那些促进和阻碍的因素的感知，当个体越认为自己能够胜任亲环境行为，那么他将做出更多的亲环境行为。

5.3.2.2 规范激活理论

规范激活理论（Norm Activation Model，NAM）是美国社会心理学家谢洛姆·施瓦茨（Shalom H. Schwartz）在利他行为的背景下发展出来的。该理论的核心是个人规范，施瓦茨认为这些规范不是一种行为意图，而是一种践行道德义务的积极感受，因此可以预测个体的行为。个体的个人规范由两个因素决定：后果认知和责任感。后果认知是指个体对执行或不执行某一行为的结果的意识，责任感则是指个体对实践某一行为的责任感定位（Onwezen, Antonides, & Bartels, 2013）。当个体发现环境受到破坏时，个体首先要意识到做出或不做出亲环境行为所带来的后果，然后对于做出亲环境行为所负有的责任感进行评估，当个体意识到不做出亲环境行为的时候，恶化的环境会造成对公共健康的危害，会使许多物种面临灭绝，并且自己有承担保护环境的责任时，则会激活其个人规范，认为保护环境是非常重要的，进而引发个体的亲环境行为。

5.3.2.3　地方依恋的有关理论

随着地方理论的发展，基于地方依恋的视角探讨亲环境行为的产生成为一个新的热点。有研究者认为与地方之间的联结可以激发个体对地方的责任感，还有研究者认为除了情感联系外，个体对特定地方的认识和了解越多，也越有可能出现保护该地方的行为。许多研究证实了地方依恋对亲环境行为的促进作用，而且地方依恋不仅对与某一特定地方相关的亲环境行为具有积极的作用，还能促进一般的亲环境行为，具体表现为地方依赖通过提高地方认同进而促进亲环境行为（Halpenny，2010）。

地方依恋的不同维度对亲环境行为也可能产生不同的影响。比如，有研究发现，地方认同能显著正向影响亲环境行为，而地方依赖没有这一效应（Tonge, Ryan, Moore, & Beckley, 2014）。这可能是因为当个体对地方的依恋更多的是因为依赖地方功能而驱使的时候，他们更可能会轻视环境中所面临的消极状况，认为这不会影响到他们继续依赖这一地方的某些功能，如他们在旅游地随地扔垃圾并不会影响到他们继续享受这一旅途。

一项研究以国家公园为地方对象，并根据需要投入的程度，将亲环境行为分为低投入亲环境行为（如告诉朋友不要投喂国家公园里的动物）和高投入亲环境行为（如参与商讨国家公园管理事项的会议）。结果发现，地方依赖和低投入亲环境行为没有显著关系，与高投入亲环境行为有显著的负向关系，而地方认同则与两种亲环境行为都没有关系。研究者认为，这一方面是因为更高地方依赖的个体可能因为所依赖的地方功能没被破坏，更容易忽视环境问题，另一方面是因为对于地方依恋的维度划分不仅包含地方依赖和地方认同，还有地方情感和地方社会联结，在数据分析上没有得出与前人相似的结果(Ramkissoon，Smith，& Weiler，2013)。

一项以鄱阳湖国家湿地公园的观鸟游客为对象的研究则发现，地方依恋的两个维度都能正向影响观鸟游客的亲环境行为，但却都是通过影响不同的变量进而影响亲环境行为的的。具体来说，地方依赖通过增加环境教育感知进而提升亲环境行为，环境教育感知指的是游客对导游员、景区管理经营人员、志愿者等"他导式"环境教育干预以及环境解说牌、警示牌、多媒体展示系统等"自导式"环境教育干预的综合性感知，如学到了更多的有关保护区和湿地的生态学知识；地方认同则是通过提高自然共情进而提升亲环境行为，自然共情指的是人们感受并共享自然世界的情绪体验，如能体会到这些鸟类的情绪变化(李文明等，2019)。总的来说，地方依恋是亲环境行为的重要影响因素之一，但还需在未来进一步地明晰这一关系以及背后的作用机制。

5.3.3　与环境相关的工业项目实施与中止：源自地方依恋的集体行为

5.3.3.1　什么是邻避效应

在城市建设与发展的过程中，公共部门需要配置一定的公共设施，其中有一部分公共设施所产生的效益服务于社会公众，其环境成本却须由设施附近的居民承担，这种效益与成本的不均衡成为邻避效应的源头，这一部分公共设施也被称为邻避设施。试想，当你所居住的地方正在讨论垃圾处理厂的选址时，你是否会反对这个计划，或提议在其他的地区建设，总之"不要在我的后院"（NotInMy-BackYard）。"不要在我的后院"又称"邻避"，最早由英国学者奥哈尔提出。20 世纪 80 年代当时担任英国环境事务大臣的尼古拉斯·雷德利（NicholasRidley）正式提出并使用"邻避效应"一词，用于描述居民反对在住地附近建设具有负面效应的公共设施的现象，该词随后广为流传。例如，机场设施极大地促进了居民出行，同时因为噪音问题引发周边居民不满，此时的邻避现象可能体现在住宅价格上，即在一定范围内，到机场的距离越近，住宅价格越低（李伊祺，余建辉，张文忠，2021）。

邻避设施和邻避效应对经济社会发展所形成的影响在我国越来越受到关注。《建设项目环境保护管理条例》规定，我国实行建设项目环境影响评价置度，要求根据建设项目对环境的影响程度，对建设项目的环境保护实行分类管理。2017 年 8 月《国务院办公厅关于推进城镇人口密集区危险化学品生产企业搬迁改造的指导意见》发布，指出实施城镇人口密集区危险化学品生产企业搬迁改造，是适应我国城镇化快速发展，降低城镇人口密集区安全和环境风险的重要手段。这体现了我国为处置邻避风险、化解邻避问题的高度关注和不断探索。

5.3.3.2 邻避效应的影响因素

邻避现象虽然大多数与环境议题相关，但是关于邻避效应成因、过程和结果的研究已扩展到经济学、社会学、管理学、心理学等领域。从环境研究的视角看，邻避效应在一定程度体现了公众对经济发展、环境治理、空间正义的关注（曹现强，张福磊，2011）。从经济学的视角看，邻避设施给社会整体带来利益提升，也给附近居民的房产价值、身心健康等方面造成负面影响，社会整体的利益与附近居民的感知存在偏差，因此解决邻避效应最有效的方法是对设施附近的居民进行合理的回馈和补偿（陈佛保，郝前进，2013）。从社会学的视角看，邻避效应的激化和解决离不开"信任"这一重要的社会资本，特别是公众对公共设施选址主体可信度的判断在很大程度上影响项目能否顺利开展（刘冰，2016；Owen& Kemp，2013）。从管理学的视角看，减少邻避效应的关键在于完善政府决策机制和创新治理模式，在政策质量导向与公众接受度之间实现平衡（王奎明，2021）。

目前心理学领域对邻避效应的探讨主要从公众对邻避设施的风险感知切入，考察与风险感知相关的情绪状态、心理距离、动机等因素，从而解释和预测邻避效应的结果，形成"风险感知—邻避态度—邻避行为"的逻辑框架（王锋，胡象明，刘鹏，2014）。心理距离理论为邻避效应的风险感知提供了有价值的分析和干预思路。该理论提出了四种心理距离，分别是空间距离、时间距离、社会距离、概率距离，现有研究主要探讨了空间距离、时间距离与风险感知的关系。在空间距离上，一项研究发现秦山核电厂当地居民对核电厂的风险感知显著低于全国样本，这可能得益于核电厂面向当地居民进行了有效的风险沟通和科普工作，包括参加讲座、专家访谈、参观展厅、核电安全运行记录宣传等，通过增加居民对核电的熟悉程度，从而减少人们对核电厂的风险感知（韩勃，雍诺，夏冬琴，何燕玲，戈道川，2021）。在时间距离上，一项研究分析了杭州当地居民对某垃圾焚烧发电项目的态度如何随时间变化，结果显示在时间距离较远的项目规划决策阶段（2014 年），由于缺乏垃圾焚烧发电的知识，居民对该项目的负面情绪较高，而在时间距离较近的项目运营阶段（2017 年），居民的抵触心理明显减少，对项目的积极态度显著上升（严伟鑫，徐敏，何欣瑶，刘勇，2022）。此外，对于同一环境风险源，不同类型居民的风险感知可能不同。例如，有研究发现，长期生活在风险源附近的当地户籍人口对风险的感知最为敏感，其次是外来人口，由于缺乏归属感，对当地环境问题的消极情绪水平也更高，而风险感知水平最低的是籍贯在外地、户籍为当地的"新当地人"，他们对该地的认同感相对较强，对居住环境的评价相对更积极（党艺，汤青，余建辉，张文忠，李佳洺，2021）。这项研究也提示，人与环境的情感联系可能与个体对邻避设施的风险感知有关，接下来我们对地方依恋与邻避效应的关系展开讨论。

5.3.3.3　地方依恋与邻避效应

随着地方依恋等地方理论的发展，有学者开始从新的角度思考邻避效应，进而加深了对居民反对意愿与反对行为的理解。当发展的趋势破坏了居民原有的情感联结，并威胁到与该地方相关的自我认同时，个体就会出现反对和抗争的行为，因此当地居民的反对是保护地方的一种形式（Devine-Wright & Howes，2010）。如一项问卷研究调查了挪威当地居民对一个水电项目提案的态度，结果发现居民与该地方的情感联结越深，对水电项目的提案就存在越多的消极态度（Vorkinn & Riese，2001）。结合我们之前讨论的计划行为理论可知，消极态度可能引发后续的行为，比如对该提案的抵制。

英国学者帕特里克·迪瓦恩-赖特（Devine-Wright）结合地方理论、社会心理学中关于地方的社会表征及其在个体自我认同中的作用，提出了一个理解个体面对地方改变时，随着时间的推移，其心理反应如何改变的框架（如图 5-2）（Devine-Wright，2009）。这一框架中包含了五个阶段，分别是觉知（开始意识到地方要发生的变化）、解释（通过采用原有的象征意义或创造新的象征意义来理解这一变化）、评估（判断发生的变化是积极的还是消极的，主要指标为态度和情绪反应）、应对（接受还是拒绝地方变化）、行动（实际行动）。

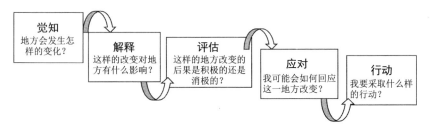

图 5-2   地方改变中个体的心理反应阶段

　　尽管许多对欧洲的民意调查显示，公众对于可再生能源的支持度较高，但实际项目往往却会遭到当地居民的反对，导致项目的推迟，甚至是废止。还记得我们在前文中提到的英国两个沿海小镇建设风力发电厂的例子吗？兰迪德诺对当地大部分居民来说是一个美的象征，而科尔温湾在当地大部分居民眼中则每况愈下，因此两地居民对风力发电厂的解读也存在差异，前者认为在如此优美的地方建造风力发电厂是种破坏，而后者可能会认为建造风力发电厂从某种意义上说对当地也是一件好事。兰迪德诺居民的地方依恋与消极的态度有显著的正相关，而科尔温湾居民的地方依恋还与积极的态度相关。研究者使用前述的"地方改变中个体的心理反应阶段"对两地居民的心理和行为反应进行分析，发现在评估这一阶段，兰迪德诺居民的地方依恋越高，越感到受威胁和愤怒，而科尔温湾居民的地方依恋只与受威胁感相关。在应对和行动阶段，兰迪德诺居民的地方依恋越高，越对这一地方改变持反对态度，进而做出更多的抗争行为，而科尔温湾居民却没有这一现象（Devine-Wright & Howes，2010）。

5.3.4　公众参与：个体在地方发展中的重要角色

　　"人"与"地"之间存在十分紧密的联结，在地方的发展与变迁的道路上，居民在其中的角色至关重要。从城市环境质量治理，到社区复兴，再到邻避运动，在应对地方发展及社会变迁的这些重要议题时，关注居民的心理过程和行为反应，呼吁广泛的公众参与，在一定的社会治理框架下共同讨论和处理大众关切的问题，是十分必要的。这些环节对提升国家综合治理水平具有积极作用，在当前的社会治理创新优化中也逐渐得到实践和升级。

5.3.4.1　公众参与

公众参与的最初出现是为了宣泄市民对现状的不满，从而稳定民心，维护社会安定。随着民主法制的发展，公众参与逐渐融入城乡规划的制订、审批和管理以及环境影响评价等公众政策的制定中。

美国政治学者谢莉·安斯汀（Sherry Arnstein）于 1969 年提出公众参与的阶梯理论，至今仍被作为公众参与实践的最佳指导理论（Arnstein，1969）。她认为公众参与可分为八个阶段，代表了三个公众参与程度。

第一阶段为操纵阶段，主要体现的是公众的"被代表"与"被参与"。第二阶段为引导阶段，在这一阶段中公众被引导接受当权者的决策。第一和第二这两个阶段的公众参与度停留在"无参与程度"。第三阶段为告知阶段，信息的传播是从当权者单向流往公众，没有涉及公众的反馈或与公众间的协商。第四阶段为咨询阶段，在这一阶段中当权者会征求公众的意见，如进行民意调查，但并不意味着公众的意见具有实际的影响性。第五阶段为安抚阶段，意味着公民开始有一定程度的影响力，公民被允许参与计划与方案的提出，但决定权保留在当权者的手中。第三到第五这三个阶段的公民参与度发展为"象征性参与"。第六阶段为合作阶段，在这一阶段中权力由公众和当权者的协商重新分配，公众进而有实权建立组织，与当权者共同参与决策。第七阶段为授权阶段，通过与当权者的协商，公众也可能获得主导的决策权。第八阶段为公民主导阶段，在这一阶段中公众拥有完全独立的权力。在第六到第八这三个阶段中，公众参与程度发展为"主导性参与"。

延伸阅读

APP 在公众参与中的应用潜力

英国市民拥有改造他们社区的权力，但目前的公众参与方式并不方便，不适用于大部分人。因而有研究者提出了一个可供公众辩解反馈意见的智能手表应用程序"ChangeExplorer"，在很大程度上解决了公众参与规划的障碍。

当市民佩戴着装有"ChangeExplorer"的智能手表（图 5-3）进入一个区域时，会收到该软件的通知，告知市民有关这个区域可能要施行的规划，然后市民可以选择是否要发表意见。为了引导市民表达，同时避免发表的意见一般化，软件结合分类式意见加开放式意见，如先询问市民想为了哪个群体改变这个地方，可选择的群体包括每个成人、儿童、青少年、家庭、残障人士，然后询问市民想要改变哪些方面，可选择的选项有绿化、清洁、野餐设施、运动场所、照明、人行道、厕所等，市民选择完成后，还可以开放式地写下自己其他的意见和评论。通过这样的方式收集市民对地方环境的意见，有助于地方规划部门更好地了解和实现市民的需求。

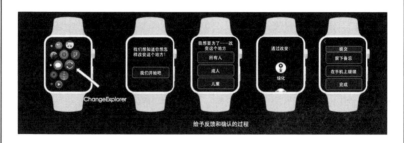

图 5-3 "ChangeExplorer"的应用界面

19 名市民进行了 10 天的试用，结果发现平均每位市民有 7 条意见，除了选择给出的选项之外，还收到了 29 条市民补充的意见。参与者反馈，这款应用软件促进了他们对所居住和所经过的地方的思考，注意到地方存在的问题及改进的方式等，这些问题在从前是被忽视的。

5.3.4.2 城乡规划中的公众参与

随着对城乡规划的公共政策属性认识的逐步深入，公众参与城乡规划的制订和实施过程已成为我国城乡规划领域的共识。1990 年，《城市规划法》规定城市规划应当予以公示，这是我国城市规划公众参与的一个标志性事件。2007 年，《中华人民共和国城乡规划法》将公众参与纳入城乡规划程序，如详细规定了城乡规划报送审批前需采取听证会等形式征求公众的意见、组织编制机关应充分考虑公众的意见等，实现了公众参与的法制化和制度化，是公众参与城乡规划的重大进步(张哲，周艺，2015)。

各地在公众参与城市规划合法化后积极实践落实，在编制城市规划过程中都引入了公众参与环节。如上海在最新一轮城市规划中建立了公众咨询委员会制度，北京则开辟了专门的网上预约通道，方便公众实地与规划编制专家进行交流沟通(田闻笛，2019)。以台州市峰江片区的城乡规划实践为例，我们一起来了解一下规划编制过程中的公众参与。在规划编制的前期，规划者采用实地走访、召开座谈会和发放调查表等方式，通过公众参与解释规划编制的意图，了解公众的意愿与需求。规划编制的中期，规划者通过召开讨论会、论证会、评审会等方式检验前期工作的扎实程度，集思广益确定规划框架。规划编制的后期，规划者进行规划草案的公示，通过电话、网站等多渠道收集社会各方面的意见，召开意见征求会等(王波，2012)。虽然现有的公众参与城市规划实践已在制度层面解决了很大的问题，但有研究者认为在一些具体细节层面仍有待优化。例如，目前公众参与城市规划仍呈现碎片化特征，参与机制仍以宣传和调查等粗放型形式为主，缺乏让公众主动体验城市规划的技术支持，如可以通过虚拟现实技术（VR）和增强现实技术（AR）等智能化可视化技术更好地让公众感受城市空间环境（田闻笛，2019）。另有研究者总结了 7 个影响公众参与效率的因素，并根据这些影响因素提出了相应的策略（刘健，2002；罗鹏飞，2012），见表 5-1。

表 5-1　公众参与的影响因素和提高策略

影响因素	相应提高策略
目标：公众参与过程中目标的清晰表达	根据规划项目的特点和要求，制定清晰的参与过程的目标和需要达到的目标
意见输入和决策过程：便于意见输入的技术手段，公众参与过程中的决策透明，决策制定过程中的权力分配以及对反对意见的分析处理	利用工作机制和科技手段构建公众参与的工作平台，如可以开发一些应用软件或小程序等，让公众接触到有关规划的知识并进行意见沟通与交流
信息通道：以不同的方式提供相关的信息，向参与者提供技术支持和信息资源，在不同的利益群体之间建立起反馈机制	利用信息技术拓展公众参与的平台，将专业用语转换为通俗用语传递给公众，构建可供公众参与的组织机制
团队参与：参与活动的组织过程，包括确保活动的安全等	根据规划流程并结合公众的意见合理制定公众参与的组织方案，如事先通过网络了解公众方便参与的时间和地点
参与者特点：包括个人、团队和管理机构在内的不同参与者的特点的定位	分析并统筹规划的影响面和受众范围，在意见的吸纳和方案修改中也要综合考虑来自不同参与者的意见
管理机构态度：负责管理或规范某项公共事务的政府机构对公共参与活动的态度及其投入程度	加强相关人员的职业道德教育，提高他们对公众参与的必要性和重要性的认识

续表

影响因素	相应提高策略
资源与资金支持：公众参与过程本身、管理机构的人员支持和决策的实施所消耗的资金、时间和机会成本	根据规划项目的特点科学地制定公众参与的工作方案

城乡规划中的公众参与不仅能够促进规划单位对公众需求的理解，在规划中充分考虑公众的意见，提高公众对规划的满意度，还能促进公众地方依恋的发展。有学者在探究地方依恋的影响因素时指出，公众参与作为一种人与地方的重要互动方式，对地方依恋的发展有着不可忽视的作用（Hashim，Abbas，Akbar，& Nazgol，2013）。研究发现，公众效率与地方依恋存在显著的正向关系，即当市民在城市更新中的配合度越高、自发参与城市修补的程度越高，他们对更新后的城市的依恋就越高（张建勋，连海涛，吴鹏，2019）。同样，积极投入设计或影响地方规划项目可以增加个体的地方贡献感，有助于增进个体与所在地方和谐融洽的关系，进一步促进个体对地方的依恋（Firouzmakan & Daneshpour，2015）。个体的地方依恋也会影响他们在城乡规划中的公众参与，比如，我们在第1章中曾提到，小城镇居民的地方依恋有助于提高他们参与本地事务的意愿（罗涛，黄婷婷，张天海，2016）。

5.3.4.3 环境影响评价中的公众参与

在与居民生活息息相关的项目建立时，居民的知情保障和公众参与具有非常重要的意义。我国法律对环境影响评价中公众参与的保障日益完善。《中华人民共和国环境保护法》（2014年）对信息公开和公众参与做出了规定，形成了以知情权、参与权和监督权为基础的权利保护模式（李静，杜群，2021）。《中华人民共和国环境影响评价法》规定，"国家鼓励有关单位、专家和公众以适当方式参与环境影响评价"，要求"建设单位应当在报批建设项目环境影响报告书前，举行论证会、听证会，或者采取其他形式，征求有关单位、专家和公众的意见"。在日常实践中，公众对居住环境问题的关切和参与程度也日渐增强。例如，为了保障公众对生活垃圾废弃物处理的知情权、参与权、监督权，广州市城市管理局成立城市废弃物处理公众监督委员会，由 30 名社会各界人士担任委员（冯艳丹，马艺天，2021）。赵小燕和吕丽娜（2022）通过比较两个垃圾焚烧发电项目的案例发现，在利益相关者知情权、参与权的实现程度以及政府回应度指标上较好的项目，在社交媒体上受到负面评价的数量也相对较少，这可能不仅得益于项目本身管理能力和工序环保技术较好，也与新闻媒体就该项目决策过程中的公民参与进行了正面报道有关。

居住流动背景下的
亲社会行为

社会治理是基于处理人与人、群体与群体之间社会关系的实践经验而提出的理念，旨在通过双向互动、多方参与、共建共享的思路，处理社会问题和社会矛盾（李强，2016）。随着城市化进程不断加快，我国正经历着巨大的社会变迁，人口在城市之间流动和城市内部迁移的现象日渐凸显，流动性成为具有明显时代特征的社会现象。对个体而言，人们面临着从熟人社会到生人社会转换所带来的适应挑战，并产生了一系列的社会心理与行为变化。对社会而言，当前城市社会治理的许多议题都与人口流动有关，比如，我们在第一章曾提到的城中村和农业人口转移安置社区的治理。因此，有必要对流动背景下的社会治理相关问题进行着重讨论。在本章我们将围绕居住流动对亲社会行为的影响展开讨论，并试图从地方依恋的视角为二者的关系提供解释。

为什么在社会治理中关注亲社会行为呢？亲社会行为作为一种常见的、能够促进和谐关系的社会互动，是多领域的学者们长期以来关注的重点问题之一。社会关系的网络终究要由人与人之间的关系织就，如果说人是社会生活中的微小单元，那么要构成动态的社会生活，就离不开彼此之间相互联系和相互作用的啮合传动。所以，要建设和谐的人际、群际关系和良好的社会环境，最终需要落实到人的态度与行为中。亲社会行为正是我们所期望的可以产生积极社会效益的行为，对于实现社会治理的最终目的——维护社会秩序，保障民生福祉，实现公共利益最大化具有重要的推动作用。

6.1 居住流动对亲社会行为的影响

亲社会行为与我们的日常生活有着紧密的联系，几乎每个人都曾经表现出过亲社会行为，也从别人的亲社会行为中受益：在情绪低落、感到疲惫无力时，会有人送来温暖的陪伴；在遭遇难题、陷入困境时，会有人带来温柔的鼓励；在面对意外、手足无措时，会有人提供及时的帮助……在匆忙上班的早晨，帮忙按住电梯门的等待；在大雨天气里，放置在积水路上让其他人落脚的砖块；闲暇之余的志愿公益服务，为遭受疾病或贫困的人所捐献的爱心，在灾难面前的守望相助与舍己为人的逆流而上……亲社会行为在相互独立的个体间建构了坚实的支撑，让微小的个人获得多元的社会支持。在充满变革、挑战与压力的社会中，润滑了人与人之间的关系，让社会生活中流淌着融融的温情，营造出相互依存、互惠互利的生存环境。

以往研究表明，人口流动对社会和个人都会产生重要的影响。在社会层面上，人口的流动优化了人力资源的配置，为城市的发展带来了巨大的红利，是城镇化建设中不可缺少的力量；在个人层面上，人们通过流动寻求更多的发展机遇，以期充分发挥自我价值，提高个人的生活质量。但流动也是一种压力事件，意味着适应新的环境和建立新的人际关系。那么，流动将会给亲社会行为带来怎样的影响呢？

6.1.1 亲社会行为与生活

6.1.1.1 什么是亲社会行为

亲社会行为(prosocial behavior)的内涵极为广泛,它包含了所有符合社会期望的,有益于他人、群体或社会,并能够促进相互之间和谐人际关系的行为,如同情、分享、协助、慈善、捐款、自我牺牲等(金盛华,2005;曾盼盼,俞国良,林崇德,2011);它可以发生在相互熟悉的邻居、朋友、亲人之间,也可能来源于素昧平生的陌生人,甚至也包括一些专业人员提供的服务;它既可能是完全不求回报的,也可能是一种收费的服务,抑或是出于树立良好的形象、积累社会声誉或提升自我价值感的目的……虽然这些行为的类型复杂、涉及的社会情境多样,但都有一个共同的特征——关心他人的福祉与利益。

最高水平的帮助是利他行为,即以帮助他人为唯一目的,而不期待包括物质回报、社会赞誉等任何形式的奖赏,仅为公正道德信念的结果(崔丽娟,才源源,2008)。除利他行为之外,要如何看待其他类型的亲社会行为?克雷布认为亲社会行为是一个行为的连续体,他人利益的行为取向是连续体的一端,另一端是自我利益的行为取向,在这一观点下,利他行为是最大限度地对他人有利,而愿意牺牲自己的福利的自觉、自愿的行为,其他的亲社会行为则由一定的利他和利己成分共同组成(李丹,2002),如有时,慈善捐助可能是为了向他人提供援助的同时收获感激和声望,帮助朋友可能是为了维护良好的人际关系和在需要时同样得到朋友的支持,科研合作可能是为了博采众长以更好地完成研究项目、实现研究目标。但无论个体在做出亲社会行为时是否期待获得物质性或社会性的回报,亲社会行为都将有助于建立和谐的人际关系,以及互利共享的社会氛围,最终带来更大的社会效益。因此,增加亲社会行为能够在日常生活的过程中,通过人与人之间必然会发生的互动过程,在点滴之间,发挥人在社会发展与管理中的积极作用。

延伸阅读

重庆居民：错峰出行，把空间留给游客

2019 年的"十一黄金周"期间，重庆市以 3859 万人次的接待量，成为国庆假期接待游客最多的城市，仅放假首日，解放碑区域人流量就达到 40 万人次，朝天门区域人流量达到 40 万人次，洪崖洞游客接待量达到 14 万人次。

为了缓解人流疏导的压力，以及为游客提供更好的旅游体验，重庆市公安局以短信的形式向市民发布了温馨提示：国庆期间，解放碑、洪崖洞、朝天门、来福士、大剧院、长嘉汇等景点人员密集，请市民错峰出行，为市外游客提供游览方便，展示我市市民良好形象。同时，重庆市文化旅游委也通过微博发布：敬请广大市民 10 月 3 日、4 日、5 日尽量不到来福士、解放碑、朝天门、洪崖洞、南滨路、江北嘴，把更多的活动空间留给游客。两部门的倡议得到了重庆市居民的积极响应和支持，在一些采访中，市民表示"重庆人就是这么热情耿直，欢迎外地游客到重庆来""我绝对支持，本地人想去，平时有很多机会。节假日让外地游客尽情来耍，为本地经济做贡献，本地经济好了，大家才有发展前途"。

在假期中，游客的涌入有时会为本地居民的生活带来一些不便，拥挤的景点与交通也常让游客失去游览的心情，因此热闹过后，难免使得居民与游客都体验到一些失落。重庆市民则通过积极响应和参与相关部门的建议，用热情、体贴、开放、包容的态度，一方面为游客提供了相对舒适、便捷的游览环境，使得重庆市在黄金周期间游客接待量增长 10.6%，旅游总收入同比增长了

> 32.8%；另一方面也引起了网民的热议，称重庆为最宠游客的城市，在无形中展现和提高了重庆的市民与城市形象。同时，为了感谢市民的积极配合，重庆市也将庆祝国庆的主题灯光秀延续到了 10 月 31 日，以保证市民的观赏。
>
> 部分信息资料来源：《重庆日报》，2019-10-05。

6.1.1.2 亲社会行为的理论解释

当实施亲社会行为时，常需要我们付出一定的代价，这些代价有时是自己的时间；有时是体力、智力的劳动；有时是需要我们分享自己的资源或机会；有时是让渡一部分权利与自由；有时需要担负生命的风险……那么人们为什么愿意为了他人、群体或社会的利益而承担这些成本？不同的理论为亲社会行为的发生提供了不同的视角。

进化理论认为，亲社会行为是印刻在基因中的，具有这一倾向的个体更容易让自己的基因保留下来。这种进化上的成功主要依赖于三种机制：亲属选择、互惠规范、群体选择。在进化过程中，人们希望让自己的基因在代际之间传递，通过帮助自己的亲属，能够增加基因保留下来的机会。因此，人们往往更愿意帮助和自己有亲缘关系的人，并且在危难关头优先救助健康的亲属。还有研究者进一步指出，亲缘关系是通过提高情感上的亲密程度来增加亲社会行为的（Korchmaros & Kenny，2001）。除亲属外，在生活中我们也常常会对没有情缘关系的人施加帮助，因为基因同样安排了一种互惠法则（Trivers，1971），在进化过程中，如果对他人的帮助能够迅速得到回报，这种帮助行为同样能够为个体带来收益，所以发展出互惠默契的人更容易生存下来，成为一种遗传基础。即当我们表现出亲社会行为时，会期望他人在日后也能够给予我们帮助。这也为在较小或较为封闭的群体中，人们互惠行为更多，提供了一个可能的解释：在这样的情境中，人们交往的频率更高，获得回报的可能性也更高。除此之外，群体水平的自然选择也能够解释亲社会性在进化上的优势。如果两个群体之间存在直接的竞争关系，在其中一个群体中，有更多的人愿意为了群体的利益而牺牲，那么这个群体更有可能在对抗中取得优势，而这种特质又会遗传给后代，造成在总体上具有亲社会倾向的人数更多。

社会交换理论则从经济学的视角对行为展开分析，在收益与代价的权衡中解读亲社会行为。这一理论认为，我们行为的动机来源于最大化报酬和最小化成本的期望，在与他人的相处中，我们总是会试图最大化社交收获与付出的比率。因此，在决定是否做出亲社会行为之前，我们会对行为的代价与收益进行考量。这种收益可能是物质的，如在目标达成过程中展开合作所带来的报偿；可能是社会性的，如获得他人的赞许、建立良好的自我形象、增进友谊、体验到价值感和积极的情绪等；也有可能是从长远角度的考量，如在未来获得他人回报的可能性。

社会交换理论提供的计算方式和结果或许显得理性而诱人，但很多时候，我们帮助他人并不是因为"有利可图"，而是因为我们认为自己应该这样做，这就是社会规范理论的观点。社会规范规定了人们在不同情境下的行为方式，哪些行为是受到社会赞许的，哪些则是不被接受的。亲社会行为主要受到两种社会规范的指导，第一种是互惠规范。在社会规范理论的视角下，互惠是人类社会发展过程中逐渐演进出的一种规则和信念，我们遵守这一规范，认为面对他人的善意，应该"投桃报李"，对于那些曾经帮助过我们的人，我们也应该提供帮助，如果无法做出回应，则会让我们陷入自尊的威胁中。然而有时，我们也会向陌生人伸出援手，这时则主要受到第二种社会责任规范的驱动。社会责任规范规定了我们有责任去帮助那些需要帮助的人以及依赖我们的人。例如，父母对孩子的照顾倾向，教师对学生的义务感，以及我们对于那些处于相对弱势地位的人保有的责任感。在这一社会规范的驱动下，我们提供亲社会行为，并且不期待获得任何利益上的回报。

综合上述理论，寇彧和张庆鹏根据行为的动机，将亲社会行为划分为两种性质，一种是互惠的交换，另外一种是无条件的利他主义。前述三种理论分别从生物学、心理学和社会学的不同角度对这两种类型的亲社会行为进行解释，并形成了认识上的互补（寇彧，张庆鹏，2017）。

6.1.1.3　亲社会行为的积极作用

尽管不同的理论对亲社会行为的解读视角不同，但我们可以发现，行为的实施者与接受者均能够在亲社会行为中受益，并在这一积极的互动过程中，维持社会的存在与发展。

"予人玫瑰，手有余香"，除了物质的收益外，为他人提供帮助常能够带来心理上的满足感，那么对于亲社会行为的接受者，是否也会在摆脱困境的同时，获得积极的体验？一项研究在亲密关系中对此展开了考察（Gleason，Iida，Bolger，& Shrout，2003）。研究者们邀请85对结婚或同居6个月以上的异性恋情侣，参与一项持续4周的日记研究。研究期间，这些情侣需要在一天结束时，按照事先准备好的清单评价当天的积极与消极情绪、日常压力源、感受到的来自对方的情感上的帮助，以及为对方提供了帮助，如倾听伴侣的担忧、面对的难题或困境，以及提供安慰等。分析的结果显示，在一天中如果为伴侣提供了情感帮助，个体将会报告较少的消极情绪和较多的积极情绪；如果同样得到了对方的帮助，所报告的积极情绪将会显著高于没有得到帮助的情况。不仅在亲密关系里，在日常生活中感受到的一些常见的、看似微不足道的亲社会行为同样能够产生积极的效应，向陌生人展现出亲社会行为，如帮忙开门，拿东西，称赞对方，送巧克力、饼干或包含积极内容的卡片等，就已经足够产生积极的效应，这些行为能够让接受者展露笑颜，并在几周后的报告中仍然体验到更多的积极情绪和更少的消极情绪（Pressman，Kraft，& Cross，2015）。

在亲社会行为产生正向效益的过程中，行为是否出于自愿发挥了重要的作用，那些出于个人价值与兴趣而施加的亲社会行为，对实施者和接受者幸福感的影响会更大。因为当实施者是自愿的，他们会在行为过程中投入更多的个人意志，更加认同行为的价值与意义，因而会在行为过程中付出更多努力且更加坚持，并对接受者投入更多的热情和关心，也因此更有可能以符合接受者期望的方式采取行动，而对于接受者而言，他们也会更多地从行为中受益，感受到更多的关怀，并产生较高的幸福感。一项研究证明了该观点（Weinstein & Ryan，2010），即在自主动机驱动下发出的亲社会行为，能够更好地满足双方的需要，并让实施者与接受者体验到了更多的积极情绪和更高的自尊水平，带来了总体幸福感的提升；同时行为也拉近了实施者与接受者之间的关系，建立了较强的联结感与亲近感。同样，这种亲社会行为对于友谊的增进也起到了助推作用。朋友之间自发表现出的亲社会行为，能够帮助接受者建立更加安全的依恋关系，增强了其对于朋友的情感依赖程度，使之更愿意与对方分享生活中值得骄傲或感到低落的经历，也让彼此之间更加亲近，互动更加和谐，对友谊的满意度也随之提高（Deci，La Guardia，Moller，Scheiner，Ryan，2006）。

可见，亲社会行为不仅能够为实施者带来收益，也可以为接受者带来良好的心理体验，并且促进亲密感、承诺感和信任感的建立，提高人际关系的满意度与和谐度（Crocker，Canevello，& Brown，2017）。

延伸阅读

你的亲社会倾向如何

Carlo 和 Randall 的亲社会倾向量表（Prosocial Tendencies Measure）是目前研究中应用较为广泛的亲社会行为自评量表，寇彧团队在该量表的基础上进行了修订，使之更适合中国的研究对象（寇彧，洪慧芳，谭晨，李磊，2007）。修订后的量表包括公开的、匿名的、利他的、依从的、情绪的、紧急的6个维度，采用利克特5点计分，数字表示题项所述与个体的心理体验相符的程度，1＝完全不符合，2＝比较不符合，3＝不确定，4＝比较符合，5＝完全符合。现在我们来看一看，你的亲社会倾向得分如何？

1. 有人在场时，我会竭尽全力帮助别人。（　　　）

2. 当我能安慰一个情绪不好的人时，我感觉非常好。（　　　）

3. 当别人请我帮忙时，我很少拒绝。（　　　）

4. 有人围观的情况下，我更愿意帮助别人。（　　　）

5. 我倾向于帮助那些真正遇到麻烦急需要帮助的人。（　　　）

6. 在很多公共场合中我更愿意帮助别人。（　　　）

7. 当别人请我帮忙时，我会毫不犹豫地帮助他们。（　　　）

8. 我更愿意在匿名的情况下捐款。（　　　）

9. 我倾向于帮助那些严重受伤或患病的人。（　　　）

10. 我捐钱捐物不是为了能从中有所获益。（　　　）

11. 别人求我帮助时，我会很快放下手头的事情帮助他们。（　　　）

12. 我倾向于帮助那些需要帮助的人而不留名。（　　　）

13. 我倾向于帮助别人，尤其是当对方情绪波动的时候。（　　　）

14. 在有人看着的情况下，我会竭尽所能帮助他人。（　　）

15. 在别人处于饥寒交迫时，我会很自然地为他们提供帮助。（　　）

16. 在大多数情况下，我都助人不留名。（　　）

17. 我投身志愿服务所付出的精力，不是为了获得更多回报。（　　）

18. 我在他人情绪激动的时候更有可能去帮助他人。（　　）

19. 当别人要求我帮助他们时，我从不拖延。（　　）

20. 我认为在当事人不知道的情况下帮助他人是最好的。（　　）

21. 在别人情绪激动的情境下，我更想去帮助那些需要帮助的人。（　　）

22. 我常在别人不知道的情况下做些捐助，因为那样让我感觉更好。（　　）

23. 我帮助别人不是为了他们将来能够相应地回报我。（　　）

24. 当别人提出让我帮忙时，我会尽我所能帮助他们。（　　）

25. 我经常帮助别人，即使从中得不到任何好处。（　　）

26. 当别人心情不好的时候，我经常帮助别人。（　　）

6.1.2　流动的社会现实

随着社会的发展，居住流动的现象愈加普遍。你是否曾经离开自己出生的城市外出求学或寻找更好的工作机会？你是否曾经搬过家，经历过邻居从熟悉逐渐变得陌生？这样的经历与体验将会如何影响亲社会行为呢？在此，我们引入居住流动（residential mobility）这一概念，即人们在特定时间段内改变居住地的程度或频次（Oishi，2014），并围绕着居住流动对亲社会行为产生的影响展开讨论。

6.1.2.1 人口流动概况

自 20 世纪 80 年代起，随着改革开放的实施，人口流动迁移政策逐步放开，原本横亘于城乡之间的壁垒渐渐打破，开启了人口与劳动力的大规模流动，并成为经济发展的重要动力。

《中国流动人口发展报告 2018》指出我国流动人口规模的变动过程可以大致划分为三个阶段：第一阶段是 20 世纪 80 年代初期到 90 年代初期，在这期间，《关于农民进入集镇落户问题的通知》的发布，减少了农村人口在中小城镇就业生活的限制，让流动人口总数从 1982 年的 670 万人，增加到了 1990 年的 2 135 万人，年均增长达到了 7%；第二个阶段是 1990—2010 年，这一阶段流动人口的年均增长速度提高到了 12%，流动人口总人数达到 22 143 万人；第三个阶段是 2010 年以来，截至 2015 年，流动人口增长速度明显放缓，年均增长仅为 2% 左右，该阶段流动人口总量为 2.47 亿人，比 2014 年下降了约 600 万人。自 2015 年起，我国流动人口规模呈现出了新的变化趋势，由持续上升态势转变为缓慢下降。即便如此，在较长的一段时间内，大规模的人口流动迁移仍然会是我国社会发展中的一个重要现象。

随着人口从农村涌入城市，从劳动密集型产业为主的地区流向资本和技术密集型产业为主的地区，实现了人力资源的重新配置，使得劳动力从农业等低效率产业、低工资就业岗位向高效率的第二、第三产业和高工资就业岗位转移，让高生产效率的部门拥有更多的从业人员，促进了劳动参与度和劳动潜能的发挥，创造了更高的产值。同时，人口流动也促进了服务业、制造业等产业的人力资本积累，最终强力地推动了产业结构的转型。总之，人口流动为社会发展和城市建设带来了巨大的红利。为进一步挖掘人口红利，《中国流动人口发展报告 2018》指出未来还需要继续提高城市的包容性，鼓励人口在不同城市之间的流动，从而优化城市资源配置；延长城市人口的流动年限，延缓人口红利的消失；建构和完善流动人口职业培训体系和面向劳动者家庭的社会公共服务体系，以提高其总体素质和就业稳定性。

人口的流动不仅对社会变迁发挥了积极作用，对个人发展同样具有重大意义。通过对 2010—2015 年这五年间人口流动原因的分析发现，学习培训的占比增长迅速，从 6.9％ 增长为 14.8％。在 2015 年，为学习培训、子女就学、改善住房进行流动的比例总和为 21.2％，为婚姻嫁娶、随迁家属、拆迁搬家因素进行流动的比例为 20.8％，可见人们相信流动能够为他们带来更好的发展机会或更好地满足家庭生活的需要。对于流动人口而言，支撑他们在家乡与城市、城市与城市之间迁移的，是发展良好的城市所带来的希望：更广阔的视野、更快的知识更新、更丰富的工作机遇、更健全的市场环境、更包容的文化特征、更完备的基础设施建设、更高质量的社会服务……不仅城市需要流动人口，流动人口也同样依托于城市的支撑寻求生活质量的提高和自我价值的实现。调查显示，流动人口在居住地的长期居留意愿稳定在 60％ 左右，这一数据从侧面反映了人对城市的依赖。

在宏观层面上，人口流动将是一个会长久存在的社会现实，从个人层面上，流动成了追求美好生活的方式之一，因此，如何顺应社会的发展趋势，在享受人口红利的同时，处理好流动带来的挑战，对于实现社会的长治久安具有重要的意义。

6.1.2.2　搬家

除了远距离的人口流动外，城市内的短距离迁居同样普遍地发生在人们的生活中。首先，随着城市的发展城区面积不断扩张，城市功能日趋健全，城市空间调整与治理也在有序进行。这些区位布局的变化，往往伴随着一定规模的拆建，使得部分居民因房屋拆迁被动地搬离原来的居所；同时随着基础建设和商业设施的完善，也有部分居民主动地选择迁入新开发的城市区域。此外，家庭成员扩展或个人与家庭整体的经济收入和社会地位逐渐提高的过程中，人们对于居所有了更高的要求和选择的自主性，为追求更好的住房条件、更加便捷的通勤方式、更优的教育机会等，也有可能决定搬家。最后，随着购房成本的提高和城市外来人口的增加，租房一族也在不断扩大，以天津市为例，34％的青年人的住房来源为租房，特别是外地未婚青年大多以租房为主（于淼，吕萍，2019）。事实上，流动人口在大城市的居住基本以租房为主，且居住时间越长，搬家次数越多（翁钟华，2014）。而频繁迁居并不只是流动人口在租房过程中需要面对的问题，由于长期以来"重购轻租"的住房发展倾向，租房需求快速增长的同时，住房租赁市场却还未形成健全、规范的市场秩序，对于租房者的保护力度不够，出租方相对于承租方处于优势地位，拥有更高的影响力和决定权，使得现有的租房市场无法满足承租方对于居住品质的需求，舒适性不足和稳定性差成了租房者遭遇的主要难题，甚至临时清退的现象也时有发生（王艳飞，2017）。总之，无论是出于寻求更高的居住满意度而主动迁居，还是受客观条件限制而不得不离开，搬家已经成了大部分人都曾经历过的生活事件。

　　无论是否出于主观意愿，每次搬家都是一次"断、舍、离"的过程。当对物品进行整理时，为了减少收纳与搬动的负担，人们会去考虑哪些东西是值得带走的，哪些将会被原地舍弃而成为一段过去。频繁的搬家经历或对搬家可能性的较高预期，会让人们更加习惯于和准备好遗弃一些物品，而更加轻装简行地在城市空间中流动。这些物品可能是一些旧的衣物、生活用品，也可能是一段过往经历的见证：贴在墙上的海报，童年时游戏的奖品，大学时的书籍和笔记，第一双用工资购买的球鞋，生日时收到的毛绒玩具，做工粗糙但印刻着某段记忆的工艺品或小配饰，收藏的电影票和剧院的宣传册……这时舍弃的不只是成本低廉不值得搬动的物品，也可能是一段段曾经有趣却也渐渐褪色的经历。在搬家时，离开和告别的不只是一些旧物，也可能包含过去的自己和人际关系。

有研究者考察了在搬家过程中，遗弃物品的意愿和愿意放弃一段人际关系之间的相关程度（Gillath & Keefer，2016）。研究者们请被试评价，当一段关系（如朋友、恋人）不再珍贵/不再有用等情境下，人们会在多大程度上愿意放弃这段关系，以及当一些物品不再珍贵/不再有用时，人们想要丢弃这些物品。结果发现遗弃物品的意愿会显著预测遗弃关系的意愿。在后续研究中，他们还发现，通过想象自己由于工作的原因将在未来的十年中频繁搬家，检验了搬家、遗弃物品、放弃社会关系三者之间的中介关系。结果显示遗弃物品的意愿能够在搬家与放弃社会关系之间发挥中介作用，但是放弃社会关系不是搬家与遗弃物品意愿之间的中介变量。这一结果说明，对于搬家的启动会通过增加人们遗弃物品的意愿，进一步预测他们放弃一段社会关系的可能性。搬家对社会关系态度的影响，也同样会反映在人们社会心理与行为的多个方面中，并随着整体流动频率的增加，成为需要关注与解决的社会问题。

6.1.2.3 居住流动

社会转型与快速发展的过程中，劳动力的重新配置，个人社会经济水平的提高，城市规划与政策的完善，以及租房人员的增长，都在悄然之中持续地塑造着我们所处的社会环境，"流动"已经成为一段已经发生并将长期存在的历史与现实，在这一背景下，人们的心态与行为也正发生着转变。已有研究在探讨"居住流动"时，并未对流动是发生在城市之间还是城市内部进行限定，可以让我们在不考虑群体身份的前提下，真正以居住地点的变动过程为核心，聚焦"流动"本身对个体生活与社会生活的影响。

为考察人们对于居住流动的感受与预期是否与社会现实相一致，我们做了一项调查研究。我们向 206 名成年人发放了居住流动的调查问卷（Zuo，Huang，Cai，& Wang，2018）。该问卷包含居住流动历史（描述个体曾经的居住流动经历）、居住流动状态（描述个体当下的居住流动情况）、居住流动意向（描述未来居住流动的意愿）三个维度，采用 7 点计分。我们所收集到的数据年龄范围为 20～66 岁，平均年龄为 33.83 岁，标准差为 9.94。在我们的调查中，人们曾经搬家的次数从 0～18 次，平均次数为 4.02 次，这一次数与年龄的相关关系显著（$r = 0.153$，$p = 0.029$），这可能意味着在生活的过程中，人们搬家的次数会逐渐增加；居住流动量表的整体得分为 $M = 3.68$，标准差为 $SD = 0.77$，量表中居住流动历史维度得分为 $M = 3.75$，标准差为 $SD = 1.12$，居住流动状态得分为 $M = 3.13$，标准差为 $SD = 1.09$，居住流动意向得分为 $M = 4.14$，标准差为 $SD = 1.21$，其中值得关注的是居住流动意向的得分显著高于居住流动历史和居住流动状态，即人们预期在未来的生活中居住流动的程度会高于他们曾经或现今的居住流动程度。事实上，早就有研究者对社会转型时期我国城市居住流动的特征做出了分析，指出居住流动率会在总体上呈现上升态势，并受社会经济变革因素的影响（易峥，2003）。

在变化居住地点的过程中，个体需要重新面临多个方面的适应挑战。在物理环境上，个体需要调整自己的诸多生活习惯。例如，交通线路发生了怎样的改变，日常的上班与作息安排需要做出哪些调整，重新寻找采购蔬菜、水果、生活用品的市场并调整购物习惯，根据小区的基础设施和商圈环境改变休闲娱乐的方式，甚至外卖商家的选择与垃圾分类回收的地点与时间的变化，都需要人们重新做出规划。

在空间环境上的变化同样带来了社会关系的变动。在网络沟通如此便利的时代，空间距离仍然是影响社会交往的因素之一。试想你中学时期的好友，是在你外出读书时你们的联系频率更高，还是放假在家时的沟通更多？你和毕业后同处一城但相隔较远的朋友多久会见一次面？进入新的居住地不仅意味着旧有社会关系纽带逐渐减弱，还需要面临新的社会关系网络的建立，曾经会微笑打招呼的物业管理人员和便利店的工作人员换成了新的面孔，拥有了新的邻居，适应新的社区文化与生活。

此外，居住流动还可能引起个体身心状态的反应。心理学早期关于这一议题的研究就已经指出了，"搬迁"是一种将引起个体应激的生活事件（Holmes & Rahe，1967）。这一立场得到了后来研究者的支持，并揭示了由于压力源暴露和压力易感性的性别差异，女性在居住流动中比男性感受到更多的痛苦（Magdol，2002）。此外，一项研究记录了大学生被试从 5 岁到进入大学之前的居住流动次数，采用了心理学（生活满意度、积极—消极情绪、自尊、孤独感）和生理学（唾液皮质醇，Cortisol，间隔测量 6 次，反映肾上腺素的分泌情况，与压力呈正相关）两类幸福感的测量指标，发现美国白人学生的居住流动经历正向预测其唾液皮质醇的水平，而在亚裔学生样本（$n=46$）中，居住流动的次数与消极情绪呈正相关（Oishi，Krochik，Roth，& Sherman，2012）。已有研究表明，与居住流动相伴的不稳定的生活状态和社会关系质量的下降等因素，是导致幸福感下降的原因（Larson，Bell，& Young，2004；Oishi & Graham，2010）。

延伸阅读

如何测量居住流动

对居住流动的测量有多种研究工具，在这里我们向大家介绍的是 Zuo，Huang，Cai 和 Wang(2018)在文章附录中呈现的英文量表，并对这一量表进行了翻译。该量表包含三个维度：居住流动历史，对应量表第 1～6 个题项；居住流动状态，对应量表第7～12 个题项；居住流动意向，对应量表第 13～18 个题项。量表采用利克特 7 点计分，数字表示题项所述与个体的心理体验相符的程度，1＝非常不同意，7＝非常同意，其中第 3、4、6、7、9、12、15、16、17 共 9 个题项为反向计分题。现在我们来看一看，你对居住流动的感受如何？

1. 从出生到现在，我的住所发生了很多次变化。
2. 我在不同的地方居住过。
3. 从我出生开始，我的居住地点几乎没有发生过变化。
4. 改变住所离我的生活很远。
5. 我几乎不曾在同一个地方长久居住。
6. 我并没有过很多的搬迁经历。
7. 我已经在现在的住所住了很久了。
8. 我最近刚搬过家。
9. 现在我很了解我目前居住的区域。
10. 我刚从另外一个地方搬到这里。
11. 我正在努力适应我所居住的地方的生活习惯。
12. 我目前的生活很稳定。

13. 搬到其他的地方是一个不错的想法。

14. 我想要换一个新的地方居住以体验不同的生活。

15. 如果我考虑搬到其他的地方会让我自己很吃惊。

16. 没有什么原因能让我搬走。

17. 在当下的阶段我会避免搬迁。

18. 如果可能，我愿意住在其他地区。

6.1.3　居住流动对亲社会行为的影响

现在请回顾本节前面的内容，相关理论是如何理解亲社会行为的——亲社会行为可能出于利他，也可能是为了某种互惠。除非能够得到及时的回馈，否则互惠的发生就需要一个稳定的环境和人与人之间较高的相互依赖水平，这种社会环境或是为亲社会行为的实施者与接受者提供了多次交往的机会，让实施者有得到实质回报的可能，或是为实施者提供了一个积累声誉与社会回报的基础，让实施者能够获得长远的社会利益。那么居住流动的生活是怎样的呢？对于个体来说，每次的迁居都意味着面临社会关系的破坏与新建，即处于一种不稳定的状态中，这种不稳定，让个体难以建立和期待人与人之间的互惠关系。同时，在一个陌生的、缺少人际联系，又不会久居的环境中，个体会更少受到社会规范的束缚，因为一方面这样的环境具有较高的匿名性，人们不太可能因为违反社会规范而受到惩罚，而另一方面人们也没有足够的时间通过遵循社会规范建立良好的声誉，或通过实现群体的目标而间接从中受益。从这一角度来看，不仅个体层面的居住流动会对他的亲社会行为产生影响，在一个高流动性的社会环境中，即使居住稳定的个体也面临着人际关系的脆弱，相互依赖程度的降低和社会监督的缺失，即社会层面的居住流动也可能会造成亲社会行为的减少。

6.1.3.1　社会规范作用减弱

人的社会属性决定了我们从出生的那天起，直到整个生命旅程的结束，都将生活在社会圈定的规则中，这些规则描述了社会对我们的期待，并对我们的行为进行约束，这就是社会规范——整个社会和各个社会团体及其成员应有的行为准则、规章制度、风俗习惯、法律规范、道德伦理和价值标准等（凌文辁，郑晓明，方俐洛，2003）。社会规范描述了社会整体所赞成或反对的行为，包含了大多数人会如何做和我们应该如何做的信息，这些信息能够帮助我们判断什么样的行为是最有效的，什么样的行为能够得到社会的奖励或将要遭受社会的惩罚，从而对特定情境中的个体产生行为导向作用。但是我们可以发现，人们并非总是遵循社会规范的要求而采取行动，比如，人们可能会悄悄捡起掉落在路上的零钱，在空荡的停车场随手丢下小的纸片，在陌生的城市酒店高声喧哗……

那么社会规范是如何执行的？在社会化的过程中，个体可能会将其内化为个人道德或价值观念的一部分，并以此指导自己的行为，此时社会规范是依靠第一方执行的。但在很多其他时候，社会规范需要依靠第二方或第三方才能得以执行，这时维系社会规范的是人与人之间的信誉、名声，或特定群体的认同与反对等（陈思静，2011）。依靠上述三种作用，社会规范会对我们产生巨大的压力，并起到塑造行为的作用。一个最为典型的例子就是美国社会心理学家阿希（Asch）的从众研究。阿希邀请男大学生与四位假扮被试的实验助手结成一组共同完成一项实验，实验过程中，每组被试都会看到两张卡片，其中一张卡片上有一条标准线段，另一张卡片上则有三条比较线段，比较线段之中只有一条与标准线段长度相同，且与其他两条长度差异很大。然而当四名实验助手依次报告出错误的答案时，这一群体的社会规范形成了，被试放弃了显而易见的正确答案(Asch，1955)。虽然社会规范的影响如此令人吃惊，但对这一压力的消解有时也并不困难——只需要一个匿名的环境。后续研究发现，如果将被试报告答案的方式从口头报告转为写在纸上，研究助手所形成的社会规范压力将会大大减小(Deutsch & Gerard，1955)。

无论是个人层面的流动，还是社会层面的流动，都会让个体与周围的环境保持相互疏离的陌生状态，呈现出匿名性的特征，违背社会规范的代价更小，从而感知到较小的社会规范压力(Henrich & Boyd，2001)。2019年的一项研究验证了这一作用。研究者通过问卷调查了554名成年人的居住流动经历，并呈现了一系列行为，让参与调查的成年人评价这些行为在多大程度上是"合适"的，有多大可能会受到惩罚，以及会对"面子"造成威胁。结果显示在女性群体中，面对轻微违反社会规范的行为，高居住流动性会削弱对于惩罚的预期，会让人们认为这件事不太会对自己的"面子"产生威胁，并通过这两个因素的中介作用，提高了对行为合宜性的评价。为检验路径中的因果关系，研究者们进一步通过想象居住流动的范式进行了实验操纵，并发现了相似的研究结果。这意味着居住流动削弱了对个人声誉的监控，减少了因轻微违反社会规范而受到惩罚的可能性，也因此让那些行为变得更加合理。

根据社会规范理论和社会交换理论，人们会出于社会规范的作用而表现出亲社会行为，但同时也会考量行为的收益与代价。在一个稳定的社会环境中，违背社会规范而在特定情境中不表现出亲社会行为将会受到惩罚，而遵循社会规范并做出亲社会行为则能积累声誉；然而在居住流动中，轻微地违反社会规范所带来的实际损害与声誉损害减小了，这意味着亲社会行为带来的收益和回避亲社会行为的代价都将有所减少，从而削弱了亲社会行为发生的可能性。

6.1.3.2 人际信任缺失

在第 1 章中我们已经对中国的社会信任进行了总览性的介绍，提出社会信任可以分为制度信任和人际信任。制度信任（institutional trust）是因为惩罚等强制措施的出现而形成的信任（Sitkin & Roth，1993），是一种条件信任；人际信任（interpersonal trust）则描述了个体在人际交往过程中的心理状态，它指的是个人对于交往中的他人的积极的、自信的期待状态，以及伴随产生的愿意承担风险，向对方暴露自己的弱点而不担心被利用的心理状态，反映了个体对他人和社会的积极价值取向。具体来说，人际信任由信任意向和信任信念两个要素共同构成，其中信任信念是一种社会认知和社会情感，指个体相信对方会是仁慈的、诚实的、有能力的和可预测的，信任意向则是指个体愿意在交往中依赖对方的意向（Mayer，Davis，& Schoorman，1995；Rousseau，Sitkin，& Burt，1998；王沛，陈莉，2011）。是否信任一个人，会从多个方面影响我们知觉他人和与他人交往的方式，其中也包括亲社会行为（Cadenhead & Richman，1996）。

根据社会规范理论和社会交换理论，我们会更愿意为那些给予我们回报的人提供帮助，即遵循互惠的原则。然而社会交互与经济交换不同，当进行经济交换时，人们往往会对交换物的质量与数量订立明确的规则，并具有良好的契约保障，即使交换不能马上完成，也能够较好地保护双方的利益。例如，当你在网络上选购商品时，销售人员会详细呈现商品的信息，你也能够在其他购买者的反馈中收集信息。当交易开始时，预先支付的费用会暂存在第三方，直到你确认商品与订单相符，资金才会转入销售方账户，整个交换过程受到了多方的监督，且交换双方都拥有维护自己利益的渠道。但社会交换却是一种规则模糊的、难以准确计量且时间线漫长的交换。你帮同事带过一次早餐，对方不必在第二天立刻回报同样的内容，但他也许会在未来的某一天帮你整理文件。那么要如何保障当下的付出能够在未来的某一天得到相似的回报呢？这就与人际信任有关。人际信任的个体对人际交往的风险预期更低，不那么担心自己会被对方利用，相信对方愿意，并且有能力实现互惠的交换，从而表现出合作、助人等多种亲社会行为（Carlo，Randall，Rotenberg，Armenta，2010；Malti，Averdijk，Zuffianò，Ribeaud，Betts，& Rotenberg，et al.，2016）。而当一方预期对方是值得信任的而表现出积极的态度和行为，被信任的一方也会受此影响对其产生信任，并回报相似的信任行为，从而使双方的互信关系进入积极的循环中（Butler，1991）。人际信任能够通过增强对互惠的预期增加亲社会行为，然而居住流动却会对人际信任造成损害。

人际信任是个体根据以往人际互动中的社会经验形成的，在居住流动的过程中，个体原有的社会联结减弱，与陌生人接触的频率增加，这种社会关系的打破与重建，在一定程度上影响了人际信任水平。人们具有理解周围世界和寻求确定性的需求（Hernández，Martín，Ruiz，& Hidalgo，2010），而每次流动都会让个体陷入新的、不熟悉的物理环境和社会环境中，不得不重新输入环境信息、改变原有习惯，并调整自己以适应环境的变化，这种不稳定甚至可能无序的状态增强了个体对于自己、未来和社会关系的不确定感，提高了焦虑水平（Oishi & Talhelm，2012；徐文豪，2014），而不确定感与不安全感让个体无法确认他人是否会对自己的付出予以回应，对他人形成积极的预期，即削弱了人际信任水平，也难以建立良好的合作关系（Oishi，Lun，Sherman，2007）。孙向超（2018）通过一系列研究，验证了居住流动的这一消极影响。他发现，个体的居住流动经历与人际信任倾向呈极其显著的负相关，之后他通过想象居住流动的范式验证了二者的因果关系：发现居住流动会降低个体对于面孔可信度的评价，减少在博弈游戏中的信任投资金额且不确定性发挥了中介作用。在实际的生活中我们也发现，在宿舍搬迁之后，住宿学生的人际信任水平确实发生了下降。可见，居住流动将会导致个体人际信任感的流失，并可能因此减少亲社会行为。

6.2 居住流动背景中的地方依恋与亲社会行为

人与地方的分离带来了一系列的心理变化，并在一定程度上抑制了亲社会行为的产生。考虑到亲社会行为对个体与社会发展的积极意义，以及当前居住流动仍不可扭转的局面，如何应对居住流动对亲社会行为的抑制作用，是值得城市社会治理及相关领域思考的重要问题。我们认为，可以在居住流动的过程中关注个体地方依恋的变化与发展，通过培育流动者对居住地的地方依恋，来增强他们的亲社会行为。在这一节，我们将重点讨论地方依恋与居住流动、亲社会行为之间的关系，以回应居住流动背景下亲社会行为被抑制的问题。

6.2.1 居住流动与地方依恋

我们所居住的地方，是我们成长经历的空间载体。当毕业许久后的你回到大学母校时，会产生怎样的体验？走进教学楼，你是否会想起在这里学习过的课程，那个最幽默的教师，那门课上云里雾里的自己，还有那些每天陪你走过上学路的同学；踏上林荫道，你是否会感慨这条路曾经走过数千次，想起夏天棕榈搭起的阴凉，寻找路边校庆才会启用的喷泉，草丛里熟睡的小猫；途经宿舍区，你是否会说起经常借用谁的阳台晒被子，走错楼层的趣事，学生时代每个有好友相伴的日日夜夜……这些熟悉的地方是不是唤起了你的记忆，那些成长中重要的转折，持久的陪伴，或是微不足道的趣事，以及随着记忆浮出水面的浓烈的情感。地方是我们成长的见证者，承载着我们的过去，寄托了我们的情感，并因此而拥有了意义，这就是地方依恋。那么居住流动意味着什么呢？它意味着和过去的那个"地方"告别。那个装满了记忆和成长足迹的地方变成了"过去"，而现在的这个地方成为"开始"。新的居住地也许和曾经的居住地一样好，也许会更好。但这里的环境没有那么熟悉，这里的人际关系需要重新建立，有关这个地方的记忆也要从头写起。

因此，居住流动往往会降低地方依恋。从地方依恋三维理论的心理过程角度，居住的不稳定会影响个体对地方的熟悉程度，影响有关地方记忆的深度和对这个地方的意义的建构与情感的形成。从地方的角度居住流动下个体所面对的周围人是陌生的，人际关系需要重新建立，人际和社会支持网络尚有待形成，这些社会联结也影响了人赋予地方的意义，而虽然良好的自然环境、完备的生活设施和地方的社会象征意义同样能够增强地方依恋，表现为即使是旅游者也能够因为怡人的自然风光、漂亮的城市建筑、良好的城市布局、便捷的生活条件、悠久历史或发达的经济条件等因素形成对这一地方的依恋（Lee，2001）。但是在同一地方，那些居住流动者的地方依恋水平仍低于居住稳定者的依恋水平（Kelly & Hosking，2008；Kaltenborn & Williams，2002）。国内有研究者关注了青年人的居住流动，也发现了搬家的次数对地方认同的显著负向预测作用（豆雪姣，谭旭运，杨昭宁，2019）。除此之外，社会层面的居住流动也存在一定的影响，即使个人并没有搬家经历，但居住在一个人员流动频繁的环境中，同样难以维持一个稳定的社会关系网络。一项研究在广州的30个街道中收集了1694份居民的数据，经调查发现当社区层面的居住流动率较低（包括城乡—城市内部—城市之间），即社区稳定性高时，居民在社区中的熟人更多，对社区的情感依恋更强，总体表现为拥有更高的社区水平的地方依恋（Li，Mao，& Du，2019）。

可见，无论是个体层面的居住流动，还是社会层面的居住流动，都有可能会对地方依恋造成破坏。

6.2.2　地方依恋与亲社会行为

为了探讨地方依恋的作用，我们先来回忆一下地方依恋的构成。在第 2 章我们提到，地方依恋可以划分为两个构成维度：地方认同与地方依赖。地方认同是指地方在多大程度上可以作为自我认同的一部分，由地方所具有的情感和象征意义构成。地方依赖则指地方可以满足个体进行某种活动的程度，描述了地方的功能性作用。现在请选择一个你所强烈依恋的地方，这种依恋对你而言具有怎样的意义？研究者认为其功能之一在于，为我们提供了归属感，这种归属感反映在我们与地方中的人的社会联结上，同时与地方的情感联结还能够让我们在不断变化的世界中获得所需要的稳定感（Hay，1998）。在上文我们已经讨论过居住流动正是破坏了这种稳定感而导致了人际信任的下降，而地方认同则与一般人际信任感显著相关（辛自强，凌喜欢，2015）。

除此之外，地方依恋还会让人想要继续留在这个地方。根据地方依恋的三维结构理论，地方依恋表现在行为上的一个核心特点就是保持与地方的亲近感（Hidalgo & Hernández，2001）。就像人与人之间的依恋让我们想要保持亲密而不愿意彼此分离一样，对于那些深深依恋的地方，我们会感到难以割舍，也会选择更长久地居住在那里（Hay，1998）。虽然居住者是否要离开现在的居所，可能会受到诸多因素的影响，有时是主动追求更有利的环境以满足自己和家庭的发展需要，有时是被动地搬离，但是不论是否能够做到，地方依恋会让我们在主观上更加留恋、更想要长久地留在这里。当想要在一个地方长期居住，与周围人的交往就不再是一次性的了，我们会更加关注自己的声誉，会想要和环境中的他人建立良好的社会关系(Chatterjee，2005)，这使得我们更加倾向于表现出与社会规范相一致的行为，也愿意增加在人际交往中的投入，此时，第二方与第三方对社会规范的执行作用也凸显了出来。

　　不仅如此，地方依恋也会让我们主动地承担责任。高水平的地方依恋与高社会凝聚力感知有关，驱使我们为了维持地方的物理环境不变，保护这里的生态系统、历史文化和这里的人们所构成的共同体，更加尽心竭力。因此，地方依恋往往伴随着高度的社会责任感(Brown，Perkins，& Brown，2003；Hu，Tuou，& Liu，2019)。根据规范激活理论(详见第5章5.3节)，责任感与后果认知将激活亲社会行为，人们也确实会在地方依恋的推动下表现出更多的环境责任行为(Su，Huang，& Pearce，2018)。地方依恋中的地方认同维度则作为自我概念的一部分影响着个体的责任行为。通过将个体认同为群体的一分子，人们会将群体的规范内化为个人规范；与此相似，特定的地方也会形成一定的社会规范，即居民在彼此相处、交往或处于公共空间时，需要遵守的不成文的行为规范，例如，维护公共环境，参与共同事务，出席邻里聚会等。对地方的认同也会让人们将地方的社会规范内化为个人规范，并对行为产生影响(Hernández，Martín，Ruiz，& Hidalgo，2010)。当地方的社会规范是积极的，地方认同通过促使个体将其内化为个人规范，而表现出更加积极的人际互动。

　　地方依恋为个体提供了稳定感，伴随着较高的社会责任感和遵循社会规范的意愿，因此我们认为，地方依恋或可以为居住流动对亲社会行为的影响提供一种解读角度，并可以尝试通过改善居住地区的物理与社会环境质量，提高居民的地方依恋，以缓解居住流动的负向效应。

延伸阅读

社区规范的积极作用

积极的地方性的规范能够通过地方依恋的作用，被个体内化为个人的行为规范，增进居民之间的互动，除此之外它还具有哪些正面的效应？我们以社区层面的规范为例，来看一看它的作用。

一项研究考察了积极社区规范对社区满意度和搬家意愿的影响。他们首先进行了一项纵向的研究：在 2009 年和 2013 年两个时间点测量了人们对积极社区规范的感知、社区满意度和搬家意愿，并对 1716 名成年人实现了有效的追踪。结果显示第一次测量的社区规范会正向预测 4 年之后的社区满意度，第一次测量的社区满意度会负向预测 4 年之后的搬家意愿，且社区满意度在积极社区规范与搬家满意度之间发挥了中介作用。为验证路径中的因果关系，他们进一步对在校大学生开展了一项实验研究。在实验中，他们请大学生想象他们居住在一个社区，并通过文本对这一社区进行描述。所有社区的居住条件都是相同的，但对社区规范的描述却有所不同，积极社区规范组的大学生需要想象他所居住的社区中"大部分居民对彼此有所了解，他们经常打招呼，有较高的相互交往意愿，居民之间的氛围很好，能够相互信任，在需要时会相互帮助，当年轻人找麻烦的时候也会站出来"；消极规范组的大学生则想象社区中"大部分居民彼此之间不太了解，平时不会经常打招呼，也不怎么接触，居民之间的氛围一般，彼此之间并不信任，几乎不会为其他人提供帮助，当年轻人找麻烦的时候也不会站出来"。结果是验证了纵向研究的发现，社区规范较为积极的小组报告了更低的搬家意愿，居住满意度在社区规范与搬家意愿的关系中起中介作用。

　　如果积极的社区规范能够带来较高的居住满意度和较低的搬家意愿，这是否意味着它有助于培养居民的社区依恋呢？高社区依恋的个体能够内化积极的社区规范，减少居住流动的消极影响，同时又能够减少搬家意愿，提高社区的稳定性。

以人为本的城市社会治理

实现以人为本的城市社会治理，是社会治理创新优化的初心，也是本书的落脚点。在第 7 章，我们将结合前述地方依恋的相关观点，将目光投向伴随城市化过程而生的三个具体问题：社区治理、大城市的漂族和流动儿童。

7.1 社区治理：茅檐喜并居

《周礼·地官司徒》载："五家为邻，五邻为里。"由此可知，邻里关系是一种以地域关系和住所距离为基础的人际关系。唐代诗人于鹄在诗作《题邻居》中写到"僻巷邻家少，茅檐喜并居"，表达出在偏僻的小巷中和此时的邻居相邻而居、互相陪伴的喜悦之情，这也从侧面表现出当时的人们对和谐亲近的邻里关系的向往。随着历史演进，社会变迁带来了邻里关系的变化，城市社区中的居住者流动性越来越高，邻里之间彼此不认识已属常事。我们在本节将首先讨论中国传统的邻里关系和现代社会的邻里关系，探究现代城市社区邻里关系淡漠的原因，分析其可能导致的后果，并就此提出应对策略。

7.1.1　中国传统的邻里关系

在我国古代，小农经济的社会特点和统治者在政策上的约束决定了人的低流动性，大部分普通百姓安土重迁，几代人甚至十几代人都居住在一个村落中。因而，邻里关系成为传统中国的一种重要人伦关系，中国的传统邻里关系所发挥的社会功能远超我们当今邻里关系的范围。

传统的邻里关系具有如下一些特点（肖群忠，2009）。

第一，邻里关系是以农业社会和乡村中国为背景的。由于传统中国绝大部分人都生活在农村，以种田为生，因此传统邻里关系实际上是以乡村邻里关系为主。也存在城市邻里关系，但在城市中生活的官员和商人由于不需要借助民间的力量进行生存，因此城市邻里关系要显得相对淡漠。

第二，邻里关系大多与家族关系密切相连，并受到家族文化精神的影响。传统中国社会具有聚族而居的特点，某些村落本身就是一个大家族，有时这些村落的命名方式也与姓氏有关，如刘家湾、王家沟、李家村、张坡等。这些村落里居住的大多数人都是一个姓，某种程度上说这些邻居也是亲戚，拥有血缘上的联系。从社会学的角度看，邻里之间的关系是通过家庭成员的交往而建立起来的，它在某种意义上可以看作家庭关系的外在延伸。中国传统社会的地缘关系的空间范围都很小，人们的交往关系首先是血缘和姻缘。血缘关系让族人们互相居住得很近，同时族内通婚也十分常见。因此，在我国传统社会中，邻居大多数也是亲人。

第三，邻里关系是一种熟人关系和熟人社会。从上一个特点我们知道，在中国传统社会，邻居大多数也是亲人，同宗同族自然也是熟人。还有一种情况是宗族聚居，不过在自然经济为主导的社会，由于社会闭塞、户籍管制以及安土重迁的观念，人们往往世代居住一方，因而不同宗族，世代为邻，邻里联系也较为稳固，成为仅次于血缘关系的人际交往关系。"远亲不如近邻",说的就是在紧要关头,近处的邻居比起在远方的亲人,更能够帮助你渡过难关。

第四,传统邻里关系承载着一定的社会功能和作用。传统邻里关系不仅是因相近居住而产生的个体日常交往关系,还是传统社会政治治理的基层组织,因而它承载着相应的社会功能,具有一定的社会作用。隋唐时期推行乡里制或邻里制,规定乡里的重要功能在于组织亲邻纳税及维护社会治安。唐代以乡里为单位建立邻里,在发生抢劫、侵犯等治安事件时,邻里负有互相救助的法律义务,而且邻里之间对于发生治安、违法事件负有连带责任。对于国家财政而言,乡里组织更重要的功能在于组织和帮助亲邻履行纳税应役的义务。《唐律疏议·名例》中提到:"里正及官司妄脱漏增减以出入课役,赃重入己者,以枉法论。"简单来说就是邻里之间要相互监督参加徭役,不能偷懒,谁要是偷奸耍滑会受到法律的制裁。在隋唐五代时期,亲邻的经济互助也是家族邻里关系的重要社会功能,包括养老、待寡、抚孤、济贫、让财、散财、担保等方面,当时尤其提倡财力较强者履行经济互助义务。

第五,传统邻里关系还受到地方性的、宗族性的乡村治理模式和乡规民约的影响。考虑到传统社会邻里关系,既是一种基于居住状态形成的人际交往关系,也具有一定的社会功能和作用,因而一个村落和地区的邻里关系是否良好,关系到该地区的民众教化。换言之,传统邻里关系是不是良好,是不是敦厚美善、和睦稳定,体现出当时社会的精神文明和社会文明程度。因此,历代治理者上至皇帝下至地方官员,甚至一些大思想家兼官僚都非常关心乡规民约的制定和落实。明代大思想家王阳明就是乡规民约的倡导者,为了平定祸乱,进行有效的社会治理,他曾制定并推行《南赣乡约》,同时推行保甲弭盗安民,设立社学推行教化,设立社仓以济灾荒,从而构建起官府主导推行的乡约、保甲、社学、社仓四者合一的乡治模式。

从古人的邻里关系的五个特征，我们可以看出，古代传统邻里关系可不仅仅是住得近那么简单，邻里之间同时还有血脉联系、政治联系、文化联系，这使得在同一个村落中生活的人们被内外因素紧紧地联系在一起，而居民的地方依恋也是在这种祖祖辈辈代代相传的生活中形成的。根据地方依恋的三维框架理论，邻里关系作为地方的社会侧面，可以通过和谐、稳定、亲密的特征使居住者产生安全感，提升居住者的生活幸福感，从而加强居住者对该地的地方依恋。一个地方因为社会关系而具有意义（Mesch，Manor，1998），地方依恋程度与地方的社会人际关系呈正相关，甚至有研究表明，地方的人际关系的意义超过了地方的空间意义，直接作用于地方依恋。这些研究结果也印证了邻里关系对于塑造居民的归属感、提升地方依恋水平的重要性。

7.1.2 现代社会的邻里关系

和传统邻里关系以农村为主要载体不同，当今社会受到广泛关注的主要是以城市社区为居住地的城市邻里关系。自改革开放以来，随着城市大规模的扩张和开发，社区形态发生了巨大变化。人们从平房搬到了楼房，城市社区邻里关系也发生了明显变化，可分化为以下不同的类型（董焕敏，徐丙洋，2011）。

淡漠封闭型：指疏远陌生的邻里关系。这种邻里关系中的居民彼此几乎没有交往，生活在自己独立的世界里，社区里的任何事情都与之无关，邻里之间处于一种陌生状态。这种类型的邻里关系多存在于异质性社区内，即社区内的居民背景、习惯、文化等方面存在较大差异。形成异质性社区及淡漠封闭型社区的原因之一是城市化带来的人口流动。流动性社会中的个体大多互不相识，一部分人还抱有"过客"心理，往往因工作和生活忙碌而缺乏与其他人交往的热情。

和平共处型：指礼貌和距离感并存的邻里关系。这种邻里关系中的居民出门遇到的时候会点点头，寒暄几句，但是并不知根知底，缺乏真正交流。这种类型的邻里关系往往存在于居民文化程度较高的社区，邻里之间相敬如宾，但是由于种种顾虑，互相之间的交往层面非常的浅。

烽烟战火型：指紧张冲突的邻里关系。这种类型的邻里关系非常紧张，经常为一些琐碎的小事产生矛盾，打架斗殴，甚至闹到法庭，生活不得安宁。这种邻里关系较为少见，多存在于居民素质不高、经济水平不高的社区。

睦邻友好型：指融洽互助的邻里关系。这种邻里关系中的邻居们就像一家人一样，互帮互助，生活舒适自在。例如，情景喜剧《闲人马大姐》正展现了这种类型的邻里关系：马大姐和街坊四邻是老相识，谁家有困难，大家都会一起帮忙，谁家有高兴事，大家也会聚在一起庆祝。这种邻里关系往往存在于同质性较高的社区内，居民的生活习惯、文化背景、兴趣爱好大体相同，邻里之间互助互爱，相互交往没有障碍，而这在新开发的商品化住宅社区内很少能见到。

那么当前社会中哪种类型的邻里关系在城市中占了主要地位呢？董焕敏和徐丙洋调查了江苏省扬州市的一处较新的社区，结果显示：在回答"您认识您的邻居吗"时，34％的人选择"认识且非常熟悉"，66％的人选择"认识但并不熟悉，见面时偶尔打个招呼，甚至根本就不认识"；在回答"出出入入的时候，遇到邻居您会怎样"时，只有8.3％的人选择"热情地与之攀谈"，而91.7％的人选择"点头微笑"；在回答"您觉得周围的邻里关系和十年前相比有何变化"时，66.7％的人选择"更疏远了"，25％的人回答"更现实了"，8.3％的人回答"更亲密了"；在回答"您在社区里可以见面打招呼的人有多少个"时，33％的人选择 5 人以下，50％的人选择 5～10 人，8.3％的人选择11～20 人，8.3％的人选择 20 人以上；在回答"您是否愿意与邻居增进交流，建立良好的邻里关系"时，83.3％的人选择"非常乐意"，

16.7%的人则认为"无所谓"。

从调查结果我们可以看出，当前城市社区邻里关系以"和平共处型"为主，并有向"淡漠封闭型"发展的趋势，这和大多数生活在城市中的人感受一致。但从最后一题可以看出，居民们还是向往和谐友好的邻里关系的，这也反映出研究如何改善邻里关系对于城市社会的和谐发展具有重要意义。

7.1.3　城市社区邻里关系淡漠的原因

当下城市社区邻里关系淡漠主要有两方面原因（廖常君，1997）：一是社区本身逐渐失去促使居民密切交往的功能；二是社区居民缺少参与社区活动的动力。

7.1.3.1　社区逐渐失去促使居民密切交往的功能

首先，社区人际互动频率降低。现今社会房价高涨，出现许多炒房现象，小区房屋闲置率很高，很多人并非是因为住房需求才去买房，大多都会选择将闲置房产出租。这就造成或者没有邻居或者邻居流动性大的现象，难以建立和谐的邻里关系。此外，现在的社区服务机构越来越多，住宅功能也越来越丰富，许多之前需要靠左邻右舍帮忙才能完成的事情，现在也都不再需要麻烦旁人就能完成了。这种求助情境的减少也使得社区人际互动交往频率更低了。

其次，社区的公共场所使用情况不容乐观。由于许多开发商过于追求利润，导致大型楼盘的数量越来越多。大型楼盘存在一些弊端，例如，住宅建筑过于密集，公共场所面积不足，社区太大，配套设施无法满足居民需求等，这些都会导致居民交往缺乏最基本的土壤。另外，现在很少有物业公司会特别用心地投入社区文化建设，居民们也没有很好的契机可以聚集在一起进行深入地交谈，这是居民们缺乏密切交往的软件支持。

最后，居委会在商品房社区中也逐渐消失了。如今，许多原属于居委会管理范围的事务有相当一部分改由物业公司进行管理，例如，处理居民家庭纠纷、邻里矛盾、居民生活贫困补助、帮助失业居民再就业等。事实上，居委会和物业公司是性质截然不同的两类组织。居委会的全称是居民自治委员会，其性质是社区居民的基层自治组织，属于非营利性机构，且居民的参与度都很高；而物业公司属于营利性组织，是以获取利润为目标的服务类公司，居民的参与度都很低。这就导致了居委会和物业公司在促进邻里关系上所起的作用有着很大差别。

7.1.3.2　社区居民缺少参与社区活动的动力

当今社会生活节奏快、工作压力大，导致以中青年为主要人群的城市社区居民拒绝主动与他人交流，再加上现在网络已经变得十分发达，基于网上的外卖、快递、超市新鲜送等服务让人们足不出户就能满足自己生活的一切所需，也催生了"宅"人这一群体的诞生。人们更多选择在休闲时间待在家里而不是走出家门去展开社交。另外，当前城市居民社区活动参与意愿总体较弱，很多居民不愿意参加社区组织的活动，少数人也只愿意参加那些有直接获利的社区活动，如社区团购等。影响居民参与社区活动意愿的两个因素是社区所开展活动与居民自身利益的关联程度和居民对社区情感的认同程度。这反映出来的就是目前城市居民对于社区的情感认同不高，所开展活动和居民利益的关联程度也不高。此外，还有多方面原因会影响到邻里关系。例如，人际关系出现经济化倾向、现代生活节奏加快、住房结构的改变等，都对邻里关系走向淡漠起到了助推作用。

7.1.4　邻里关系淡漠的后果及应对策略

邻里关系作为城市居民生活的一个重要因素，对构建和谐社区、和谐社会有着至关重要的作用。接下来我们简要讨论一下邻里关系淡漠可能导致的两个主要问题。一是违法犯罪案件日益增多。由于居民间互不关心、互不联系和缺乏责任感而形成缺损的社会网络，导致犯罪事件的监督环境有所减弱，每位居民对自己社区内发生的事情都不甚了解，也为犯罪分子提供了更加宽松的作案环境。邻里关系淡漠导致的刑事案件约占总数的四分之一（廖常君，1997）。令人哭笑不得的是，甚至有犯罪分子冒充邻居，明目张胆地实施盗窃，而社区居民还都以为是这家人在搬家呢。二是邻里关系淡漠在一定程度上阻碍了信息、情感的沟通，使人缺少精神慰藉和安全感，人的个性受到压抑。在这样的心理状态下，居民很容易产生不安全感和孤独感，这对城市居民的主观幸福感受有着负面作用。尤其是未成年人如果是在缺少沟通的社区环境中长大的，其交流沟通能力的发展可能会受到很多限制。

由此可见，邻里关系淡漠影响着公共安全和每家每户的私人生活质量。提高城市社区的邻里关系亲密程度，对于我们当前构建和谐社会具有重要的积极作用。那么针对典型的城市社区——商品住宅小区，我们应如何改善居民之间的邻里关系呢？现有研究中不乏对如何改善邻里关系的建议（宋言奇，2004），我们从中筛选出以下较为合理可行且与当下生活较为贴合的方式。

从社区管理者的角度来说，无论是物业公司还是社区居民自治委员会，都应当为社区建立一套完整的行为规范，通过制度来约束社区内不文明、不道德的行为，为构建和谐邻里关系提供制度上的保障，毕竟相互尊重是和谐友善的大前提。

从社区建设者的角度来说，在设计和建造一个住宅社区时，一定要留出足够的公共空间，创造优美的外部环境。这样能够促使社区居民走出家门，在社区内的公共空间相互认识和交往，为构建和谐邻里关系提供硬件上的保障。例如，在社区内设计出一片公共绿地并种植一些花草树木，安装健身器材和长椅，有条件的社区可以修建小型篮球场和足球场。让居民能够在闲暇时间通过散步打球等体育运动进行社交，这样既锻炼了身体，保证了身体健康，同时也增进了居民间的关系，促进邻里关系的和谐发展。

从业主自身来说，一定要发扬主人翁精神，可以自发地组成一些爱好者组织。老年人可以成立社区合唱队、社区广场舞队等；青年人可以组成社区篮球队、乒乓球队；儿童可以组成各种兴趣小组，如航模、计算机等，甚至有可能在日后举行社区之间的友谊竞赛。在这样对身心有益的活动中，居民们的社区公共精神和社区的归属感与认同感得到了培养，居民之间的感情有所提升，邻里关系也得到了进一步改善。

在技术手段上，应当有效利用现代科技的便利，可以在一些社交平台上搭建属于自己社区的社交平台，例如，"××小区微信生活服务公众号""××小区官方微博"等。在这样的社交平台上，邻里之间可以进行网上召集、网上求助、网上支招，这样比传统的邻居之间登门拜访要更加方便也更加安全。原本许多不熟悉甚至不认识的人们，通过网络的交流，不断相互了解，为之后进行线下交流打下良好基础。但是在打造网上社区时应当注意，要严格对社区内成员信息进行把控，避免不法分子冒充社区居民在网上行骗。

以上这些对策与建议从理论上来讲可以有效改善邻里关系淡漠疏远的现状，但是具体的实施也和每个社区的具体情况有关，需要实践以后才能看到具体效果。请让我们相信，人性本善，大多数人渴望和他人友好地相处，那层邻里之间的隔阂和淡漠是出于自我保护的目的而展示的。只要我们在社区中互相坦诚相待，那层存在于邻里之间的薄冰很快就会被热情所融化。到那时，我们每个人都会爱上自己所居住的社区，也会重回"茅檐喜并居"的理想状态。

7.2　大城市之梦：逃离 vs 重返

热播剧《北上广不相信眼泪》，讲述的是出身平凡的年轻人们在一线城市奋斗打拼的故事。这部电视剧反映出来的是千千万万个通过自己的努力来追求幸福美好生活的年轻人的真实生活，也引起了许多人的共鸣。一线城市随着自身的崛起成为人口流入地，大部分流入者"漂"在其中，有的落地生根，实现了大城市之梦；有的却在接触大城市后逃离；还有的又会重返……在本节中，我们将关注大城市的"漂族"，描摹他们的生活状态，探讨漂族"逃离"大城市和"重返"大城市的动机。

7.2.1　观察：什么是漂族

漂族，顾名思义，是指背井离乡的人群。一提到漂族，大多数人脑海中有怎样的画面？在大城市工作，没有户口，没有住房……大城市中的外来工作者确是漂族的主要组成部分之一，除此以外，漂族还可以根据不同的分类标准划分出不同的亚类。

按照年龄来划分，漂族可以分为老漂族和年轻漂族。老漂族指的是已经退休，跟随子女来到子女工作的城市生活，户口并不在这里，也没有固定工作的老年人群。年轻漂族则指的是正处于壮年时期，在城市中打拼的中青年人。

按照受教育所在地来划分，可以分为全漂族和半漂族。全漂族是指大学所在地和家乡都不在工作地的人。半漂族指的是家乡不在工作地，但是大学所在地和工作地是同一座城市。与全漂族相比，半漂族其实对这座城市有更多的时间去熟悉和适应。

按照受教育程度和从事的工作岗位来划分，可以分为高水平漂族和低水平漂族。高水平漂族指的是受过良好高等教育，在这座城市中从事着收入较高、社会地位较高的职业，在所在行业中属于较为拔尖的人才，未来很有希望在这座城市扎根的人群。低水平漂族指的是未接受良好教育，在城市中从事一些以付出劳动力为主的职业，工作较辛苦且收入不高，未来在城市扎根的希望较小。最后，我们对所要讨论的漂族进行限定，即"户口所在地与工作地不一致或者户口所在地与工作地一致但在工作地没有可以稳定居住的房产，在一线城市或二线城市中工作，收入水平相对偏低，处于壮年时期的流动人口群体"，简单来说，就是年青一代的"80后""90后"漂族。

7.2.2 访谈研究："90后"漂族男性速写

漂族的年龄范围分布较广，"90后"作为刚刚踏入社会的新人，也属于漂族当中的新人。与前辈相比，"90后"往往刚刚进入社会，工作年资较短，个人资本的积累也处于起步阶段。为此，我们在线上和线下对"80后""90后"漂族男性中的一些人进行了访谈，希望了解他们目前在一线城市的生活状况。

受访者1：小韩

24岁，男性，家境殷实，高考后来到上海读大学，金融专业，有丰富的出国交换经验。大学毕业后选择直接参加工作，进入了金融行业，如今在一家十分成功的创业公司工作，工作两年多以后月薪已经达到了2万元以上。但是在高薪背后，他经常要加班到凌晨，周末也没有休息时间。他对于以后的打算是过两年出国深造，然后进入更加高级的投行，甚至在之后还可能会去创业。目前他没有考虑要在上海落户或者扎根在这里。

分析：小韩的自身条件得天独厚，优厚的工作报酬使其生活富足，自己也十分勤奋刻苦。上海对于他来说，是一个冲向人生更高峰的跳板，他见识过更广阔的天地，于是想再到外面去看看。

受访者2：小李

25岁，男性，从小热爱足球，从小学到大学一直是学校足球队的主力成员。大学来到上海读书，毕业以后他选择回到老家找了一份稳定轻松的工作，但是薪水不高。他的家境也不错，在二线城市有多套房产，所以没有生活压力。他不希望自己这样年轻就丧失斗志，于是抓住了一次机会，重新回到上海，进入了一家银行工作，现在月薪在 7 000～8 000 元，每月的房租就要花费工资的三分之一，生活并不宽裕。他相信，在上海工作几年后，有了在银行系统工作的经历，以后回到家乡城市也能够在银行找到一个不错的工作。相信他身上那股属于运动员的坚韧不拔的劲头，会支撑着他在上海实现自己的理想。

分析：小李的生活状态属于同龄人中的中等水平，在大城市有一份稳定的工作，事业处于刚刚起步的状态，薪水不高但也足够生活，他的家庭虽然没有办法支持他在上海买房，但也不会因为经济债务成为他的负担。所以在这个阶段他可以放心地在上海全身心努力工作和提升自己。同样地，他来到上海的目的也不是为了留下来，而是在这里镀一层金以后，回到家乡能有更好的发展，希望他以后能够顺利完成自己的人生规划。

受访者 3：小王

25 岁，男性，来自中部某省的一个国家级贫困县，家境并不宽裕。他通过高考来到了北京上大学，父母也跟随他来到北京，在这里打工供他读书。大学毕业以后，他深感自己本科所学专业就业难度较大，于是决定报考名校的研究生，以求自己在之后能有更好的发展。在两次考研失利后，2019 年刚进行了第三次考研，现在正在等成绩。他这三年一直留在北京复习考研，生活日渐封闭，经常觉得愧对父母，也没有脸面和同学们联系，情绪十分低落。他希望能留在北京读研，然后找一个体面的工作，让父母能早日退休，"如果能获得北京户口那就更好了"。

分析：小王认为自己在北京这座城市漂的七年不够成功，因此心里有些自卑，也不愿参加同学聚会。他也认为，走到了这一步，自己已经没有退路了，这个研究生必须要考上，直接就业的话是没有什么机会的。毕竟现在一个本科毕业两年却没有任何实习经历的人，很难在社会上找到符合他心理预期的工作。小王也明确表示老家已经回不去了，可想在北京扎根谈何容易，多少"北漂"在漂泊十几年后最终都是含泪离去。在此，笔者也希望小王这次考研能如愿以偿，在之后的人生道路上走得顺利一些。

受访者4：小张

30岁，男性，来自中部省份的农村，家乡经济不发达，父母也都是农民出身。他从十几岁开始学习美容美发，最终在上海的一家大型连锁美容美发会所做一名理发师，至今也有十年了。他也从当年的小学徒一步步做到了店里的发型总监。对于未来，他没有过多的考虑，只是希望能再多赚一些钱，不奢望在上海买房扎根，但是希望能把农村老家的房子翻盖成漂亮的三层小别墅。如今，他也自己赚钱买了车，回到家里也觉得很有面子，只是个人问题仍未解决，还是个单身汉。他觉得一方面是老家的彩礼太过高昂，另一方面是现在工作太忙，也没时间去考虑这个问题。或许等再过几年，小张会回到自己家乡的城市，开办一家属于自己的美容美发店，到那时，他的终身大事也会提上日程的。

分析：对于小张来说，上海不是他的最终归宿，也没有想通过上海走向更宽广的天地，他只是觉得上海的工作机会多，收入也多，想在这里完成资本的积累之后再回到家乡开一家自己的店铺。当然如果有特别好的机会能让他扎下根来留在上海发展的话，相信他也不会错过。上海是一座很现实的城市，这里现实并不是一个贬义词，这个"现实"的意思是，在这里你有多少付出就会有多少回报。因此，像小张这样靠自己双手勤劳奋斗的人，在这里不会生活得太差。

通过以上几个人的不同经历，我们可以找出一些共同点，即对

"90后"漂族中的大多数人来说，家乡所在地的教育和工作资源或条件无法满足其需求，来到大城市可以追求知识、金钱、自我能力的提升，并以此来改善自己的生活状况。即使他们也承认，大城市生活艰难而小城市生活安逸，但他们也看到了大城市存在着小城市所不具备的机遇和可能性。

7.2.3　访谈研究："逃离北京、上海、广州"的心理动因

近年来，每年都有许多年轻人来到以北京、上海为代表的一线大城市寻找工作机会，但是北京和上海的常住人口数量并没有持续增长，而是在这十年间都保持稳定，甚至从2017年开始回落（国家统计局官方数据显示）。这说明在流动人口源源不断地涌入大城市时，同时还有一大批人正在逃离"北京、上海、广州"，那这是为什么呢？我们同样通过小范围的访谈和资料调查，来探究这背后的心理动因。接下来让我们首先来看看几个已经逃离"北京、上海、广州"的人是怎么说的。

受访者1：老罗，男，36岁

"我今年已经36岁了，16岁就到广州打工，现如今也已经二十年了。我有两个女儿，大女儿在老家上学，小女儿跟随我在广州生活，妻子也在老家照顾老人，我们的家庭长期处于分离状态。眼看父母年纪越来越大，在广州这里打工也看不到什么希望，自己的身体也因为劳累落下了病根，不能再从事重体力劳动。因此，在2017年我决定返回农村老家，做农村自媒体，拍摄有关农村生活题材的视频发到网上，顺便宣传和销售我们本地的优质农产品。现在我们全家已经团圆了，做自媒体的收入也几乎和之前打工的收入差不多，我心里感到很幸福。"

分析：老罗在一线城市从事的工作属于劳动密集型产业，体力消耗大，对身体的损伤高，但收入相对却较少。因此他不敢奢望能

在广州这座城市安家，也只能和妻儿父母保持长期分居的状态。身体状况变差、家庭生活不够和谐，这种生活并不能带给他幸福感，这是他逃离广州的推力。同时，国家推出了一系列优惠政策，鼓励青壮年返乡创业，再加上互联网自媒体的快速发展，让他看到了在家乡也能过上好日子的希望，这是吸引他离开广州、回到家乡的拉力。在一推一拉之间，老罗做出了选择，也收获了属于自己的幸福。

受访者2：老潘，男，33岁

"之前为了赚钱，在二十岁出头的年纪去到了北京的中关村，从事电脑零部件销售的工作。在几年时间里，我手头上存了一些钱，可是这些钱远远不够我在北京买房的，儿子也越来越大，在北京上学也很困难，又赶上中关村的电子生意越来越不好做，于是我选择返回老家县城，找人托关系谋得了一份收入不高但十分稳定的工作。现在每月的工资基本能满足日常生活需求，再加上之前的存款在买房买车以后还有一些剩余，所以我觉得比较安心，生活比较幸福。现在也不像之前在北京那么忙碌，闲暇时间我会去和朋友打打台球，然后一起出去吃吃饭唱唱歌。"

分析：从老潘身上可以看到绝大多数北漂的影子：他们年轻、头脑灵活、做着个体户或者销售的工作，收入要比体力劳动者高，但却远远不够在这里扎根。这部分北漂都会在一定年纪面临着教育、购置房产的难题，虽然小有积蓄，但是在一线城市高昂的生活成本面前只是杯水车薪。于是他们绝大多数会选择不和命运较劲，回到家乡找份稳定的工作，只求生活安定平和。对于这部分漂族来说，他们在拼搏几年之后意识到，大城市几乎给不了他们留下来的机会，他们只能在这里作短暂停留，积累一定的财富以后，回到家乡继续自己的生活。所以，对他们来说，离开北京、上海、广州虽然带着一丝不甘，但也不算毫无收获，这段人生经历也是他们的宝贵财富。

受访者3：小张，男，35岁

"我做的是医药销售这个行业，其实是很辛苦的，经常要在药企和医院两头跑，而且遭人白眼也是常有的事。之前为了锻炼自己，我去了上海做业务，发现上海的市场很大，但竞争也十分激烈。不过我一开始就没有打算要留在这里，我只是来磨炼一下自己，开阔一下眼界。在 27 岁的时候，我已经在上海做了五年，于是我决定离开这里，回到了家乡的省会城市继续发展。现在我早已过了而立之年，也在省会城市买车买房，紧接着结婚生子，也把农村的父母接了过来，一家人的生活富足而稳定。我觉得自己当初的选择是正确的。如果当初坚持留在上海，可能现在还在为了一套房子而辛苦打拼，这不是我想要的生活。"

分析：小张受过一定的高等教育，并且有在大型药企工作的经历，对自己的人生规划也更加清晰。大城市对他来说不是最终的归宿，他来这里最重要的目的是学到更多的安身立命的本事，开阔自己的眼界。因此，当他在上海奋斗五年之后，积累了丰富的行业经验，同时看到家乡的省会城市近几年发展势头越来越好，认为离开的时机已经成熟，便选择回到家乡继续发展。虽然城市平台有所下降，但是小张的事业却上升了，这都得益于他在上海积累的丰富经验和人脉。对小张这样的漂族来说，离开北京、上海、广州并不是逃离，而是从容地离开。

受访者 4：小黄，男，23 岁

"严格来说可能我并不属于逃离北京、上海、广州的这个群体。因为我是上海人，在北京工作，虽然离开了北京但是回到了上海。我在北京读的大学，学的是计算机专业，毕业以后直接进了一家知名的互联网企业做程序员工作，目的是想先积累一定的工作经验。我认为虽然北京的互联网企业要比上海多一些，但是毕竟都属于一线城市，上海的发展机会也很多，而且又是自己的家乡，同时在北京生活的租房成本也很高，所以我一直在寻求回上海工作的机会，毕竟在上海会让自己更有归属感，生活上也更加便利和舒适。"

分析：小黄可以说是漂族当中的"佼佼者"了，他本身出生并成长在一线城市，受过良好的高等教育，在知名互联网公司做程序员工作，收入已经处于同龄人当中的中上水平。对于他来说，在一线城市漂泊，首先不会面临经济发展差异的不适应，毕竟北京和上海都是国内顶级的大城市，他能比其他漂族更快地融入这座城市；其次，他从事的工作属于智力密集型行业，工作附加值高，未来发展前景好，在任何一座一线城市都有希望扎根；最后，小黄所拥有的退路也比其他漂族要好很多，他本身就是上海人，最终还是可以回到家乡，既能有很好的职业发展，又兼顾了生活舒适度。对他来说，不存在"逃离北京、上海、广州"这种说法，从北京回到上海意味着从一个一线城市到了另一个一线城市，属于同级别的流动。

受访者5：小田，女，26岁

"我是一个坚持不加班的'90后'，所以在每家公司都是晚上六点准时下班走人。但是在我所在的公司进行部门调整以后，我所在的新部门的同事们都在加班，每天只有我准时下班，我反而变成了那个奇怪的人。慢慢地我开始六点半下班，再然后是七点、七点半。我的私人时间越来越少，男朋友也开始因为不能经常见面而和我吵架，我的发际线也开始后移了。我觉得自己还很年轻，不能就这么摧残自己的身心，于是我选择辞职离开上海。现在我在家待业，在考虑要不要考一个本地的公务员职位。"

分析：小田在工作中所面临的问题是许多在一线城市奋斗的年轻女孩都会遇到的，那就是快节奏的工作和私人生活很难平衡的问题。在大城市当中，生活节奏十分得快，高收入伴随而来的是巨大的工作压力。最终钱赚到手了，身体也因为加班熬夜而产生各种问题，感情生活也因为缺乏沟通而增加产生危机的可能性。对于像小田这样看重工作与生活平衡的年轻漂族来说，大城市的工作节奏太快，他们无法承受这样的工作重压。为了自己的健康考虑，他们选择了家乡轻松和缓的生活方式。这是他们"逃离北京、上海、广州"的最大动因。

以上这些人的职业各式各样，选择逃离北京、上海、广州的原因也各不相同，通过分析这些叙述材料，我们可以发现逃离北京、上海、广州的主要原因有以下几点。

第一，北京、上海、广州的生活成本高。住房、教育和日常生活花销都比较大，这样即使在北京、上海、广州的薪资水平高，但其实生活品质并不如在老家的生活品质好。

第二，北京、上海、广州的工作压力大。薪资不仅和经济发展水平有关，也和劳动强度有关，在北京、上海、广州工作，加班是常有的事，普通的白领阶层常常每天要工作十几小时，这样导致休息时间被严重压缩；领导也时常会督促工作进度，做得不好可能还会被开除，这种提心吊胆的工作状态会让人的精神压力倍增。

第三，想定居在北京、上海、广州难度太高。一线城市高昂的房价让众多在这里打拼的人望而却步，多少人一辈子也没办法在这里买房，所以他们的漂泊永远看不到尽头。既然注定最后要回到家乡，那还不如趁着年龄还不算大的时候，在家乡从头开始发展。

第四，家乡的归属感和熟悉感吸引着外出的游子们。家乡是我们从小长大的地方，我们已经适应了这里的气候、饮食习惯，听惯了自己的乡音，并且在家乡工作就能住在家里，省去了租房子的花销。这样的话，即使我们的收入降低了，但硬性支出也少了，可能每个月的可支配收入不减反增。于是家乡更为舒适的生活也会吸引人们逃离北京、上海、广州。

第五，国家政策变动，现在返乡创业正是大势所趋。现在国家为了疏导大城市人口、振兴地方经济发展，不断采取措施来吸引年轻人才返乡创业，促进资源合理分配。现在许多人的家乡也都建设得不错，未来会有许多让这些年轻人大展拳脚的机会，因此，他们既然能够在家乡找到不错的工作，为什么还要选择背井离乡呢？

第六，个人追求的不同。有些人只想过安安稳稳、平平淡淡的生活，那他最终会选择回到自己的家乡，哪怕收入低一些、生活单调一些，他也觉得这是自己想要的生活。可还有些人就是想完成阶层的跨越，想在大城市定居下来，那他面对的必然是一场十分艰难且漫长的奋斗过程。因此那些追求超越自我的人，大多数会选择在大城市留下来。因为大城市的机会较多，规则也比较透明，尽管生活残酷，但是只要足够努力，大城市最终会给这些人应有的回报。

7.2.4 "重返北京、上海、广州"的心理动因

在大城市中，每天有许多人走也有许多人来，有人心灰意冷地离开，也有人满怀希望来到这里。但有趣的是，假如有人能够看到每天来到和离开的所有面孔，他会发现在那些到来者的面孔中，有许多是熟悉的，他们昨天离开了这里，而今天又回来了。为什么他们会选择放弃老家的安逸生活而重新回到生活压力这么大的大城市呢？我们接下来分析一下其中的详细原因。

个体选择由一个地方去往另外一个地方，是由两方面的作用力共同起作用的，一个是出发地的推力，一个是目的地的拉力。这个在上一节中我们已经提到过，接下来我们将从家乡的推力和北京、上海、广州的拉力两方面来分析。

7.2.4.1 回不去的家乡

大多数重返北京、上海、广州的年轻人，都是因一个最大的问题才做出了这样的决定，那就是他们发现自己已经无法适应家乡的生活节奏和生活方式了。接下来我们从多方面来描述一下他们回到家乡以后的不适应。

首先，回到家乡以后的生计问题改善不大，甚至有所降低。家乡的工作岗位少、收入低，这让大多数"逃离北京、上海、广州"的

人都无法接受。由于大城市和其他地方在产业结构上的巨大差异，导致许多从事较为高端行业的群体，在回到家乡以后无法找到匹配的岗位。例如，计算机、设计、精密仪器加工、人工智能等，这些在有的小城市中甚至找不到相应的工作机会。虽然那些从事餐饮、销售、工厂流水线等工作的人们能够在家乡城市找到对应的岗位，但是预期收入却远远低于之前在大城市工作的收入，从而造成了比较大的心理落差。现在各地在积极引导返乡人才再就业和进行自主创业，但是短时间内小城市与大城市之间产业结构的巨大差异不会消失，非一线城市的发展也需要一个过程。于是有些返回家乡的人决定还是重返北京、上海、广州，等待时机更加成熟之时，再返回家乡发展。

其次，家乡的环境优势和价格优势已经消失。许多人在决定返回家乡时，心中想的是家乡小城的青山绿水、蓝天白云，还有那物美价廉的小市场和便宜又好吃的街边老店。所以只要能逃离这空气严重污染、消费水平如此高的大城市，哪怕回到家乡以后收入低一些也是可以接受的。但是当他们真正踏上故乡的土地时，会发现这里已经变得如此陌生。到处也都是高楼林立的现代住宅小区，房价也并不便宜，比起几年前已经翻了几番。房价上涨必然也会带来物价上涨，小市场和街边老店早已被拆除，取而代之的是大型购物娱乐商场，在里面消费水平和在一线城市几乎没有差别。这时，返乡的人们会感到不解，一方面是自己的收入降低了，回到家乡几乎是收入减半；另一方面又要面对和大城市相差无几的物价水平。最终这些返乡的人们会有一种魔幻现实感，既然自己所期待的已经不复存在，他们也只好带着失望的情绪重新踏上驶向远方的列车。

此外，小城市的政府公共服务质量水平仍有待提高。在一线城市当中，政府工作人员的选拔标准较高，工作监督机制也更为健全，所以大城市的政府服务质量较高，工作人员办事效率很高，尽量避免让正常办手续的人因为小事而多次往返。但是在小城市中，政府存在职责划分不清、多个部门互相踢皮球、办事手续烦琐等弊病，不作为现象屡见报端。因此，有些中小型企业主在深感家乡的公共服务落后的情况下，无奈地做出重返大城市的决定。

7.2.4.2　离不开的北京、上海、广州

除了家乡的推力，大城市的拉力同样影响着人们的选择。在基础设施建设上，大城市相对小城市更加完善。在大城市生活久了，回到小城市一定会觉得不方便。首先，在交通方面，如果选择公共交通的话，那么远程有高铁和飞机，近的话可以选择乘坐地铁、公交和打车；如果选择自驾出行也很方便，大城市的公路网很发达，路况也都十分不错。但在小城市乃至农村当中，公交系统覆盖的区域有限，日常出行只能靠自驾出行或者步行，交通不如大城市方便（据高德地图发布《2017 年中国主要城市公共交通大数据分析报告》）。

在休闲娱乐上，大城市通常会设有种类和数量十分丰富的公共活动空间，例如文化广场、篮球乐园、体育馆、游泳馆、图书馆等，还有私人经营的各种体育文化娱乐场所，几乎能够满足居民的所有休闲娱乐的要求；而在小城市和农村中，缺乏大面积的公共娱乐场所。例如，2018 年我国体育场馆机构数为 661 个，而其中县级体育场馆机构数仅为 229 个，仅占总数的约 33％，其余体育场馆均集中在大城市（2018 年国家统计局数据）。

因此有许多注重生活品质的年轻人在回到家乡以后，会觉得小城市中的日常娱乐活动单一而匮乏，回到家乡就像进了文化沙漠。娱乐活动有优劣之分，优质的娱乐活动能够让人在放松的同时，进一步提高自己的思维能力或者是艺术鉴赏能力，有了自己独立思考的能力以后，能避免堕入快餐文化的陷阱。例如，读书、欣赏话剧、学习乐器和绘画、进行某项体育运动的练习、学习雕刻和手工等，都属于对人的身心发展有益的优质娱乐活动，但是这些娱乐活动或

由于难度较大，或由于收费较高且受众较少，只在大城市中才有广泛的群众基础。例如，上海话剧艺术中心 2017 年在上海市内演出话剧 602 场，平均一天接近两场，在一些小城市，可能一年都看不到一场话剧；并且看一次话剧的花费在 100～1 000 元，消费相对较高。

在教育上，大城市对教育的财政投入较大，因此各个学校的硬件设施都比较先进和完善。而且，大城市的经济收入较高，能够吸引高层次的教育人才前来就业。此外，大城市一般都有多所高等院校存在，这些大学能够向外输送高素质人才和辐射前沿知识，有利于城市中小学教育的发展。而这是小城市所不具备的。

在医疗方面也是一样，大城市相比于小城市，更具优势。例如，北京在 2016 年拥有三级甲等医院 86 所，而中部城市驻马店拥有人口近千万，三级甲等医院仅有 2 所，这其中的差距不再需要赘述。因此，在深感小城市基础设施的不便利之后，许多人选择重新回到大城市。

大城市的规则是相对明确的，竞争环境也相对公平，付出多少就会得到多少，许多渴望改变命运的青年在这里看到了奋斗的希望。人生的道路都是自己选择的，没有好坏之分，只要是遵从自己内心做的选择，生活得幸福快乐，那就足够。因此，不管最终是选择回到家乡的小城市还是选择坚守在一线大城市，都希望能体会到你所在的地方的温暖与美好，深深地热爱所居住和工作的城市。

7.3　城里的月光：流动儿童的城市融入

随着我国社会经济的发展，城镇化速度不断加快，城市建设对劳动力的需求也不断提升，大量的农村劳动力进入城市工作和生活。国家统计局统计数据显示，我国城镇人口从 2001 年到 2020 年由

48 064 万人增加到了 90 199 万人。随着时代发展变迁，我国社会流动发生了十分重要的结构性变化，那就是流动人口的流动形式由"个体流动"变为了"举家迁徙"。这意味着大量的农村儿童随着父母迁入城市生活，由留守儿童转变成了城市中的流动儿童，目前我国流动儿童人数已经高达 1 406.63 万人，并且这个数字可能仍被低估了。下文，我们将对流动儿童所面临的困境进行观察，探究学界对流动儿童潜在心理问题的讨论，并尝试提出从多种途径塑造流动儿童的多元地方依恋，从而促进其城市融入。

7.3.1 观察：流动儿童的生活困境

流动儿童一般是指户口在农村，而在城市居住和学习的儿童，即为农村流动儿童（郝振，2015）。流动儿童在群体身份上表现着复杂性与特殊性：一方面，他们的户籍所在地仍在农村老家，从户籍上看这些儿童仍属于农村人口（李晓巍，邹泓，金灿灿，柯锐，2008；姜宁，2016）；另一方面，他们从幼年时期就跟随父母来到城市生活甚至是直接在城市中出生，与一般城市儿童一样在城市环境下成长和接受教育，与家乡农村的情感联结并不强烈。也就是说，城市流动儿童同时具有农村人和城市人两种群体成员资格。如何看待自己的群体身份，对于流动儿童这一群体来说是较为矛盾的。这种身份认同的矛盾，将会始终伴随流动儿童在城市中的成长过程，也会影响他们在城市中的生活质量和以后的人生发展。

7.3.1.1 户籍制度所带来的归属感缺失

流动儿童群体相比于留守儿童群体，能够和父母长时间生活在一起，这对他们的认知发展、社会适应性的发展均有较大的积极影响，但和留守儿童相比，流动儿童的生活缺少了一个关键，那就是"归属感"。留守儿童在成长过程中一直缺少父母的陪伴，这是他们巨大的遗憾，但是他们能够在家乡长大，周围陪伴自己的是熟悉的亲戚和朋友，说的是家乡话，吃的是家乡风味的饭，他们对于自己身份的认同是没有矛盾的，他们生于哪里就长于哪里，在他们的认知里，自己就是四川某某县人、河南某某村人、黑龙江某某屯子的人等，他们对于自己生活的地方是熟悉的、依恋的、有归属感的。对于流动儿童来说，他们一直跟随父母在外漂泊，父母的工作找在哪里，他们就要搬到哪里去住，周围的邻居一直在变，又远离家乡的亲人，耳边听到的是陌生的口音，嘴里吃到的是陌生的味道，尤其是那些从农村到城市生活的流动儿童，还要面临城市户籍制度和城市主体文化的排斥。他们虽生活在城市中，但却只能享受部分城市中的社会资源，同时会受到城市主体居民的无形排斥。对于这些流动儿童来说，他们并不清楚自己属于哪里的人，如果说自己属于老家农村的人，但自己从小在城市中长大，农村老家的亲戚邻居几乎没有来往，一个也不认识，方言也忘得差不多了；如果说自己属于城市，可自己的户口还在老家农村，家人在这座城市也没有买房子，这座城市的本地人也把自己当作外地人看待。那么自己到底属于哪里，这是许多流动儿童心里一直搞不明白的问题，"归属感"也成为他们的一个心结。

7.3.1.2 处于劣势的原生家庭

流动儿童的家庭生活与城市儿童相比，存在巨大差异。我们可以想象得到，第一代流动人口从农村来到城市工作和生活，其生活一定是相对比较艰难的。首先，大多数流动人口并未接受高等教育，缺乏获得高收入的高级技能，只能靠付出劳动力来生存，家庭收入较少；其次，流动人口来到城市，大多数缺乏阶层快速提升的捷径，在城市中的社会地位也普遍较低；再次，流动人口来到城市，在这里并无自己的房产和住宅，只能靠租赁房屋来为自己提供栖身之所，而城市的租金高昂，所以每月的收入中会有很大一部分用作缴付房租和水电费等，也不利于流动人口的财富积累。因此，流动儿童在这样的家庭中生活，会面临一些城市儿童无法想象的问题。

有学者将社会资本理论引入对流动儿童家庭的研究之中（王慧娟，2012），认为流动儿童家庭在经济资本、文化资本等一系列方面与城市儿童存在巨大差异，使得流动儿童家庭为流动儿童早期输出的经济资本和文化资本远远不如城市儿童家庭。这突出表现在流动儿童家长所提供的物质生活水平、文化水平、家庭所拥有的文化耐用品（如书籍、乐器、美术用具等）、文化参与、教育投入、教育期望以及教育方式等方面。这些体现在实际生活当中的话，即表现为流动儿童所居住的住宅舒适度低、衣食住行质量较低、没有条件学习艺术或者体育特长、课余时间须帮父母分担工作、升学考试没有竞争力等。如果这种流动儿童家庭的劣势地位不能及时得到改善的话，那么流动儿童长大以后很有可能会坠入保罗·威利斯所说的生产底层从事底层再生产的循环，他们人生发展的可能性将会被社会现实所压制。最终这种家庭地位上的劣势，可能会通过代际传递，一代又一代地强加在流动人口的子女身上。如何扭转这种家庭劣势，成了国家和个人都要努力解决的一个重要问题。

7.3.1.3 教育安置问题

除去归属感问题和家庭问题，流动儿童在城市中生活还要面临一个困难，那就是教育安置问题。在一开始，流动儿童由于没有城市户口，是不能在所在城市的公办学校入学的，只能去私立学校就读。但是私立学校存在一个问题，那就是缺少国家的干预，并且以盈利为目的，所以办学质量良莠不齐，这样流动儿童所接受的教育得不到质量上的保证。再后来，国家针对流动儿童群体对教育安置政策进行了修改，流动儿童可以就近进入公办学校入学，这无疑会改善流动儿童在城市中接受教育的状况。但是公办学校能够提供的就读学位也是有限的，所以大多数地方政府会和当地的民办学校合作，出资购买民办学校的学位，让流动儿童能够免费在民办学校读书。从教育安置政策来看，我国的地方政府对于流动儿童的教育问题十分关心，且将这种关心落实到了实际行动上。但即便如此，由于流动儿童群体数量庞大，目前仍有部分流动儿童只能选择自费在民办学校就读。

2015年，一线城市中义务教育阶段流动儿童数量最多的是深圳，超过78万人，其次为广州，约60万人，上海和北京分别为50万人和48万人。而流入地政府的人口政策和教育经费是影响流动儿童在此地入学人数的两大关键因素。首先来看教育经费方面，《教育部 国家统计局 财政部关于2017年全国教育经费执行情况统计公告》显示，2017年全国普通小学和普通初中的生均教育事业费分别为10 199.12元和14 641.15元，而生均公用经费分别为2 732.07元和3 792.53元。这里的教育事业费包括中小学在编教职工的工资，学校的开办、建设以及正常运转费用，而公用经费指学生学习的日常费用。也就是说，国家对小学生和初中生的教育经费补贴分别约为每人每年1.3万元和1.8万元。但是这两项费用对于流动儿童来说，并不能完全落实。因为教育事业费是和户籍绑定在一起的，户籍在哪里，这个经费就只能申请拨到哪里。只有公用经费可以随着流动儿童流动，由流入地获得，但真正的大头——教育事业费却要由既没拿到国家资助，又要自己掏腰包的流入地政府承担。这就意味着，义务教育阶段流动儿童90%以上的教育经费都将由流入地财政承担。一线城市的生均教育经费远远高于全国平均水平。以上海为例，从2008年到2015年，上海市入读公办学校的随迁子女生均投入从1.4万元增加到2.1万元，政府委托的民办学校生均投入从2 000元涨到6 000元。2015年，上海仅对流动儿童教育的财政投入就达到88.68亿元，占当年上海市公共财政教育总支出的近12%。可以看出，流动儿童的教育投入为流入地政府的财政增加了很多压力。

另一方面，即使经费有余，但如果流入地实行较为严格的人口政策，该地流动儿童接受免费义务教育的比例也会偏低。随着各大城市开始对人口规模进行控制，流动人口进入城市的门槛越来越高，而这也影响着流动儿童的流入。以北京和上海为例，一线城市大大提高了流动儿童的入学门槛，还有很多民办学校由于种种原因被关停，导致流动儿童能够接受教育的场所越来越少。同时，许多城市还有对应的招考政策，即非本地户籍的考生不得在此地参加中、高考，必须回到户籍所在地。

2013 年以来，随着对大城市人口规模的控制，北京和上海不仅大大提高了流动儿童的入学门槛，还陆续关停了许多民办学校。部分流动儿童即使达到了入学标准，由于非本地户籍学生不得参加中、高考，很多没能坚持到初中毕业就回老家继续就读或者直接辍学步入社会了。而这在流动儿童当中已经是普遍现象了，大部分回到原籍的孩子的父母仍然留在城市打工，因此这些孩子又从流动儿童变成了留守儿童，这样的留守儿童还有一个称呼，那就是"回流儿童"。他们曾经能够长时间和父母生活在一起，但却因为上学问题，要在刚刚进入青春期的年龄又和父母分开，这对他们心理上的打击要远远大于一开始就和父母骨肉分离所带来的负面影响。

如果流动儿童的教育经费能够随学位流转而不是紧紧和户籍绑定在一起的话，我国这庞大的"进城务工人员随迁子女"的教育安置问题或许能够在一定程度上有所缓解，并且使他们能够和父母更加长久地生活在一起，这也对他们的身心发展有着巨大的积极作用。

7.3.2　流动儿童面临的心理问题

流动儿童的社会融入包括三个层面：经济层面、社会层面、心理层面。这三个层面的关系是层层递进的，其中心理层面是流动儿童在社会融入过程中最难完成的部分。在整个社会融入的过程中，由于流动儿童会遭遇以上所述的种种困境，导致他们比起城市儿童或者留守儿童，更容易出现一些特有的心理问题。

在这些心理问题中，首先需要解决的就是流动儿童的受歧视知觉问题。流动儿童的受歧视知觉，是流动儿童能够感知到城市社会对自己的不公平对待，包括户籍制度的区别、教育安置的区别以及个别城市居民对自己的不友好对待，总的来说就是流动儿童对于外界歧视的知觉。曾有研究表明，受歧视知觉是处境不利群体成员的重要压力来源。它会使得个体处于一种应激状态，并最终导致一系列如抑郁、焦虑的压力反应，对个体的生活满意度、攻击行为等都存在消极影响（刘霞，赵景欣，师保国，2011）。有研究表明，受歧视知觉是流动儿童社会融入过程中的危险因素，对流动儿童群体的主观幸福感和生活满意度会产生负面影响（郝振，崔丽娟，2014）。虽然现在社会对于流动儿童群体十分关怀和包容，教育政策上也逐步取消了流动儿童与城市儿童之间的差别，但是流动儿童仍然是城市中的处境不利群体，并且这个身份在短期内也不会改变。因此，我们有理由认为，受歧视知觉会导致流动儿童一系列问题行为的发生，如攻击性言语和行为、厌学辍学、沉迷网络等，因而降低流动儿童的受歧视知觉将会显著减小流动儿童产生心理问题的风险。

受歧视知觉会通过自尊来对个体的抑郁水平产生影响。也就是说，流动儿童可能会因为感知到外界的歧视，导致自尊降低，从而引发比城市同龄人更为严重的心理抑郁现象。因此，流动儿童的心理抑郁水平也是学校和家长需要时刻关注的一个重要指标。青少年心理抑郁的主要外在表现有食欲不振、长期情绪低落甚至情绪反常、对学习失去动力而导致学习成绩下滑、不愿和他人沟通（包括家长、教师和同学），严重者甚至会有自杀倾向。作为流动儿童的家长，平时生活中一定要多和子女进行沟通，多观察自己孩子的精神状态，了解孩子最近的学习和生活中遇到的困难，及时对产生的细微心理问题进行疏导，以免酿成大祸；而作为学校和教师，则应当在日常教学中首先保证不区别对待城市儿童和流动儿童，其次可以在心理健康教育课上使用相关心理学量表对儿童的心理健康状况进行调查，对学校内流动儿童的身心健康发展进行实时监控，防患于未然。

　　此外，青少年在青春期容易产生的情绪问题，在流动儿童身上也十分常见。青少年在青春期时的情绪特点是暴发性和冲动性、不稳定性和两极性、外露性和内隐性、心境化和持久性。暴发性是指在青春期当中，青少年的情绪来得快去得也快，情绪的变化没有事先预兆。例如，青少年经常会突然因为某件事而哈哈大笑，也会突然大发脾气，经常让周围的人摸不着头脑。冲动性是指青少年遇事容易冲动，完全凭自己一时的快乐或愤怒情绪来行事，很少考虑自己行为所带来的后果如何。体现在青少年经常脑子一热就去决定做一些事情，有些事情的性质并不好，后果也很严重，但是青少年在做决定的时候并不会考虑到这些。不稳定性是指青少年情绪的波动过大，经常由一种情绪状态频繁变化为其他的情绪状态。两极性指的是青少年的情绪体验要更为强烈、更加极端，不管是快乐、悲伤或是愤怒，青少年在体验和表达这些情绪时都会更加强烈。外露性和内隐性是指青少年情绪特点的一种矛盾状态。一方面，青少年希望向他人展现自己，让他人能够更加了解自己，向他人展开心扉；另一方面，青少年的情绪又具有比较隐蔽的特点，通常内心活动十分丰富但又害怕别人知道，因此选择沉默。心境化和持久性是指青少年的情绪体验通常比较持久。心境是指一种平静而持久的情绪状态，特点是弥散性和持久性，与激情是相对立的。青少年通常会因为某件事所带来的积极或者消极情绪而发展出对应的心境，例如会因为某次考试成绩不错而在较长时间内保持轻微而愉悦的心情。青少年的这些情绪特点是青春期的正常表现，但是正常不意味着正确，家长和教师要时刻关注青少年尤其是流动青少年的情绪变化，及时进行关心和指导，帮助青少年学会正确调节自己的情绪，要用理智控制情绪，而不是受情绪掌控而做出一些非理智的事情。

7.3.3　如何塑造流动儿童的地方依恋以促进其城市融入

如何促进流动儿童的社会融入一直是学术界十分关注的一个问题。无论是流动儿童过早辍学进入社会还是变成了"回流儿童"，与父母分开回到老家生活，对流动儿童的身心健康发展都是不利的。那么要想通过塑造流动儿童的多元地方依恋来促进其城市融入，首先是要让他们留下来，接着是要让他们能在这里有所进步和发展，最终让他们有尊严地在城市中生活下去。

首先，要从经济方面入手去塑造流动儿童的地方依恋。流动儿童的家庭生活水平依赖于父母的工作收入水平，因此提高第一代城市流动人口的实际可支配收入能够显著提高流动儿童的生活水平，提高他们的生活满意度和主观幸福感。政府作为城市的服务者与组织者，一是应该为进城务工人员提供更多的免费职业技能培训的机会，让这些第一代流动人口通过掌握一项技术来提高自己的劳动能力和收入水平；二是可以通过提高个税起征点等税收改革措施，来进行收入再分配，减少低收入人群的税收负担。社会企业作为城市生产力的重要参与者，要担负起自己的社会责任，在招聘相关岗位的工作人员时，避免对外地务工人员歧视，做到一视同仁；对已经招聘的非本地户口的员工，要在公司力所能及的范围内予以照顾和关怀。作为家长自己也要努力工作，让自己有能力给孩子提供一个较为稳定的生活。流动儿童只有在城市中吃得饱、穿得暖、住得好，才能逐渐开始对这个城市产生依恋。

其次，从制度角度来说，教育经费和升学考试制度是阻碍流动儿童社会融入的重要因素。一是政府应当进一步对教育经费的划拨方式进行改革。之前的教育经费是和户籍挂钩的，教育经费必须划拨到户籍所在地。这样的结果是，一旦这个孩子成了流动儿童，他在外地就不能享有教育经费补贴，同时也很难获得一个该有的学位去接受教育。教育经费制度的改革方向应当是朝着更加灵活和更加人性化的方向去发展，让教育经费跟着人走而不是跟着户口走，这样能让每个孩子都有机会接受良好的教育。二是升学考试制度的改革，原有的制度是中考、高考这两个重大的考试不允许外地学生参加，导致流动儿童只能重新回到原籍考试，甚至说直接辍学不再继续接受教育，这对于流动人口的劳动力再生产起着很大的负面作用。目前来说升学考试的问题还没有找到很好的解决办法，但是流动儿童在选择结束自己的学业学习之后，能否有一条新的学习道路可供选择呢？我们认为，可行的方案是发展职业教育。现在社会中急缺技术型劳动力，那么让不满足继续接受高等教育条件的流动儿童能够继续接受职业技术教育，习得一技之长，这些流动儿童的就业问题就能得到很好的解决，以后在城市中能够有能力独立生活。

最后，要解决流动儿童关于自己身份的心结，让他们不仅在物质层面和社会层面上融入城市社会，还要从心理层面上融入城市社会。前文我们已经提到，流动儿童的主要心理问题有受歧视知觉、自尊水平较低、易发心理抑郁等，针对这些问题，我们需要社会各界共同努力去解决它们。流动儿童的内心要比城市儿童更加脆弱和敏感，因此要十分注意形容他们时所使用的语言。社会媒体应当从社会舆论上下手，客观报道有关流动儿童的新闻，杜绝使用带有歧视性色彩的词语和称谓，让流动儿童感知到整个社会对他们是没有任何歧视和敌意的。学校方面除了要做好日常文化课教学工作以外，还要做好流动儿童的心理辅导工作。流动儿童比城市儿童更容易产生一些心理问题，教师要在一视同仁的基础上，对流动儿童更加细心观察，让他们感受到来自老师和同学的关爱。家庭方面，父母虽然工作繁忙，但是一定不要忽视和孩子的沟通与交流。每天的晚饭时间是父母和孩子交流感情的宝贵时间。父母不能只询问孩子的学习成绩，而应当多关心孩子的心理变化。简简单单的家庭聊天能对流动儿童的心理健康产生巨大积极作用，让儿童意识到无论自己生活在哪里，只要能和父母生活在一起，哪里就是自己的家。

　　塑造流动儿童地方依恋的实施过程漫长而复杂，需要我们一代又一代、每一个人的共同努力。其本质是营造一个多元、和谐、开放、包容、友好的城市社会共同体。在这个共同体中，已经不再有城市人、农村人、本地人、外地人等标签，不管是在这里生活和工作，还是仅仅来这里观光旅游，只要处于这个城市的空间之中，我们就是这个共同体的一员，这个城市共同体就会给我们带来帮助和庇护。

城市发展的经验与教训

实现城市和谐有序的发展，不是一蹴而就的过程。回顾历史，城市建设与管理有着无数的经验与教训，经验帮助我们更好地提升城市治理水平，教训提示我们规避潜在的弯路。我们将在本章讨论城市管理的经验与教训中的两大主题：城市扩张与田园城市。

8.1 城市扩张

随着我国的经济发展，经济利益的重要性逐渐为人们所认识。同时伴随着交通条件的改善和政策对于人口流动限制的减少，人口开始向相对经济发达的地区集中，以寻求更高的收入。具体表现为，农村人口向城市转移，小城市人口向中大型城市转移，内陆地区人口向沿海地区转移，北方人口向南方转移。人口的流入无疑会给当地的经济发展带来更强的动力，而经济的发展需要新增大量的建设用地，而且基础设施的建设也需要占用大量的土地，所以伴随着人口的大量增加，城市面积也会迅速扩张，城市的建成区面积会逐渐扩大。但是，城市的扩张分为健康的和不健康的两种，健康的城市扩张是在合理规划的前提下，进行有前瞻性的城市建设，在保证城市生态环境良好、居民生活舒适度较高的前提下，进行的有序的城市发展；而不健康的城市扩张，就像是在一块土地上浇了一盆水，我们对这盆水不加任何约束，任由水向四面八方流去，这种随意的、缺乏规划和不健康的城市扩张，用"城市蔓延"这个词来形容更加合适。很不幸的是，目前我国多数城市的扩张都属于不健康的"城市蔓延"。接下来，我们将介绍我国目前城市区域建设用地的扩张特征，讨论城市无序扩张的症状和后果，再以北京的人口疏散政策为例，简要分析缓解城市过度扩张的应对措施。

8.1.1　我国城市区域的扩张特征

我国学者童陆亿和胡守庚（2016）利用城市扩张的自由度、蔓延度、感官优劣度指数对中国 216 个主要城市 2000 年至 2012 年的扩张特征进行了研究，研究结果发现：第一，中国城市扩张总体趋于紧凑，但低约束扩张模式所催生的"低质量"城市发展态势严峻；第二，不同维度城市扩张特征不尽相同，东部、中部地区是中国近年城市扩张的集中地，扩张自由度及蔓延度较高，区域差异明显，扩张模式不尽合理；广东、河北、山东、河南、安徽等省份"低质量"扩张现象较为严重，西部省份及少数民族自治区扩张模式整体较优；城市圈地区扩张紧凑度较高，但统筹协调程度较低，区域扩张差异明显，局部地区扩张质量较低；第三，内陆及城市圈地区将成为中国城市扩张的重要发生地。

8.1.1.1　特征 1：中国城市扩张总体趋于紧凑，但低约束扩张模式所催生的"低质量"城市发展态势严峻

紧凑指的是目前我国城市发展的进程较快，城市发展节奏十分紧凑。2000—2012 年，中国经历了快速的城市扩张进程。由表 8-1 可知（童陆亿，胡守庚，2016），2000—2004 年，城市扩张规模系数最大值为 21.24，均值达 1.83，标准差高达 2.62。随着中国社会经济水平的不断提升，区域城市扩张全面爆发，城市扩张差异

进一步扩大。2004—2008 年、2008—2012 年，城市扩张规模系数最大值分别为 26.10、26.98，最小值、均值、标准差均有不同程度的提升。由此可见，我国近年来城市规模发展速度逐渐加快。

表 8-1 中国城市扩张系数统计

阶段	最大值	最小值	平均值	标准差
2000—2004 年	21.24	0.02	1.83	2.62
2004—2008 年	26.10	0.03	2.09	3.40
2008—2012 年	26.98	0.02	2.41	3.35

紧凑的城市扩张在一定程度上可能带来低质量的城市发展态势，主要体现在三方面：第一，城市基础设施建设推进落后于城市区域扩张。例如，在城市中的房地产开发项目完工之后，周围配套的公共交通并未延伸至此，导致居民出行不便；周围缺乏购物中心和文化娱乐中心，无法满足住宅区居民就近消费和进行文娱活动的需求，生活质量较低；新学校的建成并投入使用的周期要长于住宅小区，使居民子女的受教育问题面临困难。第二，城市区域扩张方法粗放。例如，由于某些城市开发规划的前瞻性不足，在进行城市扩张时主要着眼于基础设施的建设，而对环境景观的规划和建设的关注不足，导致原有自然生态环境受到一定程度的影响。第三，对新扩张区域的掌控力不足。例如，城市新扩张区域具有地理位置相对偏僻、地价和租金相对低廉的特点，集聚了一定量的社会闲杂人员，如果无法及时有效管控新的扩张区域，那么在这些新区域中可能会滋生影响社会治安的行为，影响当地的投资环境，进而制约城市整体的发展。

8.1.1.2 特征 2：不同维度城市扩张特征不尽相同

城市扩张在不同研究维度下呈现不尽相同的特征。中、东部是中国近年城市扩张的集中发生地，2000—2004 年和 2004—2008 年阶段，其城市扩张规模系数均值高达 2.13/2.70、2.67/2.84，但扩张约束力及区域协同程度较低，城市扩张综合质量理想度不高。西部及东北地区城市扩张规模相对较小，扩张自由度较低，整体呈"紧凑式""高质量"发展态势；辽宁、河北、山东、广东、河南及湖北城市扩张"极化"现象较突出，辽宁、福建、河南蔓延式扩张模式相对明显，北京、上海、广东、河北、山东、河南、安徽等地城市扩张感观优劣度小于 0，扩张态势欠理想；西部省份及少数民族自治区城市扩张协同程度及扩张"质量"较高；而城市圈建设活动催生的建设用地扩张则表现出"高速、自由、紧凑、低质"特征。如何有效开展多维度城市扩张度量并充分应用其成果，找寻城市扩张本质规律及驱动，开展"国家—地区—省份—城市圈"多级城市建设用地可持续开发利用战略研究，是协调区域发展的重要内容。

8.1.1.3　特征 3：内陆及城市圈地区将成为中国城市扩张的重要发生地

2000—2004 年，东部沿海、中部地区城市扩张规模系数最大值分别为 21.24、15.14，均值也达到了 2.70 和 2.13，明显高于东北及西部地区（见表 8-2）（童陆亿，胡守庚，2016）。

表 8-2　中国东北、东、中及西部地区城市实际扩张规模系数

地区	2000—2004 年				2004—2008 年				2008—2012 年			
	Max	Min	M	SD	Max	Min	M	SD	Max	Min	M	SD
东北	4.37	0.03	0.92	1.15	2.65	0.27	1.02	0.77	4.89	0.11	1.72	1.30
东部	21.24	0.08	2.70	3.21	15.17	0.05	2.84	3.44	19.62	0.07	2.75	3.31
中部	15.14	0.07	2.13	2.71	26.10	0.05	2.67	4.52	26.98	0.12	3.13	4.46
西部	2.53	0.02	0.55	0.60	3.87	0.03	0.70	0.80	6.84	0.02	1.28	1.39

注：Max 表示最大值，Min 表示最小值，M 表示均值，SD 表示标准差。

在 2004 年"中部崛起"战略提出以后，中部的城市扩张系数一路走高，甚至超过了东部地区的城市扩张系数。2004—2008 年，中部

地区的城市扩张系数最大值为 26.10，而此时东部地区仅为 15.17，说明中部地区的城市扩张已经开始发力，但从平均值和标准差上来看，此时的中部地区仍存在较大的区域内差异，各个省份和城市之间的城市扩张水平差异较大。但是到了 2008—2012 年，中部地区就在最大值和平均值上都超过了东部地区，成为国内最强劲的城市发展引擎，东部地区城市扩张速度整体放缓，城市扩张规模系数均值和标准差均有不同程度下降，区域城市扩张差异缩小。同期，东北和西部地区也表现出高涨的城市扩张热情，扩张规模系数较前期分别上涨 68.63% 和 82.86%，扩张动力较为强劲。城市圈地区则保持着较非城市圈地区更为快速、强劲的扩张势头，沧州、佳木斯、玉溪、咸宁、大庆、鞍山、太原等内陆重要城市表现突出。"以内陆省会及城市圈地区为热点"的城市扩张模式成为当前中国区域城市发展的新动力，"以沿海发达城市为主导"的城市扩张格局遭受冲击。着力关注内陆尤其是中、西部及城市圈地区城市扩张发展趋势，积极防治城市扩张乱局，激发城市圈建设对区域城市发展的辐射影响作用，将极大地促进西部开发、中部崛起等战略的顺利实施。

8.1.2　城市过度扩张的症状

我国城市的低约束、无序城市扩张主要集中在中东部地区的城市圈地带，而这种蔓延式的无序扩张所带来的危害也在方方面面影响着城市居民的生活。目前，随着人口向城市的集中，我国城市无序扩张的症状越发明显，其危害也日益严重。

8.1.2.1　人口密度增加与分布不均

随着城市扩张和户籍制度改革，全国许多城市出现了人口数量及人口密度增加的现象。人口密度，指的是单位面积内的人口数，常见的计量单位是"人/平方千米"。国家统计局对人口密度的界定是城区内的人口疏密程度，采用的计算公式为：城市人口密度＝（城区人口＋城区暂住人口)/城区面积。国家统计局统计数据显示，到2019年，我国的城区面积超过 20 万平方千米，城市人口密度达到2 613.34 人/平方千米，较 2018 年的 2 546.17 人/平方千米有所增加。根据定义和计算公式可知，人口密度是一个客观指标。城市人口密度具有空间差异，中心城区与城市近郊的人口密度有着很大差异。城市人口密度还有着昼夜差异，"CBD 工作、近郊居住"的生活方式使得两处的人口密度在白天和晚上出现错位，这在一定程度上也反映了城市职住分离的境况。

在上海，据《上海统计年鉴 2020》的公开数据可知，自 2000 年至2019 年，上海市的常住人口稳步上升，从 2000 年的 1608.60 万人增长到 2019 年的 2428.14 万人。与此同时，人口密度每平方千米也增长了 1293 人，至 2019 年上海市人口密度已经达到了 3830 人/平方千米(见表 8-3)。

表 8-3　户数、人口、人口密度(2000—2019)

年份	常住人口/万人	人口密度/(人/平方千米)
2000	1608.60	2537
2001	1668.33	2631
2002	1712.97	2702
2003	1765.84	2785
2004	1834.98	2894
2005	1890.26	2981
2006	1964.11	3098
2007	2063.58	3255
2008	2140.65	3376
2009	2210.28	3486
2010	2302.66	3632
2011	2347.46	3702

年份	常住人口/万人	人口密度/(人/平方千米)
2012	2380.43	3754
2013	2415.15	3809
2014	2425.68	3826
2015	2415.27	3809
2016	2419.70	3816
2017	2418.33	3814
2018	2423.78	3823
2019	2428.14	3830

资料来源：《上海统计年鉴 2020》，http：//tjj. sh. gov. cn/tjnj/nj20. htm? d1＝2020tjnj/ C0201. htm，2022 年 1 月访问。

改革开放以来，随着经济转轨与社会转型进程的持续深化和经济社会的快速发展，北京现已发展成为集政治中心、文化中心、国际交往中心、科技创新中心（简称"四个中心"）等复合功能于一体的超大城市，并积极谋划和推动向"世界（全球）城市"转型，以期成为全球城市网络系统中的主要节点城市。与此持续发展进程相伴随的是各类资源和要素不断向首都流动与集成，北京的城市体量始终保持扩张势头。北京市 2020 年的常住人口数量为 2 189 万人，较 2001 年的 1 385 万人，增加了 800 万人（国家统计局统计数据）。事实上，城市过快的发展和城市人口的快速增加，会给城市生态系统带来沉重的负担，也让原本能够正常运行的一系列城市公共服务系统濒临崩溃。

与此同时，北京的人口分布出现了严重分布不均的情况。如《北京统计年鉴 2021》所示，2020 年年末北京全市的人口密度为 1 334 人/平方千米。2020 年年末北京东城区和西城区的常住人口密度分别达到 16 937 人/平方千米和 21 888 人/平方千米。在生态涵养发展区的门头沟区与怀柔区，常住人口密度则分别是 271 人/平方千米和

208 人/平方千米。

8.1.2.2　交通拥堵与通勤压力

交通关系着一座城市运转的效率，交通拥堵就好像一个人全身的血管都在堵塞，那这个人的身体还能健康吗？据北京地铁公司统计，工作日期间北京市 16 条地铁线路日均客流量均超过了 1 000 万人次，这是一个十分庞大的数字（数据来自新浪财经）。同样，在北京晚高峰时期，宽阔的六车道马路也被堵得水泄不通。此时如果您正站在天桥上，望下去是满眼的车水马龙，熙熙攘攘，那么你可能会感叹北京这座城市的活力与生机；但如果你是坐在车里的一员，可能心里就只剩下烦躁与焦虑了。根据《北京统计年鉴 2021》中北京市公安局交通管理局的统计发现，2020 年北京市机动车保有量 657 万辆，较 2019 年增加 3.2%。而这些数据只是公共交通拥堵的一些小缩影。

人口向城市的高度聚集带来激增的人口密度和拥挤度，城市空间布局不断更新变化，复杂多样的交通网络逐步搭建，此时另一个城市问题闯入我们的讨论：通勤。你可曾感受过城市的通勤之辛？在摇摇晃晃的地铁里昏昏欲睡，还要时刻警醒着不要错过下一站换乘；在公交车上抓着扶手随车辆摇摆，另一只手已经开始回复微信群里的工作消息；在不限号的日子里开车上高架，还要留心着车载广播里前方路口拥堵的信息……大城市让职场人的通勤之痛痛上加痛。

那么中国大城市的人们花了多少时间、走了多少距离的通勤路呢？2021 年 7 月，住房和城乡建设部城市交通基础设施监测与治理实验室、中国城市规划设计研究院发布的《2021 年度中国主要城市通勤检测报告》揭示了中国 42 个主要城市 2020 年的通勤情况（2022 年 1 月查询数据）。这 42 个重点城市包括 4 个超大城市（北京、上海、广州、深圳）、10 个特大城市（例如，天津、沈阳、南京、杭州）、18 个 I 型大城市（例如，太原、大连、长春、哈尔滨）、10 个 II 型大城市(例如，呼和浩特、宁波、福州、南昌)。报告显示，超大城市的单程平均通勤时耗为 40 分钟，其中北京市的单程平均通勤时耗为 47 分钟，而深圳市的单程平均通勤时耗为 36 分钟。特大城市的单程平均时耗为 38 分钟，其中重庆市的单程平均通勤时耗最长，为 40 分钟；青岛、成都、武汉、天津四地的单程平均通勤时耗相当，为 39 分钟。Ⅰ型大城市的单程平均通勤时耗为 34 分钟，其中大连市的单程平均通勤时耗最长，为 38 分钟；而同为Ⅰ型大城市的温州市，其单程平均通勤时耗为 30 分钟。Ⅱ型大城市的单程平均通勤时耗为 33 分钟，其中西宁市的单程平均通勤时耗最长，为 35 分钟，而海口市的单程平均通勤时耗则为 30 分钟。

长距离的通勤会对个体的身心状态产生怎样的影响呢？2014 年英国通勤时间的报告(commuting and personal well-being)指出，通勤时间越长的人，生活满意度越低，焦虑感也越严重。而且，随着通勤时间的增加，通勤的心理效用降低，疲倦、应激、焦虑随之而来，个体的身心健康遭受着全面威胁。在生理健康方面，众多研究发现了通勤可能是心血管疾病、高血压等客观健康症状的帮凶。从工作态度与行为的角度，大量的研究还发现，长时间、长距离的通勤使个体感到疲劳、紧张、焦虑，这些不快可能会让个体在工作中也感到倦怠，无法投入，没有活力，忠诚度低，甚至导致偷懒、旷工等反生产行为。

不过也有学者发现，还存在一种可能，即个人为追求其他福利而自愿承受较长通勤时间，并且幸福感仍保持较高水平的情况，换言之，通勤时间与个人幸福感可能存在 U 形的关系(吴江洁，孙斌栋，2016)。研究使用了 2010 年北京大学社会科学调查中心的中国家庭追踪调查(CFPS)个人数据，描述统计结果显示，个人工作日交通时间(通勤时间)的均值为 55.96 分钟(6～300 分钟)，5 点计分的个人幸福感均值为 3.933(1～5，1＝非常不幸福，5＝非常幸福)。有序响应模型(ordered logit model)的分析显示，通勤时间的一次项对幸福感的预测系数为负数，说明通勤时间越长，个人幸福感水平越低。而通勤时间的平方项对幸福感的预测系数则是正数，表明 U 形假设成立，即当通勤时间超过一定阈值后，随着通勤时间的增加，幸福感会出现上升的情况。计算可知，通勤时间的拐点为 129.28 分钟，然而只有 3.5% 的样本大于这一值，说明 U 形关系并不强健。而后，研究者还用生活满意度替换了幸福感作为结果变量，因为幸福感侧重于个人对生活的认知评价和情感体验，生活满意度则是对生活质量的个人判断，结果再次验证了通勤时间一次项对生活满意度的负向预测作用，而二次项的作用并未达到显著水平。最后，研究者考察了群体差异，发现随着通勤时间的增加，对受教育程度越高的人来说，幸福感下降得越快。而通勤对于幸福感的负面影响，也会随着收入的增加而变得更大。这两点可能是因为，对于高收入、高教育水平的人来说，时间成本越高，对于时间利用效率要求越高，而长时间通勤增加了时间利用的压力。这也从另一方面提示高效的通勤效率是城市吸引高层次人才的一个重要因素。

从传统经济学理性人假设来看，人们的行为是权衡利益和成本的结果，因而人们之所以可以忍受长时间的通勤所产生的成本，应该是获得了其他收益，比如低廉的房租和更高的收入。但是理性人假设却在解释通勤对幸福感的影响时犯了难，高收入并未补偿通勤给个体幸福造成的负面影响，这种影响甚至在个体有高收入的时候被加剧了。"长通勤时间未必换来补偿"的效用失衡现象，正是通勤悖论。

8.1.2.3 公共服务资源紧缺

城市的过度扩张使中心城区的公共服务资源时刻处于紧缺状态。以人们最关心的医疗服务为例，常常可见，医院门口求医问诊的人像挤早晚高峰地铁的人一样多。在这样的环境下，对专家号的需求远远大于医院所能供给的数量，因此供不应求导致了一系列负面社会现象的产生，如动辄几千元的"天价"专家号，以及看到了"商机"，在医院门前徘徊的黄牛票贩们。而这一方面导致了真正对专家号有求医需求的居民无法得到满足，同时也增加了广大市民就医的花费。此外，教育资源、自来水供应、垃圾处理服务也都承受着十分巨大的压力。由于人口过大所导致的公共资源严重不足的问题，已经极大地降低了本地居民和外来人口的生活质量。

8.1.3 缓解城市过度扩张：人口疏散

要解决城市无序扩张带来的问题，首先要解决根本问题，即减少单个城市中生活的人口数量，减轻城市的土地压力、环境压力、道路交通压力、公共服务压力等，北京市政府无疑已经意识到了这一点，并开始有所行动。从 2017 年开始，北京市政府出台了一系列疏解外来人口的新政策。

东城区在 2017 年年底清理了 5.5 万平方米地下群租房，同时对南锣鼓巷主街、簋街和东华门小吃街的小摊贩进行重点清理，目前已关闭了百荣世贸商城超市和一批餐饮商户，完成了对永外城灯具城的关停及仓储外迁；西城区则对 300 条胡同、3 000 个环境脏乱点进行治理，计划拆除违法建筑 1 180 处，完成 5～6 个老旧小区整治，全面完成简易楼腾退；朝阳区对雅宝路和潘家园地区市场集群中的大型商贸市场进行集体整改，通过纳税等方法来对低端行业进行清理；海淀区关停了锦绣大地果品、肉类、水产蔬菜等市场，关停建筑面积 6.29 万平方米，疏解人员 5 500 人，并对大量外来人口聚集、有安全隐患的违法建筑以及城乡接合部地区进行大范围整改，拆除违章建筑，并相应提高了水、电、气等公共服务的使用价格；丰台区将传统制造业迁往河北，并对出租大院和棚户区进行改造；石景山区则已经确定了 5 家再生资源回收市场、1 家农贸市场、1 家教育机构的疏解任务；大兴区作为外来务工人员的重点聚居地，计划将减少流动人口20万人。

以上是北京中心城区的疏散措施，北京市周边区县也出台了一系列接纳新人口的措施。门头沟区加快新增100万平方米安置房建设，共涉及城子、曹各庄和小园3个地区，计划建设安置房1.4万套，这是为接纳新人口做好住房配套的准备。同时进行无煤区建设，大力发展旅游业，改善区内环境，为新人口提供一个良好的居住和工作环境。未来三年内，门头沟区计划建设60千米的京西商旅古道一期工程，将连接潭柘寺镇、王平镇、妙峰山镇等区域。这样有利于将门头沟区的旅游资源进行统一规划、统一建设和统一管理，方便游客参观游玩，也为门头沟区经济发展助力。顺义区作为人口承接地之一，也将开始建设回迁安置房和保障性住房444.65万平方米，共计43 449套。同时配套的交通设施——地铁15号线二期建设项目已正式入选《北京市轨道交通第三期建设规划（2022—2027年）》，这也为之后居住在顺义区的居民的日常出行提供方便。除此以外，北京各个城区或疏散，或接纳，均积极采用各种方案来解决城市过度扩张所遗留下来的问题。这些举措为其他城市解决城市无序扩张所带来的一系列问题提供了新的思路和参考。

8.2 明日的田园城市

第二次工业革命为英国带来了生产力的巨大提升，也使19世纪末的伦敦，这个国家的经济、文化和政治中心城市，在短时间内飞速发展，尽显一派繁荣景象。与此同时，大量的无产阶级居住在城市中最破败的街区，拿着微薄的薪水，付着高昂的房租，整日挣扎在生存线上，用他们竭尽全力的劳动，来维持整个城市甚至整个国家的繁荣以及上流社会的体面生活。这种差异巨大的城市生活的图景并非一种正常的、健康的城市生活，可是要如何发展出一种健康幸福的城市生活，令大部分居住者得以共享城市带来的益处呢？为了回答这个问题，19世纪的许多学者贡献了自己的看法，我们将要介绍的田园城市理论正是其中之一。田园城市理论源自于埃比尼泽·霍华德的著作《明日的田园城市》（2009）一书。该书是当代城市规划学的经典著作之一，其中有关城市规划的一些思想至今都在影响着城市规划学科的发展。在本节中，我们将介绍田园城市理论的主要内容，探寻其对于我们当前要提高地方依恋并在此基础上提升社会治理水平的启发。

8.2.1 田园城市理论的产生背景

8.2.1.1 社会背景

现在请各位读者试着去想象这样一个画面：泰晤士河上货船和游轮穿梭如织，远处工厂的巨大烟囱一刻不停地向灰色的天空喷吐着黑烟，议会大厦前的大街上车水马龙，各大高级酒店也在忙着接待来自世界各地的商人和贵族。在这座城市最体面的地方，一群最尊贵的人衣着高贵优雅，举止谦谦有礼，脸上神采飞扬，互相谈论的也是相当体面的事情——王室的绯闻、当前的经济形势、艺术品的鉴赏以及时下最热门的歌剧表演等。

但同时，在这座巨大的城市当中，在这些体面的上流社会的人看不到的地方，则是另外一种景象：低矮拥挤的房屋围绕在各类工厂和作坊周边，互相挤作一团，道路十分狭窄，两人迎面走来都需错肩而过，同时还要留心地上随处可见的动物和人的排泄物。恶臭混杂着煤烟的气味弥漫在空气当中。晾在狭小的阳台上的衣物，在这湿冷的空气当中难以变得干爽。人们衣着简陋，整日为了生计而忙碌地奔波，脸上的表情除了悲苦就是焦虑。夫妻或是邻里之间，经常会因为一点鸡毛蒜皮的小事就破口大骂甚至大打出手，街角聚集着几个工人的小孩，他们因为营养不良以及终日难以见到阳光而变得苍白瘦削，但目前他们似乎还没有感受到太多生活的苦难，此时正在乐此不疲地玩弄着一只落入他们包围圈的老鼠。

这种截然不同的生活状态正是城市不健康发展的恶劣后果之一（黄山，王湃，2017）。随着经济的发展，城市里更高的经济收入吸引着越来越多的人涌入城市当中寻找工作机会，增加个人财富来养家糊口。经济的发展的确意味着更多的工作机会以及更高的收入，但同时，城市里人口的增加也会导致城市地价和物价水平的上涨，而这些进入城市打工的无产阶级工人不是城市地价上涨的获益者，但却成了城市生活成本上升、生活环境恶化的受害者。

8.2.1.2　写作背景

令人惊讶的是，霍华德写这本书的初衷其实是为了进行社会改革而非单纯的城市规划，而作为一位做出了巨大贡献的社会改革家，霍华德并非出身于名门望族。霍华德 1850 年出生于一个小商铺主的家庭，也因此没有机会接受良好的教育，在 15 岁时就走上了社会，开始工作。在他 21 岁的时候，奔赴美国开设农场。1876 年，他回到了英国，发明了一种农业机械，遂又赶回美国，在工厂工作。正是在工厂工作的这段时间，他深切体会到了基层工人生活的艰辛，由此萌生了写书的想法。时间一晃就是 22 年，在 1898 年霍华德出版了《明日的田园城市》的第一版。值得注意的是，该书的第一版书名原本是《明日：一条通向真正改革的和平道路》，而霍华德最初的想法是将该书命名为《万能钥匙》，由此可以看出霍华德真正的主张和抱负。《明日的田园城市》本身就不是一部纯粹的城市规划学著作，而是一部将城市规划学作为手段，来推动社会变革的著作，因此在这里我们将霍华德称为社会改革家而非城市规划学家。关于这一点，在该书第一版出版之后，霍华德的一系列行为也验证了这个猜想。在该书出版后不久，霍华德在美国的雷明敦提议由 100 个农村包括他自己的农场建立共产主义社区，然而遭到了当地政府的反对，而这样的主张似乎已经超出了城市规划学家的专业范围了，其已经涉足了政治和经济领域。

田园城市理论之所以能成为城市规划学的经典，是因为其经受了实践的检验。田园城市理论的第一次成功实践是在 1903 年，霍华德和他的支持者们组成"田园城市协会"（Garden City Association），该组织在伦敦郊区试建了世界上第一座田园城市——莱奇沃斯（谢鹏飞，2010）。莱奇沃斯位于伦敦北部 56 千米处，原本是莱奇福德庄园，历史悠久，很早就有人在此居住。这块土地地形平缓，基本都是农业用地，几乎没有任何建筑物（可以节省一大笔拆除原有建筑的费用），并且有一条通向伦敦的铁路经过此处，还有一条河也流经此处，因此这块土地几乎满足了建造一座新的田园城市的所有条件。随后由霍华德和众多企业家共同创办的第一田园城市有限公司出资 155 587 英镑，购买了 15 平方千米的土地，每英亩土地价格为 41 英镑，这在当时是相当划算的价格了。

莱奇沃斯这座城市很好地贯彻了田园城市的思想精髓：第一，以市中心广场为中心向四周呈放射状的道路以及外围环路设计，构建了高效便捷的路网结构；第二，三分之一的土地用于城市建设用地，三分之二的土地用于农业用地和绿地，虽然没有严格按照 1∶6（该比例是霍华德在田园城市规划理论当中重点提及的——一座城市中城市用地和农村用地应该遵循的比例，即为 1∶6）的比例，但也算体现了城乡结合的特点；第三，城市房屋密度较低，朝阳，而且住宅区与工业区有所区分并保持一定距离。在霍华德的努力宣传下，不断有厂家进驻莱奇沃斯，使其真正有了一座城市的活力。不过，莱奇沃思的实践并没有获得完全成功，因为在建成后较长一段时间内，它的人口规模都未达到预期规划目标。但尽管第一次建设田园城市的尝试有不尽如人意的地方，但是莱奇沃斯至少向世人证明了田园城市理论是有其合理性和实践价值的。

8.2.2　田园城市理论的主要内容

田园城市理论虽然是以社会改革为主要目的，但其本质上依旧是一种城市规划的方式。接下来让我们简单梳理一下田园城市理论的主要内容。

8.2.2.1　限定城市的规模

田园城市是代表着"城乡一体""自给自足""自我平衡"的城市理念的新兴城市，分为中心城市和小型城市。霍华德设想的田园城市总占地规模为 24 平方千米，其中包括城市用地和农业用地，两者面积比例为 1∶5，同时农业用地也作为永久绿化带包围城市地区，以限制城市的扩张。田园城市总的人口数为 32 000 人，其中城市居民 30 000 人，农村居民 2 000 人，两者的比例为 15∶1。由此可以看出，田园城市的核心思想之一就是限制城市规模和人口密度，这也是霍华德用来解决人口逐渐向拥挤的大城市集中这一问题的"万能钥匙"。田园城市规定的是城市人口的上限而非下限，当城市人口过多时，在一定程度上超出该城市的承受能力之后，便要另建新的城市来疏散过分拥挤的城市人口，形成小型城市群落，而不是在原有城市的基础上像"摊大饼"一样向外扩张，最终形成一个巨型城市来解决城市拥挤问题。

这一点对我国当前的城市发展问题有很大的启发。随着经济的发展，不可避免地出现人口由农村向城市、由城市向特大城市聚集的趋势。当城市承载的人口超出了限度，就要为安置更多人口寻求方法。目前我国的多数城市采用的仍是最简单的向外扩张，不断地侵用农业用地，城市的发展就像是"在一杯清水中滴入了一滴墨汁"那样向外扩散蔓延，而忽视了很多环境问题，相关配套设施的建设也没有跟上城市扩张的脚步。因此，在解决我国目前城市人口安置的问题上，田园城市理论中对城市规模和人口密度进行限制的思想对我国城市规划有着一定的借鉴意义。

8.2.2.2　城乡协调发展

田园城市内的农业用地在规划方案上也是属于城市的，这与大多数城市规划的方案将城乡割裂开来有所不同。农村是城市的田园，田园在城市里，而不是城市在田园中。在约 24 平方千米的"田园城市"用地中，有约 20 平方千米属于农业用地，这些农业用地将处于同心圆中心的城市建设用地包围起来。作为田园城市的大绿带，其用途主要包括耕地、牧场、果园、森林、疗养院以及高等院校等，是城市功能中不可或缺的一部分。其核心思想是保护农田，尊重自然，创造森林和农田绿地，使城市有足够的供氧基地。

在城市用地的设计上，田园城市也有其独特的地方。霍华德综合规划的思想在城市用地设计上体现得尤为明显，他认为城市应该具有自我维持的社区结构，因此城市分支的各个方面都要精心安排，建设一座更有活力、更容易操作运转的城市，避免成为僵硬的、毫无生命力的纯工业城市。他提出了中央社区公园和城市旷地绿化框架，规定了城市和田园的界限以及稳定的城乡人口，使各个系统处于健康平衡的状态。在市中心地区，他以市政厅、法院、剧场、图书馆、博物馆及美术馆围绕一个花园广场来形成城市的市政中心。市政中心四周是中央公园，中央公园外侧为水晶宫，水晶宫充当了一个百货公司的作用，里面有着丰富多样的商铺以及儿童游乐设施，来满足居民日常的消费需求和娱乐需要。城市中环是居住区、学校以及医院等公共服务场所，而城市外环则有铁路环线，在铁路环线一侧，设立各种工厂，来利用便利的交通区位优势，使货物和产品能够更加快捷地运输出去。

说到了铁路交通，就不得不提到霍华德对于田园城市交通的综合规划。霍华德认为一个中心城市必然有与它相联系的卫星城市群落，也就是说，田园城市理论提出了大都市圈的规划构想。因此在中心城市和卫星城市之间，霍华德设想应有快速铁路交通和畅通的道路交通，中心城与卫星城、卫星城之间均应有永久性绿地加以分隔，而各个卫星城均有铁路环线与城际铁路相通。交通线路是经济发展的血脉，只有血脉通畅了，田园城市群落才能健康良好地运转和发展。

8.2.2.3 完全独立的社会经济体

田园城市的建设和管理都体现了居民的参与。田园城市中设立了一个管理委员会，来负责城市日常的行政管理工作。委员会成员将从城市居民当中选举产生，并在委员会各个具体部门工作。委员会下面分为几个部门，部门下面又分为若干组织。简单来说，管理委员会的职能可以涵盖财政、税务、法律、道路、管线、排水、交通、通信、教育等方面。由此可见，田园城市有着自己一套独立的管理体系，从制度设计上来说也相对较为完善。同时，田园城市不单单是一个居住区，霍华德也为这个城市设计了其相关配套产业。以当时的时代背景来说，各个田园城市可以因地制宜开办纺织厂、皮革厂、钢铁厂、奶制品加工厂等，这些工厂的开办可以为居民提供工作岗位，让居民能够在住所附近工作，为管理委员会提供税收来维持城市的运转，同时也能够满足居民日常生活的需要。霍华德同样在书中对田园城市的收入和支出进行了详细的计算，其分析结果显示，田园城市在理想的状态下可以大致达到收支平衡。由此可见，霍华德心中的田园城市是能够真正做到相对的自给自足的城市，而不只是单纯的作为一个依附中心城市存在的住宅区。

8.2.2.4 生态友好

人们已经逐渐意识到，城市不单单是人口、资本、权力和文化的聚集点，还是一个庞大复杂的生态系统，生活在其中的每个人都希望能拥有幸福健康的生活。然而在资源有限的前提下，如何让每个人都能过上相对富足幸福的生活呢？霍华德在田园城市理论中给出了他的解决方法，如下几点是值得我们借鉴的。

首先，城市总体规划应包括城乡用地范围，即在通过设计人口规模，估算城市用地范围的同时，也要将永久性农田、森林和绿地估算在内，统一进行规划，并将城市用地和农业用地的面积比例固定下来，保证环境的平衡。

其次，城市资源分配，应根据废物再利用，不进行掠夺式开采资源的原则进行城市产业规划。例如，农业产生的秸秆等废物，经过加工可以作为建筑材料的原材料，其在质量上不逊于传统工艺的建筑材料，而价格更加低廉。同时，霍华德提出可以在近郊永久性农田处建造污水处理厂和发酵池，将城市和农村产生的污水和废弃物进行处理，使其变成土壤的浇灌水源和肥料，重新回到农田之中，增加土壤湿度和肥力。霍华德的田园城市理论中关于城市废弃物的处理方式与当下日益完善的绿色垃圾处理方式相似，即先分类，再回收，最后二次利用。这也体现了霍华德思想的前瞻性。

8.2.2.5　实行土地社区所有制，土地归全体居民所有

城市和乡村的土地价格哪一个更昂贵？相信很多人会回答"城市"。霍华德的田园城市并不是在原本就是城市的地方建设起来的，而是选取区位因素合适的田野，重新建立一座新的城市。这样做的优势之一就是初期在购买这块土地时，是按照乡村土地的地价购买的，因此与伦敦这样的大城市相比，这块土地价格十分低廉。但是霍华德购买这块土地的目的不是拿来做农场，而是将这块乡间的土地变成城市，那么当这座城市落成之时，这块土地的价值就必然会大幅度上涨。

那么最关键的问题来了，土地增值带来的经济收益归谁所有呢？霍华德提出田园城市的土地归全体居民所有，因此城市居民将成为土地增值收益的获得者。可能有人会有疑问，土地既然是全体居民

所有，个人无权决定田园城市土地的出让与否，那么个人具体是如何从土地增值中获益的呢？之前也提到过，霍华德设计的田园城市的收入和支出是平衡而稳定的，收入主要来自居民缴纳的土地税租，支出则主要包括偿还土地购置款的基金、偿还土地购置款贷款的利息以及城市公共管理的花销三部分。由于支出的数目是恒定不变的，因此可以预测城市的收入也是会长期维持一个较为稳定的水平，也就是说田园城市的税租总额是不变的。那么当田园城市建成之时，土地价值增加，城市的吸引力也随之增强，更多的人口迁移过来，其结果就是每个人（包括儿童）平摊到的税租金额越来越低，远低于在伦敦这样的大城市生活而需要缴纳的各项费用的总和。这就是每个城市居民从土地增值中获益的具体方式，相信每位城市居民都很乐意支付这远比大城市便宜得多的税租，更别说同时还能享受到大城市所没有的优美的生活环境了。

以上是对田园城市理论主要内容的概括。由于原书有几十万字，而这里仅仅是对全书的内容进行精炼梳理，很难面面俱到。我们希望大家能从这里看到霍华德的田园城市理论的精髓和前瞻性，即使时至今日，其中有些城市规划的思想也仍旧具有生命力，同样能为我们的社会治理提供新的思路和灵感。

8.2.3　田园城市理论的优势与不足

田园城市理论诞生于 19 世纪末，距今已有一百多年，那么田园城市理论对于当今的城市规划和治理到底有多大的借鉴意义，会不会已经过时了呢？要想对这个问题进行探讨，我们需要先思考一下田园城市理论的优势与不足。

从积极的一面看，田园城市理论作为城市规划学的经典理论，其核心思想至今仍具生命力。具体说来，田园城市理论的核心思想主要有三个方面：城乡协调发展；开拓综合规划；重视生态环境（柴锡贤，1998）。

　　城乡协调发展是田园城市理论中的第一个核心思想。在霍华德的规划当中，一座田园城市共占地 24 平方千米，总人口为 32 000 人，其中城区用地 4 平方千米，居住了 30 000 名城市居民；而农业用地 20 平方千米，居住了 2 000 名农村居民，折合城市用地约 122 平方米/人，农业用地为 10 117 平方米/人。这样的城乡用地比例的区别设置，确立了农业用地的重要地位，为后来的城市规划提供了一个参考。如果一个城市缺乏农业用地的支撑，其持续发展将严重受限。究其原因，首先城市周围的农业用地对吸纳农村劳动力具有重要的积极作用，而当农业用地被用作城市建设时，失去土地的年轻农民只能去往城市寻求生计，形成农村劳动力的大量转移，很有可能给社会治安和环境治理造成巨大压力。其次，缺乏农业用地的支撑会导致城市居民生活成本的提高和生活质量的下降。城市居民在日常生活中对蔬菜、水果、肉、蛋、奶等农业副食品的需求日益增加，而城市周围的农业用地是这些农业副食品的主要产地。如果城市周围缺少农业用地来生产这类商品，那么该城市就只能从外地进行购买，这必然会增加其中的运输成本，从而导致物价上涨，人民的货币购买力下降，长此以往，城市居民生活成本将不断攀升，而生活质量却将持续下滑。上海市在 20 世纪五六十年代提出将 5 000 平方千米的邻县区域划归上海，而这是当时上海城市用地面积的五倍，刚好和霍华德对于城乡用地比例的划分相同。而正是因为当时上海市有了适当规模的农业用地作为支撑，才得以持续地健康发展。因此将合理的城乡比例设计纳入城市规划建设中，树立城乡协调发展的理念，对于我们当今的城市规划仍具有重要意义。

　　第二个核心思想是开拓综合规划。综合规划包括三个部分，城市用地的综合规划、城市交通的综合规划和农业用地的综合规划。

关于城市用地的综合规划，霍华德认为城市应该具备接近完善的自我滋养(self-sustaining)的社区结构，应该把各种城市分支系统精心安排，组织形成更有活力、更易操作运转的城市。在这座理想中的田园城市的核心地带，是一个美丽的花园广场，围绕着广场矗立着这座城市的主要行政机构和文化场所：市政厅、法院、剧场、图书馆、博物馆和美术馆等。从这个繁荣中心出发，沿着辐射状的林荫大道到达城市的中环地带，这里有着更加宽敞的空间和更多的绿地，因此十分适合用来建设学校和住宅区，这样能够让学生和居民既感受到城市生活的便利，又能享受自然风光。在城市外环靠近铁路环线的地方，则依托便利的交通建立各种工厂来发展城市型工业，为城市居民提供更多的就业岗位。这样的城市与传统意义上的、忽视普通居民的舒适度和生活便利度的工业化城市有着本质上的区别。霍华德对于城市用地的综合规划看似已经不适用于今天的大型城市的建设，但其中的核心精神——城市的区域划分与区域分工明确，仍然对我们目前的城市规划有着重要的指导意义。

城市交通的综合规划主要是着眼于城市之间的交通。田园城市理论提出了大都市圈(Metropolitan Constellation)的规划构思，像太阳与行星的关系一样，在中心城市与卫星城市之间要用永久性绿地加以隔离，但应有快速的轨道交通和畅通的道路交通作为连接。城市之间要有明确的分界线但同时也要有丰富的道路交通网络相联系。至于城市内的交通规划，由于在当时的城市规模限制下，田园城市理论无法对当前大都市的交通拥堵问题提供具体有效的解决方法，但目前"微循环系统"理念或许可以有效缓解城市内部的交通压力。

延伸阅读

微循环系统

"微循环系统"是指在城市内部交通中，除了城市主要干道在发挥作用外，城市里的小型街道，尤其是广泛分布于居民区当中的密密麻麻的小巷，在经过整改之后，能够承担很大一部分交通需求，从而缓解主要交通干道的压力。

"微循环"最早出自医学上的术语，其定义是人体血液流动经动脉末梢端，再流到微血管，然后汇合流入静脉的起始端，这种在细动脉和细静脉之间微血管里的血液循环，称为微循环。如果把一个城市的交通比作人体，那么城市的道路就是体内的血管。路网好比人的经脉系统，有主动脉和静脉，还有毛细血管，而毛细血管的数量和长度要远远大于和多于主动脉和静脉。城市里的高速路、主干道、次干道便是联系各个功能单元的主血脉，而干道网络以外的胡同、弄、窄街以及便道等就是城市内数量惊人的毛细血管，它几乎存在于城市的任何地方。毛细血管是否通畅对于整个城市各项功能的正常运行有着至关重要的影响。

霍华德关于农业用地的综合规划与我国目前的农业用地规划政策的核心思想是相一致的，即无条件地保护农田。在《明日的田园城市》一书中，霍华德使用了大段篇幅来描述有关农业用地的规划，但是其字里行间一直在传达一个思想，那就是农业用地是城市建设的禁区。我们国家设立农耕用地的红线，同样也是在保护农业用地不受城市扩张的侵袭。对于一个国家而言，粮食生产安全关系着国计民生，是立国之本。虽然我们现在粮食产量一直保持在较高的水平，人民不再担忧温饱的问题，但是如果任由城市建设不断侵蚀农业用地，最终我国粮食产量会迎来一个拐点。如果再面临世界性的粮食生产危机，无法通过粮食进口来缓解国内危机，那么后果就不堪设想。因此，保护每个城市所拥有的农业用地，保持一定的粮食生产水平，对一座城市乃至一个国家的发展，都是至关重要的。

第三个核心思想是重视生态环境。尽管霍华德在一百多年前已提出了该思想，而一直到今天各国政府才逐渐重视起生态环境来，这也说明了田园城市理论的前瞻性。城市在本质上是一个庞大而复杂的生态系统，城市和它的支持系统应通过重新组合和联系，使之纳入一个整体结合的系统，因此可以说田园城市理论是按照生态环境理论来设计城市的。霍华德提出的一系列城市生态保护措施包括：城乡用地总体规划、城市资源合理分配及废物回收再利用、城市交通以电车为主、城市雨水排水系统与农业灌溉系统相对接、城市污水处理后用作土地肥料等。这些观点在今天看来略显粗糙和简单，带有理想化色彩，其核心思想是和我们目前的生态环境理念相一致的。我们需要在实践的基础上对这些指导思想加以修改，使其更加契合实际，从而能够有效改善我们的城市生态环境。

从非积极的一面看，田园城市理论的不足主要源自其形成年代久远，部分观点和论述于当下的城市建设实际多有过时。田园城市理论诞生的时间在 19 世纪末，而使摩天大厦成为现实的建筑技术的改革出现在 20 世纪初，因此田园城市理论在城市规划方面的思想仍然受限于当时的工业技术水平，只能通过对建筑的平面布局进行革新来创造城乡结合的二元城市发展新模式。但是建筑形式依然是传统的建筑样式，无法有效利用城市上层空间。事实上，利用城市上层空间，能够提高对土地的利用效率，还能扩大城市的绿地空间和道路宽度，解决当前城市中存在的交通拥堵和光照不足的问题。这是田园城市理论由于时代的局限性而在技术条件上的不足，因此后世在借鉴田园城市理论中有关城市规划方面的思想时，要将现代的建筑技术与田园城市理论的核心思想相结合，建设拥有田园城市思想内核的现代城市。

其次，田园城市理论使用永久性绿化带限制了城市发展的最大外围空间。而随着城市的发展，会有越来越多的人口涌进城市，此时空间相对有限，而人口不断增加，便会引发一系列社会治理问题。霍华德给出的解决方法是，另外选址并建造一座新的田园城市来容纳更多的人口，最终这样的城市发展方式将会形成一个区域性的城市群落，各个城市间的联系由便利快捷的交通系统支撑起来。但是这样的解决方法存在一个疑问，那就是如何决定建造新城市的时机？在霍华德所处的年代，人口的流动性并不高，因此城市人口增长的速度是稳定且相对缓慢的；现今交通方式的改变大大扩展了人们的出行半径，从硬件上提高了人们出行的便利性，并且随着普遍的受教育程度的提高，价值观的改变，人们更想去见识广阔的世界，在不断的迁移中寻求自己发展的机遇。由此可见，当今世界人们的流动性已经远远高于一百多年以前，那么城市人口的变化速度也远远超过田园城市理论诞生的年代，而田园城市理论中假设的城市人口变化速度是相对较慢的。因此当时在城市人口增加到上限之前，是有足够的时间建造新城来容纳新的人口的，而现今的人口流动性增加带来的是城市人口的迅速变化，尤其是周期性的大幅度浮动变化已经超出了田园城市理论诞生时代的人们的想象，因此田园城市理论中采取建造新城来容纳新增人口的解决方法可能在现代社会不太适用，无法跟上当今人口变化的节奏。

8.2.4　田园城市理论对中国城市的启示

让我们再简单描摹一下田园城市：在大城市周边，跳出大城市范围而被宽阔的农田林地环绕，具有一定的人口规模，与大城市及周围小城市通过快速交通网相连。于当下中国城镇体系而言，田园城市的定位更符合"城市新社区"的特点。

　　田园城市因其名称中的"田园"与"乡村"二字在中文意义上的交叠，在实践中偶被误用于乡村的建设和改造。这里简单区分一下田园城市和"美丽乡村"（宗仁，2018）。"美丽乡村"是党的十六届五中全会提出建设社会主义新农村的重大历史任务时提出的，具体要求包括"生产发展、生活宽裕、乡风文明、村容整洁、管理民主"。因此，"美丽乡村"属于新农村的范畴，它的着眼点是"农村"。虽然田园城市也强调农田和林地对于城市建设的重要性，并且主张建设具有田园风光的城市社区，但是本质上它还是在指导我们如何去建造一座宜居宜业的新型城市。这一类新型城市是为解决大城市的诸多弊病，从而在大城市外围建设的生态型小城市或市镇。我们可以把田园城市归为城市社区类型，其中含有田园形式的农业用地，也兼容了少量从事农业的居住人口。然而，有些地方在实践中却以"田园城市"为噱头，模糊了城市和乡村的内涵边界，不论所改造村庄的区域位置和人口规模、就业状况，生硬地称其为"田园城市建设"，但本质上更倾向于乡村的改造和景观提升，并非从乡村到城市的转型。

　　那么如何看待田园城市与大城市的关系呢？我们认为，田园城市位于大城市周边，能够独立运行。田园城市与特大城市之间有适度距离和快速交通联系，这个距离一般建议保持在60千米以内，距离其他的中大型城市以及其他田园城市的距离应为20～30千米为宜（此距离是霍华德在田园城市理论中提出的适宜的城市间距离）。同时，即使田园城市无法像特大型城市一样具有种类丰富且高质量的产业和服务，但在经济上并不是依附于主城，而是具有自足性的产业能够提供足够的居住社区及适量的工作岗位，有着完善的基础设施和独立的商业、教育、文化等生活配套服务。

　　综上所述，田园城市可以作为新型城镇化中城镇体系的组成部分。在城市群内合理布置一批这样的田园城市，对合理疏散拥挤的城市人口，提高城市居民生活质量，改善城市生态环境，推动城乡更好融合，都有积极的意义。具体说来，田园城市理论对中国城市的启示主要有四点（陈昭，2017）：设立小市镇的标准；城市结构与布局的思想；协调城乡的发展；土地制度设计。

如何设定小规模市镇的评定标准？田园城市理论给出了它的答案。

首先，一个城市规模的评定标准应该分为四个方面：人口规模与人口密度标准；公共服务配套设施标准；城市财政与就业标准；交通出行距离标准。根据"田园城市"理论给出的数据推算，小城市的人口密度应当在 5 000～8 000 人/平方千米。基础设施和公共服务的标准可以根据城市等级和服务的人口规模来具体规定。从城市财力保障角度分析，设立小市镇的人口规模不得少于 30 000 人。综合目前的城市交通规划手段和控制大城市空间形态规模的需要，田园城市与大城市之间的交通半径理想情况为 20 千米左右，与特大城市的距离不应超过 40 千米。

其次，霍华德田园城市理论关于城市结构与布局的思想对现代城市规划仍有很强的指导意义。一为"紧凑城市"：田园城市的城市内部是紧凑的，其设定为 7 500 人/平方千米的人口密度也是基本适度的。城市建设集中在约 4.04 平方千米，城市生活步行可达，且学校、医院等重要服务设施也合理地布置在居民区内，每户居民都能在接近乡村自然空间的前提下方便地接受城市服务。城市的规模也必须加以限制，城市边界必须清晰且固定，这样可以遏制城市对乡村资源的侵占，促进双方平等良性互动。二为"绿色城市"：城市之间必须用开阔的绿地隔开。农业用地包围城市，既可以使用宽广的绿色空间，为城市景观增加一抹绿意，也能为城市居民提供自产自销的新鲜农产品。我国的城乡建设规划中切实体现了这一思想，在城市周边划定基本农田、保护农耕用地的用途不被变更已经成了全国各地城乡建设规划中的一条坚定的底线。基本农田的布局不仅可以作为控制城市外延式扩张的重要规划工具，同时也为城市提供了具有生产功能、生态功能和景观文化功能的生态绿地，是一种自然与人文的复合景观。三为"多中心城市"：田园城市的结构是"一个大中心，多个小中心"，一座特大型城市周围环绕着数座田园城市，田园城市分担了一部分原本由大城市所承载的人口和功能，城市之间是组团式发展，并建立城市之间的快速交通网络。轨道交通和城市快速路网的发展撑起城市多中心的运行，这样的模式可以很好地避免大城市病。有机疏散论、卫星城镇理论等城市规划新理论也是在田园城市理论的基础上发展出来的。由此，我们可以看到，一个理想的城市群落应该是由多个能够承载一般功能、结构紧凑、农业用地比例较大的田园城市包围一座包含大型产业和高端服务业的特大城市组成的。我国目前在长三角城市圈、京津冀城市圈以及珠三角城市圈都能看到这样的城市群落组合，这也是"田园城市"理论在我国实践运用的例证。

再次，田园城市的理论强调了城乡协调发展，目前在我国现实社会中主要表现为两种城市化模式。第一种模式是"城市郊区化"，是指发展外围的卫星市镇，而不是直接发展城市邻近的郊区，将中心城市与都市圈内的中小城市连片形成巨型城市群。从空间特征上可以称为"城市郊区化"，是跳跃式发展。这种非连续性的开发是按照新区、新市镇的方式组织，有自己的城市边缘，并且能够引入相关产业实现该区域内的职业与居住功能的平衡。第二种模式是"农村城市化"，城市文明向农村渗透，大都市圈内的农村和农民就近就地城市化，城市周边原来的小镇和村庄，在原来的居民和外来人口的共同推动下建设成为有一定规模的小城市。这种包围是农村居住生活方式被城市化，空间特征上是就地发展，村庄被改造为田园城市。因为这种村庄发展形成的城市，其周围依然是大量农田，仍然具有美丽的田园风光，城中村则是直接被逼仄的高楼大厦和城市街道所包围，环境拥挤嘈杂，远没有生活在田园城市中的人们幸福程度高。

最后，田园城市的土地制度设计十分值得借鉴。霍华德主张城市土地归居民集体所有，类似于我国的土地公有制，土地使用者必须缴付租金。土地租金按年收取而不是一次性收取，成为城市持续性收入。田园城市中的土地制度设计对我国研究土地发展权和城市土地增值收益分配有很大的借鉴意义，同时我们可能会从中发现改变土地出让方式、控制房价上涨的合理的解决方法。因为房价上涨的直接诱因就是楼面地价的上涨，而现在控制房价的措施并不是改变土地批租方式，只是要求房产只租不卖，这是本末倒置的做法。应该通过税制改革让土地财政逐步退出，开发商缴纳土地增值税，土地使用者缴纳土地使用税，也就是"地租"，对超过自住标准的房产、出租或者转让的房产都征收房产税，使每次土地和房产流转所导致的"自然增值"所带来的福利的增加能够惠及全体城市居民。至于农业用地，基于我国的土地制度，城市周边农业用地并不一定需要明确为城市土地，也不需要征用为国有，只需要实施用途管制，保证其农业性质和景观功能即可。另外，随着现代物流服务的发展，运送速度大大提升，运送半径大幅度增加，因此，田园城市中关于在城市周边的农业用地中设置奶牛场、蔬菜基地的建议也可以进行与时俱进的修改，不需要再在紧挨城市的地方布置这些场地。

以上是田园城市理论对于中国城乡规划的主要借鉴意义。中国很多地方在反思快速城市化带来的一些问题，提出建设生态低碳城市、绿色城市花园城市等，反映出对城市生活的节奏能慢一些，居民的生活能够幸福一些，生态环境能更美好一些的希望，霍华德的田园城市理论在很大程度上帮助我们寻找到一条可行的途径。

8.2.5 城市规划管理与地方依恋之间的关系

地方依恋的三维结构理论认为，地方依恋是一个包含人、心理过程、地方三个维度的框架，因此，可以通过合理的城市规划手段，对地方维度的特征加以改变，从而提高人们对某个地方的地方依恋。甚至可以这么说，城市规划管理所努力的最终目标就是不断提高该地区被依恋的程度。

综合前文对田园城市的描述，我们认为，某个地区能够引起高水平地方依恋的关键特征就是舒适。什么样的城市被称作舒适呢？我们将从自然因素和社会因素两方面来对舒适城市进行定义。自然因素包括地理位置、区位形状、地形、地貌、地质、地壳运动、太阳辐射、气候、水体、生物、土壤等，这些因素将会综合影响一个城市的舒适度。地球上的土地是有限的，地理位置优越、地形地貌合理、太阳辐射适中、气候适宜的地区更是难得，因此我们所有的城市选址都不可能选在这样的黄金地带。那么从自然因素角度来看，城市先天条件的限制很大，我们后天对城市的自然因素的改变可以从哪些方面入手呢？首先是对水利设施的改造，对于气候干旱、水资源缺乏的地区，我们城市建设中应当想办法对水资源进行保留和节约，甚至如果能建造出类似于人工湖一样的景观，那么整个城市的舒适度会大大增加；对气候潮湿、降水较多的城市，则是想办法完善城市排水系统，避免城市内涝。其次是对植被进行改造，城市的绿化对舒适度有很大影响，不同城市应当根据自己的气候条件和生态系统，因地制宜地进行大规模的城市绿化，这样不仅能够净化空气，还能够在一定程度上改善气候、提高城市景观的观赏性。这一点和田园城市理论中保证农业用地和城市用地的合理比例，以此来为城市提供田园风光的思想是一致的。

社会因素包括人口、民族、宗教、文化、政治、政策、资金、土地价格、管理、市场等。人口问题对于城市舒适度而言十分重要，人口过少就无法提供足够的劳动力，也就无法支撑起整个城市的功能运转，这时城市居民的各项生活需求都无法得到应有的满足，也就谈不上舒适了，可是当城市人口过多，城市内部过于拥挤时，也会出现地价上涨、环境污染、治安混乱等问题，同样谈不上舒适。那么对于一个城市来说，人口数量保持在一个合理的范围内，是城市生活舒适的一个基本前提。具体一座城市的人口应该控制在多少呢？田园城市理论已经为我们提供了参考数据。文化因素在城市规划学中往往是会被忽略的一个因素，田园城市中也没有提及这个因素。但是从社会心理学的角度来说，个体的身份认同感、归属感都会显著影响该个体的主观幸福感，因此我们有理由认为城市居民的生活舒适度在一定程度上和居民的城市归属感、城市居民身份认同感有关。而文化建设作为城市软件建设的重要部分，对于塑造城市居民认同感和归属感有着巨大的积极作用，例如，建立城市居民文化宫、定期举办城市运动会和美术展览等，让城市居民能够更多地参与到城市生活中来，相信这样的生活一定会比文化贫瘠的生活更加舒适。剩下的政策、资金、土地价格、管理、市场等因素同样关乎整个城市的舒适度，这些因素在田园城市理论中都进行了详细论述。

综上所述，一座舒适的城市一定是从自然因素和社会因素两方面去着手进行建设的。只有舒适宜居的城市，才能吸引人口迁徙到这里来，让人们爱上这座城市，长期居住在这里。地方依恋是在长期而稳定的居住中产生的，因此我们有理由相信，一座舒适宜居宜业的城市，有利于这里的居民形成对该城市的一种长期而稳定的依恋，这种积极的地方依恋也有助于我们的城市和谐可持续地发展。

9

恢复性城市与地方依恋

通过前文，我们已经了解了地方依恋的含义，从人、地方、过程三个角度深入分析了地方依恋的形成及影响因素，也在城市社会治理的背景下探讨了地方依恋对社会治理创新优化的作用。那么，在城市的建设、规划和管理上，可以采用什么方法来增强居住者的地方依恋呢？随着经济全球化和城市化的推进，居住流动的现象越来越常见，一座城市中的居住者来自五湖四海，出生地、居住时长、社会经济地位、户籍、国籍、文化背景、风俗传统等的多样性越来越高，此时，可以考虑何种途径来服务于最大范围的居住者，以帮助他们凝结出对居住地的地方依恋呢？我们认为，可以在城市建设与管理中尝试"恢复性环境"的方案。

本章将分两节对该问题进行探讨。9.1 围绕恢复性环境的主题，依次阐述人们对自然景观的喜爱现象，恢复性环境的含义和特征，恢复性环境对健康、幸福感和环保行为的促进作用。9.2 以 9.1 的理论探讨为基础，提出恢复性城市的未来愿景。

9.1　恢复性环境

2014 年的电影《星际穿越》不仅带观众领略了奇妙神秘的太空旅

行，也展示了对人类未来落脚点的大胆构想。在那座坐落于土星的庞大空间站里，日光和煦，天空与土地的界限不再清晰，脚下的绿地，或许是茵茵草地，或许是勃勃田野，向前延伸变成了绿色的穹顶。人与人的互动与在地球上无异，玩耍、交谈、散步……回想灾难频发、满目疮痍的地球，土星空间站的环境似乎才是凝结着人类智慧与毅力的理想归宿。科幻电影对未来城市的描绘并不鲜见，在2013年的美国电影《重返地球》中，也可以看到未来城市的浮光掠影。同样移居到其他星球，同样是怪特的空间形态，不同的是这里的人类居住在无数座摩天大楼似的高塔中，人们依赖星际飞船进行日常交通，生活中仅有的绿色是一株家庭室内陈设的绿植。这两座未来城市，你更喜欢哪一个？

9.1.1　观察：生活在山水之间才是人类的真实梦想

让我们来猜一猜，对刚才那个问题的回答，是不是前一座未来城市获得的"赞"更多？古往今来，我们的城市越来越多，居住在城市的人也越来越多，然而，大部分人对自然环境的喜爱与向往似乎还是与生俱来、与日俱增。

现在请闭上眼睛，想象一个地方，这个地方对你的人生来说很重要，你也愿意在这里度过很长的时光。可以是你每天生活的地方，也可以是你从未去过的，或者是你曾经到访过的……请问你的答案是？

2001年，一项多国研究者合作的项目也要求实验参与者们想象一个"喜欢的地方"，充分想象置身其中的感受，最后填写一份心理感受问卷（Korpela，Hartig，Kaiser，& Fuhrer，2001）。最后的答案五花八门，比如，"我的卧室""学校""购物中心"。把被提到的次数从多到少进行排序，位列第一的是自然环境——接近一半（48%）的人提到了它，包括海滩、湖泊、高山等。这项研究在一定程度上展现了人们对自然环境的热爱。这项研究还发现，人们在自己喜欢的环境中，报告最多的心理感受是"放松、平静、舒适"。这些感受被研究者们称作"恢复体验"（restorative experience）。换句话说，人们在自己喜欢的地方可以获得恢复体验，而论起何种环境备受人们喜欢，自然风貌首屈一指。

自然景观与人们的居住满意度休戚相关。随着城市人口密度的不断增大，建筑工程技术的更新换代，数量庞大的高层住宅区拔地而起，以便城市容纳更多的人口和服务设施。高层住宅是紧凑城市（compact cities）布局的一个侧面，而这种城市规划风格是否是城市可持续发展的解决之道也在学界备受关注。全球一些著名的城市以紧凑城市布局闻名。我国研究者的一项调查显示，在影响高楼生活人群的居住和社会心理的因素中，有44％的居住者认为"绿化用地少、活动设施缺乏、室外活动空间太少"是致使其对高层居住环境感到不满意的因素（杨惠琴，雷劲松，2015）。由此可见，如果从人们对自然环境和恢复体验的渴求来看，限制了绿地空间的紧凑城市布局着实不是一个最优的方案。

城市居住者对自然景观的追求还体现在旅游目的地的选择上。2017年，一项调查聚焦"职场精英"的旅游旅行情况，共调查了5310名"职场精英"（女性占61.4％），其中高层管理人员占21.8％，中层管理人员占58.1％。这项研究界定，当职场人士满足两个条件可视为"职场精英"：工作2年以上、年薪10万以上。结果显示，有超过三分之一的参与者报告（33.9％），他们旅行的目的是"放松减压"，这再度呼应了环境心理学中的恢复体验。哪些景点最受"职场精英"欢迎呢？排前三位的依次是水乡古镇（32.0％）、名胜古迹（27.5％）、海滨海岛（18.8％），而第四位的依旧是概括性的自然景观（13.9％）。仅有7.2％的参与者会选择繁华都市。

从以上的分析可以看出，自然景观是影响人们日常的环境偏好、居住满意度、旅游目的地决策的重要因素。名山大川、海滨湖泊、花草树木……不仅是旅游开发中努力挖掘的亮点、房地产销售吸引消费者的卖点、城市治理中不应忽视的重点，更是居住者安居乐业、收获身心健康的起点。这其中的心理学根源是什么？环境心理学领域中"恢复性环境"或许可以回答一二。

9.1.2 恢复性环境概述

9.1.2.1 什么是恢复性环境

心理学认为，人的认知、注意、情绪、记忆等过程都需要一定的心理资源支持，而在日常的工作和生活中，个体在处理各类事务时会伴随着心理资源的消耗。请设想在一天繁重的工作之后，个体往往会感到烦躁、乏力，即使坐在电脑前，也很难将注意力集中于当前的任务。研究显示，当心理资源损耗至一定程度时，将使个体产生一系列消极的情绪和行为后果，比如疲倦、惰殆、容易冲动，易被激惹，出现偏差行为，举止无礼。那么，我们可以从何处恢复心理资源，获得恢复体验呢？

恢复性环境（restorative environments）是可靠的选择之一。美国密西根大学的环境心理学研究者柯普兰夫妇（Rachel Kaplan，Stephen Kaplan）认为，恢复性环境是指使那些能够帮助个体消减心理与生理应激，使其从心理疲劳的状态中得到恢复的环境。研究表明，如果个体身处恢复性环境中，不仅能在短期内恢复情绪、认知、注意等心理资源，还能在长期发展中获得总体生理健康和心理幸福感水平的提升。

个体的恢复体验正来源于与恢复性环境的接触。在概念提出之初，恢复体验是指"集中注意疲劳的减少"（Kaplan，1995）。注意力或"集中注意"（directed attention）是一项重要的心理资源，长时间的使用这项资源将使个体感到疲劳。因集中注意而产生的疲劳得以缓解时，可以说个体获得了恢复体验。现在，恢复体验不仅指应激消退或注意疲劳缓解，还包括积极的情绪变化，对明天有信心，感到平静，恢复处理日常事务的活力，忘记日常担忧的事，理清个人思绪，对自我进行内省反思等感受（Korpela，Borodulin，Neuvonen，Paronen，& Tyrväinen，2014）。

延伸阅读

田园浪漫主义 vs 对恢复体验的需要

有一些学者认为，人们之所以对自然景观心向往之，是田园浪漫主义"作祟"。田园浪漫主义（romanticized view of rural life）认为田园生活是简单纯净的，对田园生活的消失无限惋惜，用一种近乎幼稚的方式把自然环境理想化。田园浪漫主义与反城市化的观点（认为城市是暴力、社会失序、肮脏、疾病等诸多罪恶的来源）不谋而合。亲田园和反城市的思想在 19 世纪英国工业革命时期得到了长足发展，一大批空想的城市愿景得以问世。我们在第 8 章曾讨论过的霍华德的田园城市正是其代表之一。

恢复性环境的研究则就"人们对自然的钟情"提供了另一种解释。从进化的视角来看，对恢复体验或心理恢复（psychological restoration）的需要是自远古祖先流传至今的，即使在城市生活者身上也未曾消失。而且当下居住在城市中的人们需要面对各种各样显性或隐性的应激源，亲近自然是他们消除应激、获得心理资源恢复的有效途径。

9.1.2.2　恢复性环境的主要特征

一处地方应具备何种特征可以成为恢复性环境呢？柯普兰夫妇在"注意恢复理论"（Attention Restoration Theory，ART）中列出了恢复性环境的四种特征（成分），分别是距离感、迷人性、程度、相容性。

特征一：距离感（being away）

又可译作"离开"，是指在特定环境中，个体的心理内容不同于日常的心理内容。这里不是指物理环境的简单变更，而是突出一种改变，强调的是从需要持续耗费集中注意的心理活动中逃离。日复一日的生活与工作，对于个体的注意资源来说是陈旧的，有时"远离一切"（getting away from it all）会让人感到轻松。获得距离感有三种方式，远离周围的干扰事物、远离日常工作、停止追求特定的目标。在周杰伦的歌曲《稻香》的音乐短片中，生活于都市的男主人公饱受职场和家庭的压力，终于在回到幼时成长的乡村后重获快乐，其中的歌词"追不到的梦想，换个梦不就得了"也印证了距离感。

特征二：迷人性（fascination）

迷人性是指在特定环境中，个体的注意无须付出努力（effortless attention）。来自眼动研究的证据表明，人们在迷人的地方不会耗费精力去特别关注某个对象。奇妙的是，研究者们发现，根据所引起的恢复性结果不同，迷人性有"软""硬"之分。软迷人性是中等强度的，足够引起注意力却无须努力，也不会阻止反思，而且能够引起软迷人的环境在审美上也是令人愉悦的，即"审美之美"（aesthetic beauty），使伴随反思而生的苦闷得以消弭。自然环境是软迷人环境的代表，如花园、庭院、自然公园人行道、树林等。硬迷人是很强势的，占据注意力，让个体几乎没有空间思考其他事物，使人们无法获得深层次的恢复体验，即对重要议题的内省和反思。比如，人声鼎沸的摇滚音乐会，光怪陆离的酒吧夜店等环境具有硬迷人性。

特征三：程度（extent）

程度是指特定环境本身有关联感和范围。关联感（connectedness）

是指该环境中能被知觉到的元素可以形成整体性的心理表征，即成为一个有组织的结构。范围（scope）是指知觉和活动发生在一定的范围、尺度中，既指物理空间的范围，也指思维活动及想象的范围。因此，程度特征有赖于环境中元素之间的结构性以及所形成的结构的范围。具备"程度"特征的环境是"另一个世界"（whole other worlds），它参与到思维中，为探索活动提供支持。我们在第6章谈到过无限蔓延的大城市，它之所以处境尴尬，可能也是因为城市功能从整体上看分崩离析，缺乏关联性，同时也打破了既定的范围。

特征四：相容性（compatibility）

相容性是指个体的需要和倾向与由环境支持的活动之间的匹配度。比如，一个人想在一个安静明亮的环境中看书，图书馆的阅览室与之是相容的，而翻台忙碌的快餐厅与之则是不相容的。因此，评价一个环境的相容程度，需要顾及到个体的行为目标或偏好。人的行为目标或偏好是一个连续体，从非常概括的，如四肢能自由伸展或者视觉范围能清晰明亮，到非常具体的，如找到加油站。一个地方的相容性也在连续体上变化，有在概括水平上相容，但在具体水平上不相容的可能性。例如，在概括水平上，阅览室和快餐厅都提供独立舒适的座椅，而在具体水平上，在阅览室啃汉堡很难大快朵颐，在繁忙的快餐厅看资料很难专心致志。

避免心理疲劳的方法之一是远离那些不相容的环境。柯普兰提出了六种不相容的环境：信息缺乏、干扰、义务、分心、困难、危险。这六种不相容的影响各有侧重，信息缺乏和干扰影响了活动清晰度，义务和分心反映出想法与活动之间的冲突，困难和危险造成了情境需要与个人技能的不匹配。人们对于这些不相容的环境具有敏感的判断（Herzog，Hayes，& Applin，2011）。

延伸阅读

你的家是恢复性环境吗

在研究中，心理学家常使用感知的恢复性量表（Perceived Restorativeness Scale，PRS）来测量个体在特定环境中获得的恢复体验水平，从而评估该环境是否有资格成为恢复性环境（苏谦，池丽萍，2012）。这个量表含有 4 个维度，分别对应着恢复性环境的四个特征，共计 23 个题项。采用利克特 11 点计分，数字表示题项所述与个体在特定环境中体验到的心理恢复之间的相符程度，0＝完全不符合，1＝非常不符合，2＝比较不符合，3＝基本不符合，4＝稍不符合，5＝不确定，6＝稍符合，7＝基本符合，8＝比较符合，9＝非常符合，10＝完全符合。现在我们来看一看，对你来说，家是恢复性环境吗？

1. 住在这里可以让我远离烦恼。

2. 住在这里可以让我暂时远离日复一日的生活。

3. 住在这里可以让我暂时摆脱我不喜欢的一切。

4. 这里可以让我紧绷的神经得到放松。

5. 住在这里，我很少劳神费心。

6. 这里很吸引人。

7. 这里有许多有趣的事物吸引着我。

8. 这里让我更加想去了解它。

9. 这里有很多值得探索和发现的东西。

10. 这里让我流连忘返。

11. 这里让我眼花缭乱。（＊）

12. 这里容易让人不知所措。（＊）

13. 这里有许多让人分心的事物。（＊）

14. 这里杂乱无章。（＊）

15. 这里让我能做我想做的事情。

16. 这里让我有一种归属感。

17. 我有和这里融为一体的感觉。

18. 这里很符合我的性格。

19. 这里能让我自得其乐。

20. 这里会有很多便于我认路的标识。

21. 我脑中很容易形成关于这里的地图。

22. 在这里，我不容易迷路。

23. 我会很容易看出这里的布局。

注：1～5 题为距离感、6～10 题为迷人性、11～14 题为程度（＊表示反向计分，即如果你的回答是 0，计分时应转换为 11）、15～23 题为相容性。数值越大，表明在该环境中获得的恢复体验越多。

9.1.2.3 自然与城市的较量

根据前面的讨论，我们知道了人们对自然环境的喜爱可能是源于对恢复体验的需求，另一个问题随之而来，城市环境能否满足人们对心理恢复的要求呢？需要注意的是，虽然城市中也不乏自然景观，而在环境心理学的研究中，城市环境主要是指区别于自然环境的建筑环境（built environment），大到城市中的高楼大厦、街道马路，小到公共场所中的雕塑、公园里的长椅。截止到 2015 年，世界范围内的城市人口占比为 53.9％，中国的城市人口占比也达到了 55.6％。城市环境能否有助于人们获得恢复体验更应值得我们关注。

2003 年，荷兰的研究者范登博格（Agnes E. van den Berg）等人报告了一项实验研究。研究者让实验参与者观看了一段恐怖影片，目的是让参与者处于消耗心理资源的压力情绪中。恐怖影片虽然是电影类型中的一种，但并非人人喜欢，在这个实验里有 2 名参与者就因为无法忍受恐怖片的困扰而请求退出，最终 112 名参与者完成了全部实验。观看了恐怖影片后，参与者向研究者报告自己的情绪状态，然后观看第二段影片。第二段影片向参与者们展示了四种环境场景，分为城市场景和自然场景两大类。城市场景是一条城市街道及其沿街建筑，其中根据该街道是否临河又分为两种。自然场景是一条森林公园中的小径，同样根据其是否滨水分为两种。环境场景的影片观看结束后，参与者们再次报告自己的情绪状态，并完成了一项注意力测试。结果显示，观看了自然场景影片的参与者在五种情绪(失落、生气、紧张、喜悦、压力)上均报告了更多的恢复感，而观看城市场景影片的参与者在失落、生气、紧张的情绪上出现了恢复，喜悦和压力两种情绪上则没有出现变化。此外，观看自然场景影片的参与者在注意力测试上的表现也比另一组更好。这些差异性的结果只有自然与城市之分，该场景中是否有水则未发挥影响。

　　同年的另一项研究则提供了更进一步的证据。该研究由瑞典和美国的研究者合作完成。与前一个研究不同的是，这里实验参与者接触环境刺激的方式不再是观看影片，而是直接在自然环境或城市环境中散步(如图 9-1)(Hartig et al.，2003)，而且除了记录注意力测试的表现和情绪，还测量了参与者的血压。研究者把参与者分为两组，一组人到达实验环境目的地后立刻开始散步，另一组人在散步开始前完成了一项注意力测试任务。结果表明，与城市环境相比，在自然环境中散步以后，个体的血压变化更积极。而且，在自然环境中散步以后，个体在注意力测试任务上的表现比散步前更好，而在城市环境散步后，个体的表现却比散步前更糟糕了。在情绪方面，自然环境帮助个体提高了积极情绪的水平，降低了愤怒的水平，而城市环境却刚好相反。这项研究告诉我们，城市环境对个体心理恢复的帮助能力可能不仅比不上自然环境，有时甚至会造成个体心理资源的进一步损耗(Hartig，Evans，Jamner，Davis，& Gärling，2003)。

图 9-1　恢复性环境研究的环境刺激

后来的研究也提供了相似的证据，不论通过何种方式呈现环境刺激(图片、影片、环境现场、虚拟现实等)，自然环境对个体的恢复体验以及认知、情绪、行为上所起的帮助都优于城市环境。一项研究请青少年(11～14 岁)、青年人(18～29 岁)、老年人(62～93 岁)比较两种环境的恢复特征，最终结果在各年龄层具有一致性(Berto，2007)。因此，恢复感是一种跨越生命周期的"全局性地方体验"(a global place experience)。自然环境的价值，特别是绿色空间的意义，得到了越来越多的探索和回应。

不过，区别于建筑环境的自然环境也有细分，高山流水、绿草如茵是自然环境，人迹罕至的原始森林也是自然环境，如果身处深山老林中，我们也会感受到恢复体验吗?

英国心理学家盖斯特雷本(Gatersleben)和安德鲁斯(Andrews)对不同种类的自然环境所具有的心理恢复功能进行了深入研究。他们认为此前对自然环境的研究大都关注"无威胁"的环境，而当自然环境存在威胁时，人们会感到恐惧、焦虑、危险，此时心理恢复需求能否被满足则不能依靠已有的恢复性环境研究一概而论。他们应用了人文地理学中由杰·阿普拉顿(Jay Appleton)提出的瞭望—藏匿理论(Prospect-Refuge Theory)对自然环境的物理结构做了分类。人在环境中需要藏匿，不仅是考虑到环境的危险性，还表达了一种谨慎的生活态度；瞭望是观察，"看到了看不到的一切"(岑伟，2014)。在一般情况下，高水平的瞭望环境使人们能够清晰地观察，高水平的藏匿环境保证了人们找到避难所的可能性，因而人们更偏爱高瞭望—高藏匿的环境。不过，在自然环境中，高藏匿性不仅帮助个体自身藏匿，还有可能帮助其他野兽藏匿，所以盖斯特雷本和安德鲁斯假设，高瞭望—低藏匿的自然环境才能帮助个体识别危险，获得更多的恢复体验。在他们的实验中，一组参与者的行走环境是"低瞭望—高藏匿"的自然环境，另一组面对的则是"高瞭望—低藏匿"的自然环境(如图 9-2)(Gatersleben & Andrews，2013)。结果表明，没有危险的自然环境(高瞭望—低藏匿)能够让个体的消极情绪减少，在注意力测试任务上的表现更好，而危险的自然环境(低瞭望—高藏匿)却让个体的消极情绪加重，而且还使个体的注意力测试任务表现变得更糟(Gatersleben & Andrews，2013)。这个研究表明，没有威胁的自然环境才更有资格成为恢复性环境。

图 9-2 "低瞭望—高藏匿"环境(左图)和"高瞭望—低藏匿"环境(右图)

　　讨论至此，一个矛盾渐渐浮出水面，即在世界范围内城市人口增长、城市扩张与城市环境"糟糕"的心理恢复能力之间的冲突。为了解决这个矛盾，近几年已有一些研究者关注到城市环境的恢复性议题。为了身心健康，众所周知的途径是多进行体育运动（锻炼处方，exercise prescriptions）或者拥有强健的社会网络（Hinzey，Gaudier-Diaz，Lustberg，& DeVries，2016）。此外，芬兰学者佩拉（Korpela）等人还开出了一条"喜爱之地处方"（favorite place prescriptions）（Korpela，Ylén，Tyrväinen，& Silvennoinen，2008）。"喜爱之地处方"认为，到访自己喜欢的地方，可以减缓压力，调节情绪，获得恢复体验。虽然之前我们看到，相当一部分人喜欢的地方与自然环境有关，但是受到人们喜欢的环境并非只有自然环境一种。在一项研究中，佩拉和同事记录了三组参与者的恢复体验，他们让一组参与者每天至少去一次自己喜欢的地方，让另一组参与者不去自己喜欢的地方，还有一组是控制组，研究者向他们不曾提及喜欢或不喜欢的地方。他们发现，与不去喜欢的地方以及控制组相比，去喜欢的地方能够显著提升个体的恢复体验。尽管自然环境总是被"喜欢的环境组"到访，但是也出现了大量的其他到访地（比如，社区服务场所、运动场所、自家后院等），这个结果呼吁研究者们关注受到个体喜欢的城市环境（Korpela & Ylén，2009）。

　　在一项发表于2014年的研究中，美国研究者哈利姆（Dina Abdulkarim）和纳沙（Jack L. Nasar）考察了城市宜居空间（livable spaces）的恢复性功能（Abdulkarim & Nasar，2014）。他们制作了城市广场或街道图片，实验条件包括座椅、雕塑、餐饮等空间元素，要求参与者在观看每张图片后报告恢复感。他们发现，大广场、有雕塑、有座椅的城市空间在激发个体的恢复感上也有明显的助益。

　　2017年，一项研究报告了更有趣的结果（Morton，van der Bles，&

Haslam，2017）。在个体认同自己是"城市人"的情况下，相比于自然场景图片，城市场景图片会促使他们做出更多与恢复感提升有关的反应。这说明人类对环境刺激的主观加工，即我们理解的"环境"并不是真正的"环境"本身，而是经过个体社会文化背景加工过的"环境"，因而，社会文化背景（比如，有关特定地方的身份认同）如同一面"透镜"，影响着我们对环境刺激的评价、感受和最终反应。当身份认同和环境相匹配时，个体获得的恢复感将多于不匹配的情况。这项研究暗含了本书的逻辑，如果恢复性城市是理想的未来城市，城市治理不应止步于广植绿树，而是通过社会治理，提升居住者对城市的依恋和认同，从而提升其恢复体验，获得健康与福祉。

9.1.3 恢复性环境的积极意义：寄情山水，不只是眼福

恢复性环境对人类的意义，除了即时性的恢复体验，还有诸多长远的益处，包括幸福感和环保行为。

根据前文的阐述，我们可以把恢复性环境也视作一个连续体，从完全自然状态的野外环境到带有人类设计智慧的城乡森林、绿色空间、公园、花园、水域以及邻里街区等。已有研究证实，城市居民与恢复性环境接触越多，他们的幸福感水平越高。这不仅体现在死亡率与发病率下降，从情绪和注意方面的应激中恢复，还从对抑郁症患者的园艺疗法中得到支持。那么，恢复性环境对幸福感的影响究竟是如何起作用的呢？瑞士的学者亚伯拉罕（Abraham）认为，景观对幸福感的影响主要有三种途径，分别影响身体幸福感、心理幸福感、社会幸福感。不约而同地，"喜爱之地处方"的提出者佩拉认为，绿色空间对幸福感的影响中至少有三种机制：一是增加了进行身体运动的机会，二是保障了恢复体验，三是提升了社会互动和安全感。第二项机制我们在之前的讨论中已有所涉及，现在我们来

看第一、第三项机制，即恢复性环境可以通过增加身体运动的机会、社会互动和安全感来提高人们的幸福感。

自然环境及城市中的自然景观是典型的恢复性环境，同时也是相当一部分人进行体育健身时的选择。祝安凤（2017）以淮北市为例，调查了中小型城市居民参与休闲健身活动的现状。在随机调查的 219 份有效答卷中，有 39.3％的居民选择广场来休闲健身，32.4％的居民选择了公园，15.5％的居民选择了收费性场所，12.8％的居民选择小区。接近三分之一的受调查者在参与休闲健身活动时选择了公园，反映出人们在考虑身体活动时，对恢复性环境的偏好。

这与国外大样本调查的结果类似。图 9-3 为 2008 年苏格兰健康调查（Scottish Health Survey，SHS）中 1890 名参与者对运动场所使用频率的结果（Mitchell，2013），可以看出，人行道和家居环境是受调查者最常使用的体育运动场所，大概有 50％的受调查者报告自己每周至少使用一次自然环境的场所（开放空间/公园、无柏油小路、树林/森林、海滩/水滨）进行运动健身。调查还包含了两项体育运动的结果，一是健康水平，使用一般健康问卷的题目进行测量（General Health Questionnaire，GHQ）；二是幸福感水平，使用沃里克爱丁堡心理健康与幸福感分数（Warwick Edinburgh Mental Health and Wellbeing Score，WEMWBS）。继续探究在自然环境中锻炼的人是否比在非自然的环境中锻炼的人有更好的健康状态和更高的幸福感水平，结果显示，在开放空间/公园以及树林、森林中进行体育锻炼（每周至少一次），心理健康状况不佳的可能性更低，而在其他环境中运动与心理健康状况之间则没有显著的关系。而且，每周在自然环境中进行体育活动的次数越多，幸福感水平也会有一定水平的提升。

接着来看另一重机制，恢复性环境与社会互动、安全感的关系，

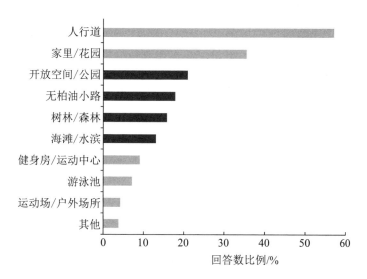

图 9-3　体育运动环境使用选择的回答数比例(深色条为自然环境)

以及能否最终提升幸福感。心理学中的一项共识是人际交往和社会联结是幸福感和心理健康的促进因素,那么现在的问题在于恢复性环境是否具有促进社会互动及安全感的能力?我们可以分两条思路考虑这个问题:第一,城市中的恢复性环境,比如,城市绿色景观、公园、广场、开放空间,不但可以帮助个体放松身心,减缓压力,换一个视角观察,这些环境也为人们提供了一个与他人交往、建立社会联结的场所。第二,恢复性环境对个体来说,是迷人的,也是令人喜欢的,这种积极的态度将促使个体对该环境产生依恋,即本书讨论的核心——地方依恋。地方依恋也将帮助个体在该环境中建立积极的群体认同,与他人保持良好的社会互动,减少孤独感。两条思路殊途同归,当人们与他人交往,身处一定社会网络中,会感到更强的社会支持和安全感,这同时也是社会凝聚力的有力表现。一项基于美国得克萨斯州奥斯汀市社区样本的调查考察了 449 名居住者入住步行社区(a walkable community)前后的身体活动、社会交往及社区凝聚力的变化(Zhu,Yu,Lee,Lu,& Mann,2014)。步行社区的特点是混合的土地使用功能，高密度，以及为行人、自行车等提供充足的道路设施。结果显示，入住步行社区之后，个体每周参与体育运动的时间、骑车时间、步行时间都明显增长，而开车的时间显著下降。如图 9-4 所示，步行社区内的邻里社会交往显著高于原社区，步行社区内的整体社会凝聚力也显著高于原社区。

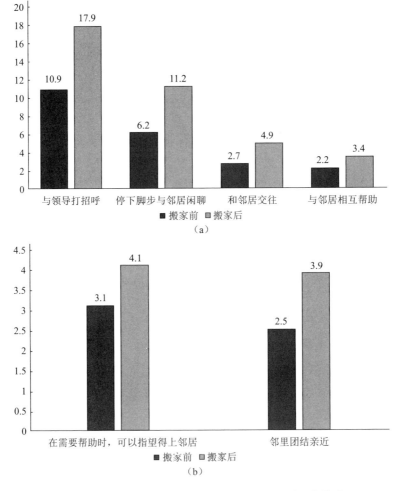

图 9-4　入住步行社区前后的邻里社会交往(a)和社区凝聚力(b)

延伸阅读

从步行社区到步行城市

（邓一凌，过秀成，叶茂，过利超，龚小林，2012）

西雅图（Seattle）是美国太平洋西北区最大的城市，联合国的世界最佳居住城市，同时也因"顶尖的规划和工程，杰出的延伸服务和教育，有效的执行和评估"而成为世界闻名的"步行城市"（2011年，西雅图获全美步行友好社区铂金奖）。

西雅图步行交通规划中对步行城市的解释是，"城市拥有吸引人的步行空间，人们愿意使用他们的双脚来体会城市。在城市中步行是一种方便、有趣、健康的出行选择，居民普遍喜欢在城市中步行，乐于选择步行到临近的地点或者拜访他们的街坊邻居"。

理想的步行城市有如下共同特征：

（1）城市中的每条街道都有令人愉悦的步行空间，可以是人行道、路边小道、也可以是其他能够容纳步行的公共空间。

（2）城市中有维护良好、便于使用的步行设施。

（3）城市中的居住区周边步行可达的范围内，有各种类型的商店、学校、公园以及其他公共服务设施。

（4）城市中的每个公交站点周边都有便捷的步行路径，使步行者能够换乘公交到达更远的地点。

（5）城市中有充足的可以休闲的街道或街区公园以容纳人们相遇时偶尔的交谈，孩子的奔跑。

最后，我们来讨论恢复性环境如何促进人们的环境保护行为。当今世界范围内普遍存在自然环境恶化、自然资源枯竭、自然灾害频发的现象，对各个国家和地区的人民来说都是亟待解决的艰难议题。除了国家层面的宏观统筹，环境保护还需要普通人在日常生活中做出点点滴滴的贡献。计划行为理论（The Theory of Planned Be-havior）应用于环境心理学的研究已广泛证实，培养环境意识和态度是塑造环保行为的前提。环境态度和意识的培养方式大家并不陌生，比如大众传媒用公益广告和影视作品提醒人们"地球上的最后一滴水将是我们人类的眼泪"，宣传部门用市政道路两侧的围墙宣传画提示居民"垃圾分类，人人有责"。在学校，从学生的课本教材，到纪律规范，也要求或鼓励学生提高环境意识。而一项西班牙的研究指出，儿童在校园中的恢复体验也可以提升孩子们的环境意识，从而促进环保行为。研究者们根据操场的自然环境数量（the amount of nature）把西班牙中心区域的 20 所小学分为"自然"（含 12 所）和"非自然"（含 8 所）两组，以其中的学生为调查对象，收集了他们在校时的恢复体验、环境态度（比如，我觉得人类的生存离不开植物）以及环境行为（Collado & Corraliza，2015）。这里的环境行为采用自我报告的形式，含有 5 道题：①我会做出一些行为来保护环境；②我在洗澡时会节约用水；③我会和老师还有同学谈到环保的重要性（比如，循环利用物品）；④我在家时会帮忙进行垃圾分类和物品回收；⑤我会切断电器的电源来节能。结果表明，自然组的儿童比非自然组的儿童在恢复体验的各项指标上（距离感、迷人性、程度、相容性）都评分更高，而且其中的迷人性是环境态度的唯一预测指标，后者进而预测了儿童的环保行为。其他的三个指标则均是迷人性的正向预测因素（见图 9-5）。

（a）   （b）

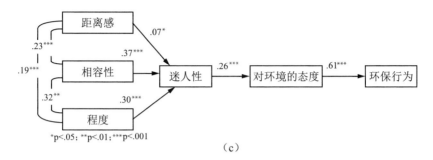

图 9-5 校园环境(a：自然组示例；b：非自然组示例)和结果模型(c)

恢复性环境的理论与实证研究为我们对未来城市的构想提供了丰富生动的设计素材和理论支撑,略显遗憾的城市恢复功能及社会环境的恢复功能似乎也成为有趣的"留白",任环境心理学家、城市规划者、社会治理参与者等挥洒智慧与灵感。

9.2 恢复性城市：面向未来的城市蓝图

我们了解了个体在自己喜欢的地方,能得到压力减少、积极情绪增加、心绪平静等恢复体验。可以说,我们对一个地方的喜爱之情是地方依恋最主要的内涵和表现。换言之,当个体对一个地方形成了依恋,这个地方对他来说就有可能成为获得生理、心理资源恢复的理想场所。如果一座城市中的居住者谈到所在城市,充满着热爱和认同,那么这里就是恢复性城市。尽管令地方依恋成为衡量恢复性城市建设的考察指标,看似合乎逻辑,但是由于地方依恋内涵体系本身庞杂,同时又难免与个人经历关联甚大,因此难以得出精简的且相对适用于城市多样化情境的操作指南。那么,一般意义上,什么样的城市更能得到人们的喜爱,有希望被选为恢复性城市呢?

在这一节,我们将依托恢复性环境设计(Restorative Environmental/Environment Design,RED)的理念,深入城市环境的内部成分，基于环境偏好的研究，构筑恢复性城市蓝图。

9.2.1　恢复性环境设计概述

世界范围内的人口向城市聚集这一趋势到目前为止还没有出现放缓或停滞的迹象。据推测，到 2050 年，世界城市人口将达到 60 亿，预计占总人口的 70％。越来越多的人在城市生活，城市环境与人类对彼此发展的相互影响因而也日渐重要。城市化伴随着现代化，改变了人类的历史、社会和文明，其积极意义是显而易见的。不过，与此同时，城市化也引起了一系列问题，引发了有关环境、经济和社会的广泛争论。其中，关于可持续发展（sustainable development）的讨论尤为突出。可持续发展，即"满足当前需求而不损害子孙后代满足其需求的能力的发展"。

那么，城市环境具备可持续发展的能力吗？经典的恢复性环境研究让我们多多少少对城市环境有些灰心，因为城市环境似乎在满足人类当前的心理恢复需求上表现不足。与自然环境相比，由人类活动一手打造的城市环境却无法使人们从压力、应激、恐惧等负性心理状态中解脱，个体在注意力任务上较少能良好完成。城市人口比例的增加和并不出色的城市恢复性，使得增加城市恢复性更为迫切。

不过，也有研究者为城市环境"抱不平"。环境本身是复杂的多面体，而以往的恢复性环境研究则简单地将其划分了两种狭窄的类别：自然环境 vs 城市环境。因而，以往的研究无法反映这两种环境的多样性，更有可能高估自然环境的恢复性价值，低估城市环境的恢复性价值。正如前文我们提到过，高藏匿性的自然环境有可能让人感到恐惧，而博物馆、广场等城市环境或设施同样具有恢复性功能。为城市环境的恢复性正名，并不是在动摇或贬损自然环境作为恢复性环境的价值，而是在讨论一种更符合城市可持续发展的机会，通过合理的设计与规划，保证乃至提高城市环境的恢复性功能。

还有研究者直接质疑了以往恢复性环境研究选择的城市环境实验材料（Karmanov & Hamel，2008）。他们认为那些研究为了突出城市和自然在恢复性特征上的不同，往往倾向于挑选几乎没有恢复性特征的城市材料。事实上，城市的政策制定者、城市规划者、建筑师以及公众为提升城市环境和生活品质付出了卓著的努力，而那些早期研究的做法对这样的努力而言是不公正的。因此，这两位研究者通过实证研究，发现了设计良好且具有吸引力的城市环境与富有吸引力的自然环境一样，拥有减缓压力和改善情绪的能力。他们认为高恢复性特征的城市环境有充足的绿色空间和水域，具有吸引力和趣味性。理想的城市设计离不开有关环境的美学、文化、生态特征，同时这些特征还应被有机整合。

恢复性环境设计正是针对城市环境所形成的环境设计范式，我们所设想的恢复性城市通过这种范式得以实现。顾名思义，恢复性环境设计的思想根源和实践基础大部分源于恢复性环境的理论体系和实证发现。这种环境设计范式特别关注城市中个体的恢复体验，不仅要锁定和回避那些限制和破坏恢复体验的消极环境元素（如污染、噪音），还要保留和增加那些提升恢复体验的积极环境元素（如鸟鸣、绿化）。恢复性环境设计的最终目标是促进居住者行为的可持续模式。接触恢复性环境能显著止向预测儿童的亲环境态度。因此，恢复性环境设计是当代建筑亲生命设计（biophilic design）与可持续设计相融合的一项重要实践，兼顾了满足人类需求和促进城市可持续发展，雄心勃勃。

延伸阅读

亲生命设计的六项原则

Biophilia，译作亲生命的天性。追本溯源，爱德华·威尔森（Wilson，Edward O）在他的著作《亲生命性》（1984）中提出了亲生命假说（biophilia hypothesis），主张人类有亲近自然世界的本能。亲生命性则由此被定义为"接触其他生命体的欲望"。亲生命设计将亲生命性导入建筑设计中。Kellert 提出了亲生命设计的六项原则：

1. 环境特征。在设计中充分考虑自然元素，包括自然景观、在建筑中设置水的元素以及布置大量的室内植物。

2. 自然形状或形式。应用建筑环境中的元素重现自然元素，比如对树的重现。

3. 自然模式与过程。利用设计元素（如材料、空间、光线等），令使用者通过视觉、触觉、听觉等感受到自然的成长、生命、运动等元素。

4. 光和空间。颜色的多样性、自然光和照明水平的变化让人联想到自然。建筑环境中空间的大小和形状的差异异曲同工。

5. 基于地方的关系。这是指连接地理上不同的地点与有关建筑环境的文化和生态元素。

6. 演变的人与自然的关系。这是指人类在整个进化史中发展起来的联系。例如，森林等自然环境为生存提供了住所和安全、食物和材料。

　　但是可能由于恢复性环境研究需要进一步的发展，恢复性环境设计作为应对城市高密度的工具还没有获得广泛应用。尽管不少研究提供了一定的证据来支持城市环境的恢复性能力，但是一些常见的城市环境是否具有恢复性还是无人问津。由于科学研究的支撑不足，恢复性环境设计也举步维艰。

9.2.2 城市环境

在讨论如何对城市进行恢复性环境设计的具体细节之前，让我们从城市环境的定义开始，回头审视城市环境及其恢复性特征的问题。尽管系统的恢复性环境研究已接近 30 年，普遍接受的城市环境(urban environment)定义尚不明确。与那些需要文字加以解释的典型术语不同，"城市环境"则更像是一个人人都能理解的常识词汇。什么是城市呢？高楼大厦、霓虹灯影、车水马龙……在社会科学中，常用的城市环境定义是"一个有着比临近地区更高人口密度的地方"。从这个定义上看，城市环境的核心特征是高人口密度，而城市环境可持续发展的要义之一则是通过一系列举措应对高密度人口。

前文我们遵照以往恢复性环境研究的惯例，将城市环境与建筑环境(built environment)视为同一概念。但事实上，建筑环境是城市环境的成分之一。另一种成分则是非建筑环境(unbuilt environment)，比如，城市中天然形成的山地、河流、湿地等。为了与以往研究逻辑一致，除了特别强调以外，这里所提的城市环境还是落脚在建筑环境上。

"建筑环境"同样是一个定义没有形成普遍共识的名词。一般认为，建筑环境的三个主要元素：一是交通系统，即物理性的基础设施和各种交通模式的服务；二是土地使用，即不同类型的活动被分配到不同的空间(space)和区域(area)中；三是城市设计，即城市规划以及物理环境元素的安置、外形和功能。

下文我们将从室外环境和室内环境两个方面，呈现恢复性环境设计的有关研究，探讨这一设计范式下的具体方案。

9.2.3　室外环境：城市中的人类活动印记

9.2.3.1　城市道路

让我们从城市道路景观切入，考察室外环境的恢复性问题。城市道路是连接城市不同空间的纽带，占有城市土地面积的 25%～35%。设计道路是城市环境设计的重要部分，因为城市道路对城市整体环境和城市生活都有极为重要的影响。一方面，城市道路是城市交通的基础设施；另一方面，城市道路也为居住者的生产生活提供条件。与公园相比，道路甚至承担着居住者更多的休憩活动。因为对城市居住者来说，大多数的户外活动时间是在道路上度过的。

一项研究系统考察了城市道路景观的物理环境属性对个体恢复体验的影响（Lindal & Hartig，2013），旨在得出如何设置城市道路景观两侧的建筑属性（屋顶轮廓、表面装饰、建筑高度），从而提升个体恢复体验的方案。这些建筑属性是当前城市规划应对高密度人口时需要考虑的重点，同时也在以往的多个环境心理学研究中被证实与环境偏好有关。在直接考察恢复性环境的心理与行为结果之前，鉴于人们对心理恢复的需要决定了他们对特定环境的偏好，因而环境偏好一直被作为间接结果支撑着恢复性环境设计。据此研究者认为，这些建筑属性可能与人们的心理恢复感知密不可分。

这项研究利用计算机制作了环境刺激材料，呈现出一条城市道路的图片，道路两边是三种建筑属性的任一组合（如图 9-6）。结果发现，城市道路两旁的建筑复杂性越高（表面装饰、屋顶轮廓），建筑高度越低，参与者给出的恢复性评分越高。

图 9-6　城市道路景观实验材料示例（从左至右，恢复性评分依次增加）

延伸阅读

利用虚拟环境（virtual environment）辅助恢复性环境设计

　　恢复性环境的实验室实验逻辑是操纵环境刺激，观测个体心理和行为的变化。以往的环境刺激一般是一组自然或城市环境的照片或视频，拍摄于现实世界中。这种实验材料保证了环境刺激的生态效度，却也在操纵物理环境的特定维度上遭受限制。比如，如果一项研究旨在考察建筑高度对个体恢复感知的影响，实验需要操纵建筑高度，同时控制建筑外形、楼宇密度、周围道路景观等干扰因素。在此情况下，如果通过拍摄照片制作环境刺激，其实很难在现实的城市环境中找到这些干扰因素完全一致，而只有高度存在差异的多组建筑。这时，用户友好图形编辑程序则可以帮上大忙。还记得上一节，我们提到过那项应用图形编辑软件研究城市广场元素对个体恢复性感知影响的实验吗？

　　作为恢复研究领域的一种新颖的方法论方法，快速发展的计算机技术提供了一种替代方案：创建和呈现高度逼真的、交互式的三维虚拟环境，几乎可以精确地操纵每个视觉可见的物理维度，同时严格控制混淆因素。将用户友好的渲染引擎插件（例如，SketchUp Ⓒ 的 VRay）添加到该程序中，可以制作出静态、逼真的图像创建或漫游动画。将三维 TrimbleSketchUp Ⓒ 模型导入到视频游戏开发工具（例如 Unity3D Ⓒ）中，可以实现逼真的交互式显示。有学者认为，视频游戏技术是一项有前景的心理学实验方法，并且由于高度发达且用户友好的界面，即使参与者不熟悉三维虚拟环境和视频游戏，也可以完成实验任务。

9.2.3.2 城市广场

另一个有关城市开放空间的恢复性问题由城市广场开启。科学文献简要地将广场视作建筑物周围的开放空间。有一项城市广场恢复性特征的研究，再次证实了城市公共广场具有恢复性（San Juan，Subiza-Pérez，& Vozmediano，2017）。在这项研究里参与者与广场接触一段时间后，能够报告更好的心理状态，更快乐，认知表现也更好，负性情绪（紧张—焦虑、愤怒—敌意、疲倦、压力）减缓。

该研究更重要的一项贡献是比较了不同物理特征的城市广场。研究者选择的广场具有充分的象征和制度价值，如图 9-7 所示，广场 1 的主导景观是政府大楼，广场 2 的主导景观是教堂。从形态学上讲，广场 1 和广场 2 属于两种不同类型的正方形，前一种是"宽"，后一种是"深"。当论到两者的共同之处，或许在于都能为使用者提供一定的机会，例如增加视觉刺激，以及满足除城市交通外的多样化用途。已知这两个广场都具有恢复性，但是你能看出谁的表现更好吗？

(a) 广场1   (b) 广场2

图 9-7　城市广场研究

经分析，广场 1 和广场 2 在绿化面积、数量、丰富性以及建筑多样性上有所不同，实验材料的预研究也证明了这一点。尽管两个广场都具有恢复性，但是还是有一些细微差别，而且并非绿化越多，恢复性能力就越强。广场 1 在总体的恢复性感知、距离感、迷人性上得分更高，广场 2 却能帮助个体感受到更大幅度的压力减少。

9.2.3.3　老城区：历史文化街区

当代城市建设和建筑设计的高度趋同引发了"千城一面"的广泛争论(详见第 1 章 1.2)。凝结着城市历史变迁和文化演进的老城区成为保留和维护城市独特性的重要抓手。北京的南锣鼓巷、上海的城隍庙、南京的夫子庙、成都的宽窄巷子、重庆的磁器口、杭州的河坊街……这些地名本身对当地居住者和外来旅游者而言，包含着依恋、认同和向往。

有一项研究为老城区的恢复性价值提供了证据(Franěk，Šefara，Petružálek，Cabal，& Myška，2018)。研究者向参与者呈现了三种类型的图片：现代城区、老城区、自然景观，如图 9-8 所示。这些照片由研究者拍摄，通过 Adobe Photoshop CS6 转化为 1152 像素 × 768 像素分辨率的图片。所有的照片在亮度、对比度上通过图形处理软件也进行了平衡，未再做其他数字处理。现代城区的照片拍摄于捷克共和国、比利时、美国，呈现了现代西方城市的典型建筑，包括建成于 19—20 世纪的城市建筑、小城市的低层建筑类型和现代高层建筑。老城区的照片拍摄于比利时、英国、德国、荷兰、瑞士，呈现了建成于 17 世纪、18 世纪或 19 世纪初的典型建筑，包括沿河(运河)而建的老房子、沿街的低层房屋、巴洛克风格的宫殿。自然景观的照片拍摄于捷克共和国，包括山地、针叶树或落叶树林、草地、鱼塘。这

| (a) | (b) | (c) |

图 9-8　现代城区(a)、老城区(b)和自然景观(c)实验研究示例

些照片里都不包含行人（游客）。

有 75 名大学生参与者使用感知到的恢复性量表（PRS）对三种类型的图片进行打分。结果显示，自然景观在所有恢复性指标上得分均高于老城区，而老城区在所有恢复性指标上得分均高于现代城区。这说明，带有历史文化特征的老城区相比于现代城区，具有更高的恢复性价值。一方面，可能是老城区引发了人们的怀旧之情，或者相对高水平的地方依恋；另一方面，从纯粹的物理属性上看，相对于崇尚简约的现代建筑而言，老城区的建筑具有更多的装饰物和细节，已有研究支持了这一类视觉上的复杂性（complexity）可能促使人们对老城区的恢复性特征评价更高（Van den Berg，Joye，& Koole，2016）。

9.2.4 室内环境：搭建通往自然环境的桥梁

从人类发现能够遮风避雨的洞穴，到掌握建造房屋的技巧，再到如今应用了前沿科技的各类建筑，人们在室内活动的时间越来越长。环境对人的心理和行为产生影响，室内环境也不例外。相应地，人们也对室内环境提出了新的要求。恢复性环境设计的另一项任务是关注恢复体验的促进因素，其中最常用的一项策略是增加个体与典型恢复性环境——自然环境的接触。对身处室内的人来说，最常用的两种接触自然的方式是通过窗子看到自然景观和在室内摆放植物盆景。接下来我们将讨论这两种接触自然的方式以及其他室内设计元素（木头）能否支持人们对心理恢复的需求，从而被纳入恢复性环境设计的策略体系。

9.2.4.1 室内绿植

办公桌上的小芦荟，餐厅角落的绿萝，银行大厅的红豆杉，家里客厅的多肉……社交媒体多推崇在室内空间摆上一盆植物，除了彰显生活品质和设计趣味，还能增加湿度、控制尘土、净化空气，吸收辐射，放松身心。尽管案头绿植能"对抗"多少电磁辐射，"释放"多少氧气，科学研究并未给出符合大众心里预期的乐观结果，但是"放松身心"一条却可以在恢复性环境设计的研究里找到和弦。有现场研究发现，办公室里的植物能帮助职场人士在集中注意力任务上有更好的表现，工作积极性更高，减少对自身健康的抱怨、疼痛以及请病假的次数。

有一项研究细致考察了在有电脑的办公场所中，绿色植物对个体的恢复性环境特征感知的评价，以及集中注意力任务表现的影响（Evensen，Raanaas，Hagerhall，Johansson，& Patil，2015）。研究采用了混合设计。组内变量是三次集中注意力任务（10 分钟）的表现，第一次是在实验操纵开始前测量的基线水平（T1），第二次是在完成一个校对任务（15 分钟）后测量的集中注意力水平（T2），第三次是在于实验设置的办公室环境条件中休息 5 分钟后测量的集中注意力水平（T3）。组间变量有两个，一是办公桌上的摆件，分为植物组、无生命组和控制组三个水平（如图 9-9）；二是办公室的窗子，分为有窗和无窗两个水平。

（a）   （b）   （c）

图 9-9 三种环境条件（a 植物组；b 无生命组；c 控制组）

结果显示，个体在评价办公室的迷人性时，植物组得分显著高于无生命组和控制组，后两者之间没有显著差异。但是迷人性的得分与集中注意力任务表现之间却没有显著相关，而且植物摆件并未比无生命摆件使个体的集中注意力任务表现更好，不论是否有窗子。该研究说明，办公室中的绿色植物可以让个体在评价办公室的恢复性特征时给出更高评分，在一定程度上回应了绿色植物更有利于满足个体心理恢复需求的假设。不过，绿色植物对集中注意力任务的影响则尚不明确，据推测可能是与该研究的设计存在不足有关。

还有一个问题是，办公场所里的绿植布置是越多越好吗？有研究者在一个没有窗子的办公室里，比较了没有植物、中等密度的植物和高密度的植物三种条件下，员工的心理反应和工作表现（Larsen，Adams，Deal，Kweon，& Tyler，1998）。他们发现，办公室里植物摆放密度高，员工对办公室吸引力的评价会更好，然而他们在重复的集中注意力任务上表现却更差。这项研究在一定程度上表明，植物对员工的心理感受有积极的影响，但是对那些岗位需要重复集中注意力的员工则可能产生工作绩效的阻力。

9.2.4.2 窗户

窗子使室内和室外连通，窗外的景象在一定程度上还能作为室内的装饰。通过窗子能看到什么，将对我们的心情和健康产生重要影响。首先，不论窗外的风景如何，有窗子在，我们就能接触到自然光。自然光的作用在于塑造着人们的自然节律。其次，窗户的存在可以为我们提供有关室外环境的信息，包括天气、时间、周围环境等。此外更重要的是，通过不同的窗子看到不同的景象，会给人们的恢复体验带来不同的影响。许多研究表明，看到窗外的自然景观会比看到建筑景观让人们的压力降低更多。有益的自然景观包括植被、河流、花园，它们既不复杂也不过分简单，可以为人们带来最大程度的愉悦体验。而且，通过窗子看到自然所产生的积极影响，在3~5分钟内就能形成。

在医疗场所中，病房中的窗子让患者保留了接触这个世界的机会，不论窗外的风景如何。每个患者的房中都应该有一扇窗子。研究表明，通过窗子与自然景观短暂地接触，能起到减缓患者压力的作用，而从长期的视角看，窗外的自然景观甚至能够加快、增强患者的恢复。此外，对于经历了手术的患者来说，窗外是自然景观的人将比窗外是邻里砖墙的人恢复得更快，更少要求使用止痛剂，心理状况也更好。

有一项研究通过对窗外景观的定量界定考察了窗外绿化的数量和多样性对居住者长期健康的影响（Honold，Lakes，Beyer，& van der Meer，2016）。如图 9-10 所示，三个窗子代表了不同的绿化数量和多样性。研究者会收集参与者家中窗子的图片，由三位评分者对其进行打分。评分标准有四项：植被数量（vegetation quantity）、植被多样性（vegetation diversity）、观察范围（range of view）、结构多样性（structural diversity）。据此，如图中的三个窗子，从左至右在四个指标上的评分如表 9-1 所示。

图 9-10　窗外景观研究示例

表 9-1　窗外景观研究评分示例（三位评分者 A/B/C）

	植被数量/%	植被多样性	观察范围	结构多样性
左	0/0/0	1/1/1	2/2/2	1/1/2
中	70/70/70	1/1/1	2/2/1	1/1/1
右	55/50/55	4/4/4	3/3/3	2/2/3

在该研究中，参与者长期健康状况的指标是头发切片中的皮质醇水平（cortisol levels），用象素皮质醇/毫克毛发（pg /mg）表示。一般说来，人体的皮质醇水平与压力感有关，皮质醇水平越高，意

味着个体感受到更多压力。结果表明，窗外植被数量越多且多样性越高时（交互作用），参与者头发切片中的皮质醇水平越低。而单一因素对皮质醇水平的主效应不显著，说明植被数量和植被多样性对皮质醇的影响是相互关联的。

9.2.4.3　木头

在钢筋混凝土建筑大行其道之前，久远的历史长河中，论起建造房屋的材料，一直是木头。当人们搬进了现代化的住宅，生活似乎还是离不开木头，家具、陈设、装饰……原木色的室内设计风格在近年更是大受欢迎。从前面的讨论可以看出，恢复性环境设计是将具有恢复性特征的自然环境元素添加到日常生活中，而在室内布置木质元素，不论是功能性的（木质餐桌）还是装饰性的（木质吊顶），都在践行这一设计理念。

一些心理生理学研究（psychophysiological studies）发现，室内环境中的木头具有积极作用，包括减少应激、帮助从压力中恢复甚至促进健康，从而支持了在室内设计中考虑木质元素的设计方案。下面我们来看两个研究。

木质材料的心理恢复价值是否来源于一部分人对木头的偏好呢？还记得恢复性环境与地方依恋的研究吗？人们在自己依恋的地方感受到更多的恢复性。换言之，当人们偏好另一种材料时，恢复性价值是否依然存在？一项研究探讨了人们对不同材料的偏好对血压前后测结果的影响（Sakuragawa，Miyazaki，Kaneko，＆ Makita，2005）。研究者选用了白钢和木头两种材料，先询问参与者对这两种材料的偏好，然后让他们随机接触由这两种材料制成的墙壁（图 9-11）。结果发现，那些声称自己喜欢白钢材料的人，接触该材料后，血压读数维持不变；而表示自己喜欢木头材料的人，在接触木头之后，血压则有所降低。再看不喜欢的那一边，不喜欢白钢的人看到白钢墙壁后，血压会升高，而不喜欢木头的人看到木质墙壁，血压却没有发生显著的变化。该研究说明，木质材料对个体生理指标起到积极的影响，而且这种影响会随着个体对木质材料的偏好而被放大，白钢则没有这个效果。

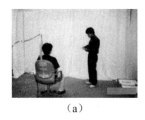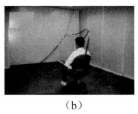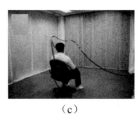

（a） （b） （c）

图 9-11　木头和白钢墙壁偏好实验（a 实验准备；b 白钢墙壁；c 木质墙壁）

从这个视角看，室内的木质元素越多越好吗？另一项研究在一个真实的、日式风格的起居室情境中，设置了三种比例的室内木质设计条件：0、45％、90％（如图 9-12）（Tsunetsugu，Miyazaki，& Sato，2007）。实验会测量参与者在每个房间中的心率和血压，同时要求参与者对每个房间进行评分。结果发现，参与者对 45％ 木质元素的房间评分最高，但是心率却高于木质元素为 0 的房间。参与者在 90％ 木质元素的房间中的血压最低，但是心率却是在增加的。由此可知，室内空间中的木质元素对血压的降低有积极的作用，但是对心率的影响却可能是负面的。

图 9-12　室内木质设计的三种比例

9.2.4.4　"人工自然"

通过前面的阐述，我们知道恢复性环境设计将自然元素添加到室内环境中，使个体获得恢复体验。不过，为了获得恢复体验，个体并不一定非要接触真实的自然场景。在不便连接到自然景观的地方，虚拟的自然景观或自然环境的图片也可以起到积极作用。以往的恢复性环境研究采用的刺激材料多为图片或视频，结果发现这些非现场的环境刺激与现实环境具有相似的作用。这些研究结果的应用是广泛的。对年迈的老人、刚经历手术的患者等对心理恢复有强烈需求却又行动不便、无法亲自拥抱真实自然的人来说，房间中的风景照片和电视中的风景视频同样可以给他们安慰。对宇航员、潜艇艇员等专业人员在与自然环境高度隔绝的情况下，这一类的"人工自然"元素或许能帮上忙。总之，缺乏真实自然元素的不利条件也可以通过一定的"人工自然"措施得到补偿。

9.2.5　面向未来：恢复性城市不是一天建成的

已有的恢复性环境为恢复性环境设计范式积累了研究基础，后者随着科学研究的不断深入"水涨船高"。行文至此，我们可以站在巨人的肩膀上，面向未来的恢复性环境、地方依恋及其与中国社会的社会治理之间的研究。

9.2.5.1　因地制宜的恢复性环境设计

恢复性环境设计的核心内容是在建筑、社区、城市中建立与自然的联系。树木、原生植被、花园以及与植物充分接触的动物，满足了我们对奇迹（wonder）和意义感（meaning）的需求。这些自然元素或条件正是恢复性环境设计和规划的重中之重。

在《亲生命城市规划与设计手册》（*Handbook of biophilic city planning and design*）一书中出现了"自然中心的城市"（centering cities around nature）一词，用以强调在城市规划和设计中将自然作为中心，所能产生的经济、生态、健康等方面的巨大价值。未来城市的图景也离不开自然，同时又有着各个地方的特色烙印。对惠灵顿（Willington)居民来说，理想的城市应该能听见当地鸟儿的歌声。对新加坡和奥斯陆(Oslo)的居民而言，未来城市应该在城市道路及自然小径上加大投入，形成广泛的网络，使在自然中徒步穿行更加容易。

我国学者在探寻人与城市和谐共存、持续发展的征途中，也有相一致的思考。以生态城市为例，其重视生态环境保护、兼顾人类社会发展命运的特点与恢复性环境设计殊途同归。总的来说，生态城市应是环境、经济、社会全方位的生态化(黎林峰，2013)。

环境的生态化，要求经济发展要以保护自然为基础，与环境的承载能力相协调。最大限度地保护自然环境及其演进过程，合理利用一切自然资源和保护生命支持系统，开发建设活动始终保持在环境的承载能力之内。

经济的生态化，要求采用可持续发展的生产、消费、交通和住居发展模式，衡量经济增长应有量有质，提高资源的再生和综合利用水平，节约能源，降低矿物燃料使用率，同时重视科学研究，鼓励和推广生态产业技术。

社会生态化，要求人们具有自觉的生态意识和环境价值观，同时人口素质、生活质量、健康水平与社会进步和经济发展相适应，在全社会践行平等、自由、安全、文明等社会价值准则。

生态城市的核心特征是低消耗。不仅是指对能源、水、食物的需求量低，也是指工业废热、废气、废水的排放量低。围绕着这个核心，一个普遍接受的观点提出，生态城市应是一个经济高度发达、社会繁荣昌盛、人民安居乐业、生态良性循环四者保持高度和谐，城市环境及人居环境清洁、优美、舒适、安全，失业率低、社会保障体系完善，高新技术占主导地位，技术与自然达到充分融合，最大限度地发挥人的创造力和生产力，有利于提高城市文明程度的稳定、协调、持续发展的人工复合生态系统。

延伸阅读

成都：中国的恢复性城市设计示例

　　成都的恢复性与水相关。两千年前的水利设施——都江堰，因其在农业灌溉上的革新意义使成都闻名海内外。而近年来，成都又因"环城生态区"而得到亲生命城市及恢复性环境设计专家的关注。

　　成都环城生态区绕城而建，连接着城市周边的六大湖泊八大湿地，形成了一个汇聚湖泊和湿地的网络，并向内延伸到"七个楔形块"。六大湖泊分别为安靖湖、北湖、青龙湖、锦城湖、江安湖、金沙湖。八大湿地是指六大湖泊周边及成华区龙潭片区、锦江区三圣片区布局的八片集中水生作物区。环城生态区借助水连接了城市的不同部分，为城市居民提供了在中心城区每个地方接触自然和水域的机会。在此基础上，该规划项目还包括步行和骑行的路径网络，便于居住者通过骑行运动的方式从中心城区到达周边的乡村。

　　环城生态区具有多样化的功能，比如防汛抗洪、缓解城市热岛效应、历史文化传承、休闲娱乐。更重要的是，对于经历过破坏性自然灾害的成都而言，环城生态区所形成的绿色空间将提供足够的疏散和避难场所。

9.2.5.2　考察社会环境的恢复性价值

　　在地方依恋的研究中，环境具有物理和社会两个维度。而恢复性环境的研究则大都将物理维度视作环境的唯一维度，不论是自然环境还是城市环境，建筑环境还是非建筑环境，人的因素往往是被略去的。尽管有少数研究探讨了在特定环境中是否有他人陪伴以及自我与他人的社会距离对恢复体验的影响，但是考察环境的社会属性对个体心理恢复的影响的实证研究才刚刚起步。

社会环境对个体身心健康的长期作用，从大量的社会凝聚力研究中可见一斑。社会凝聚力是描述社会环境的重要方面，有关社会凝聚力的研究在不同环境水平（学校、社区、组织等）均有开展。以社区凝聚力为例，其与居住者的健康、幸福感的关系得到诸多证据。对老年人而言，高社区凝聚力与低中风率、低抑郁症状、高幸福感水平、高社会支持感有关。对青少年同样如此，高社区凝聚力可以正向预测其总体自评健康水平、睡眠质量，负向预测体重指数。缺乏凝聚力的社区则丧失了这些保护能力，让居住者更多地面临吸烟、肥胖、失眠、药物依赖等公共健康问题。

考虑到社会凝聚力对长期健康的保护作用，恢复体验作为一种即时性的健康反应，可能也会受到社会凝聚力的影响。我们通过问卷调查研究了社会关系质量对恢复体验及地方依恋的影响，结构方程模型的结果显示，社会关系质量能显著预测个体的恢复体验，后者可以显著正向预测地方认同和地方依赖（冯宁宁，崔丽娟，2017）。社会关系质量描述了社区内的邻里关系社交亲密程度，与社区凝聚力的内涵是一致的。这个研究为社会环境的恢复性价值提供了初步证据。

随着社会变革，中国社会的多样化程度日新月异，社会凝聚力水平也面临着前所未有的挑战。根据上述研究结果可以推测，当感知到的社会凝聚力水平较低时，人们可能很难获得恢复体验，甚至对特定环境的地方依恋水平都会降低。这种类似于"丧地之痛"，不仅会形成个体身心健康和工作生活的隐患，更有可能暗藏着社会撕裂的风险。从这个角度看，强调多主体协同的社会治理为多样化社会树立了共同目标和治理空间，社会治理的活动本身也是重塑社会凝聚力的过程，这与促进地方依恋、建设恢复性城市是一脉相承的。

9.2.5.3　流动性社会的心理恢复需求

居住流动（residential mobility/moving）是当今世界人口分布与迁移的主要趋势之一。根据联合国世界移民组织（International organization for Migration）*World Migration Report 2018* 显示，到2015 年，世界范围内的国际移民数量达到 2.44 亿人，占世界人口比例为 3.3％，较 2005 年的 1.91 亿人（2.9％）增长明显。在中国，随着改革开放及城市化的不断推进，人口流动也成为社会转型的一项表征。

居住流动的影响遍及经济、社会、就业与教育、安全等方面，其对个体乃至社会的发展是功勋卓著的。然而，居住流动对社会稳定发展和个体日常生活造成的负面影响则受到更广泛的关注。比如，城市化进程带来的居住地变化对地方认同和社会和谐都提出了挑战。

居住地的变化会影响个体的地方依恋。有时距离产生美，越远离家乡，对家乡的依恋越多。有时人会对多个地方产生依恋之情，比如有的研究发现了大学生对家乡所在地和学校所在地的多重地方依恋。一般情况下，居住流动的经历不利于个体对现居地形成高水平的地方认同，其中的一个主要原因是居住地的变更在很大程度上降低了社会关系质量。

由此可以设想，居住流动者在目的地的恢复体验可能是发展不足的。首先，个体感知到的社会凝聚力可能会因为居住地变更而变得脆弱，这是恢复体验的风险因素之一。其次，居住流动者对流入目的地的地方依恋尚在积淀过程中，由地方依恋催生的恢复体验路径可能也并不通畅。最后，个体的社会认同是其评价环境恢复性特征的"透镜"，对于居住流动者来说，不仅地方认同需要长时间才能形成，而且基于群体认同的社会身份也不是一朝一夕就能稳固的，易变的群体认同很难加持他们在流入目的地的恢复体验。

恢复体验关联着个体健康和社会福祉，居住流动者所占的人口比例致使其恢复体验面临的困境不应被忽视。而且，居住流动是世界范围内的大趋势，寄希望于终止居住流动来遏制潜在风险与可持续发展相悖。基于这些立场，社会治理应充分考虑居住流动的社会现实，在多元治理主体中纳入具有居住流动经验者，通过培育对当前地方的心理所有权，促进地方依恋，保障其恢复体验。

参考文献

[英]埃比尼泽·霍华德. (2009). 明日的田园城市. 金经元，译. 北京：商务印书馆.

白凯. (2010). 乡村旅游地场所依赖和游客忠诚度关联研究——以西安市长安区"农家乐"为例. 人文地理，25(4)，120—125.

保继刚，杨昀. (2012). 旅游商业化背景下本地居民地方依恋的变迁研究——基于阳朔西街的案例分析. 广西民族大学学报(哲学社会科学版)，34(4)，49—54.

曹现强，张福磊. (2011). 空间正义：形成、内涵及意义. 城市发展研究，4，125—129.

岑伟. (2014). 藏匿与眺望——和格伦·马库特在一起. 建筑师，(3)，36—41.

柴锡贤. (1998). 田园城市理论的创新. 城市规划汇刊，(6)，8—10.

陈晨. (2019). 城中村：城市社区治理的安全阀. 新视野，(2)，109—115.

陈佛保，郝前进. (2013). 环境市政设施的邻避效应研究——基于上海垃圾中转站的实证分析. 城市规划，37(8)，72—77.

陈培阳. (2015). 中国城市学区绅士化及其社会空间效应. 城市发展研究，22(8)，55—60.

陈思静. (2011). 社会规范激活：第三方惩罚的心理机制及其对合作行为的影响(博士学位论文). 杭州：浙江大学.

陈昭. (2017). 新型城镇化的"和平道路": 基于田园城市理论原型的解读与猜想. 国际城市规划, 32(4), 53—59.

池丽萍, 苏谦. (2011). 青少年的地方依恋: 测量工具及应用. 中国健康心理学杂志, 19(12), 1523—1525.

崔丽娟, 才源源. (2008). 社会心理学: 解读生活, 诠释社会. 上海: 华东师范大学出版社.

党艺, 汤青, 余建辉, 张文忠, 李佳洺. (2021). 大型垃圾处理设施周边居民污染感知影响因素及空间特征. 地理科学进展, 40(6), 980—990.

邓秀勤, 朱朝枝, 韩光明. (2016). 小城镇农业转移人口地方依恋的程度及其影响因素——以福建岩前镇为例. 福建师范大学学报(自然科学版), 32(5), 86—95.

邓秀勤, 朱朝枝. (2015). 农业转移人口市民化与地方依恋: 基于快速城镇化背景. 人文地理, 30(3), 85—88+96.

邓一凌, 过秀成, 叶茂, 过利超, 龚小林. (2012). 西雅图步行交通规划经验及启示. 现代城市研究, 27(9), 17—22.

董焕敏, 徐丙洋. (2011). 新时期城市社区邻里关系的现状及对策分析. 山西青年管理干部学院学报, 24(4), 66—69.

豆雪姣, 谭旭运, 杨昭宁. (2019). 居住流动性对青年社会参与意愿的影响. 心理技术与应用, 7(3), 129—137.

杜宏武. (2002). 影响小区居住环境质量居民满意度因素——以珠江三角洲地区若干小区为例. 城市规划汇刊, (5), 48—54+80.

范钧, 邱宏亮, 吴雪飞. (2014). 旅游地意象、地方依恋与旅游者环境责任行为——以浙江省旅游度假区为例. 旅游学刊, 29(1), 55—66.

范莉娜, 周玲强, 李秋成, 叶顺. (2014). 三维视域下的国外地方依恋研究述评. 人文地理, 29(4), 24—30+91.

冯宁宁, 崔丽娟. (2015). 城市环境质量对居民地方依恋的预测: 恢复性体验的中介作用. 第十八届全国心理学学术会议摘要集.

冯宁宁, 崔丽娟. (2017). 从恢复体验到地方依恋: 环境偏好与居住时长的作用. 心理科学, 40(5), 1215—1221.

冯艳丹，马艺天（2021-09-24）. 生活垃圾"零填埋"，广州底气何在?. 南方日报，AA5.

甘凌之. （2015）. 农民工的家乡依恋及其与城市适应的关系研究（硕士学位论文）. 南京：南京师范大学.

古丽扎伯克力，辛自强，李丹. （2011）. 地方依恋研究进展：概念、理论与方法. 首都师范大学学报（社会科学版），（5），86—93.

韩勃，雍诺，夏冬琴，何燕玲，戈道川. （2021）. 心理距离对核电风险认知的影响研究. 核安全，5，107—113.

韩央迪. （2014）. 转型期中国的家庭变迁与家庭政策重构——基于上海的观察与反思. 江淮论坛，268（6），136—141.

郝振，崔丽娟. （2014）. 受歧视知觉对流动儿童社会融入的影响：中介机制及自尊的调节作用. 心理发展与教育，30（2），137—144.

郝振. （2015）. 流动儿童的社会融入及其策略选择研究（博士学位论文）. 上海：华东师范大学.

侯光辉，陈通，王颖，傅安国. （2018）. 地方依恋、突发事件与风险的社会"变异"——一个化工社区在"8·12"特大爆炸事故前后的变化. 公共管理学报，15（2），56—68＋155—156.

侯璐璐，刘云刚. （2014）. 公共设施选址的邻避效应及其公众参与模式研究——以广州市番禺区垃圾焚烧厂选址事件为例. 城市规划学刊，5，112—118.

胡浩. （2010）. 焦点小组访谈理论及其应用. 现代商业，（26），282.

胡庭浩，沈山，常江. （2016）. 国外老年友好型城市建设实践——以美国纽约市和加拿大伦敦市为例. 国际城市规划，31（4），127—130.

胡洋. （2005）. 庐山风景名胜区相关社会问题整合规划方法初探（硕士学位论文）. 北京：清华大学.

黄飞，周明洁，庄春萍，王玉琴，田冬梅. （2016）. 本地人与外地人地方认同的差异：基于四地样本的证据. 心理科学，39（2），461—467.

黄清明. （2016）. "千城一面"的表现、产生、影响与对策. 规划60年：成就与挑战——2016中国城市规划年会论文集（08城市文化）.

黄山，王湃．（2017）．田园城市理论与现代城市设想的分析与比较．特区经济，7(7)，79—81．

黄向，保继刚，Geoffrey．（2006）．场所依赖(place attachment)：一种游憩行为现象的研究框架．旅游学刊，9，19—24．

黄向，温晓珊．（2012）．基于 VEP 方法的旅游地地方依恋要素维度分析——以白云山为例．人文地理，27(6)，103—109．

黄向，吴亚云．（2013）．地方记忆：空间感知基点影响地方依恋的关键因素．人文地理，28(6)，43—48．

加斯东·巴什拉．（1957）．空间的诗学．张逸婧，译．上海：上海译文出版社．

姜宁．（2016）．流动儿童歧视知觉与学校适应的关系：一项追踪研究(博士学位论文)．南京：东南大学．

金盛华．（2005）．社会心理学．北京：高等教育出版社．

寇彧，洪慧芳，谭晨，李磊．（2007）．青少年亲社会倾向量表的修订．心理发展与教育，(1)，112—117．

寇彧，张庆鹏．（2017）．青少年亲社会行为促进：理论与方法．北京：北京师范大学出版社．

乐国安，韩振华．（2009）．信任的心理学研究与展望．西南大学学报(社会科学版)，35(2)，1—5．

黎林峰．（2013）．生态城：未来城．8．

李朝辉．（2006）．沉默——日本人的非语言交流．思想战线，32(1)，117—123．

李丹．（2002）．儿童亲社会行为的发展．上海：上海科学普及出版社．

李钢．（2016）．城镇居民地域环境的地方依恋特征分析——以丹东虎山镇为例．辽东学院学报(自然科学版)，23(1)，37—41．

李华生，徐瑞祥，高中贵，彭补拙．（2005）．城市尺度人居环境质量评价研究——以南京市为例．人文地理，(1)，1—5．

李静，杜群．（2021）．民用核能利用公众参与的权利表达和立法完善．中国环境管理，(4)，128—134．

李萍．（2015）．新型城镇化进程中基层社会治理的创新——以晋江市为例．辽宁行政学院学报，3，62—65．

李强. (2016-02-02). 创新社会治理需要激发社会活力. 人民日报.

李纾, 刘欢, 郑蕊. (2017). 城镇化过程中的城镇位错效应. 中国科学院院刊, 32(2), 128—137.

李曙强. (2005). 西方城市化发展历程及对我国城市化道路的启示. 河北工程大学学报(社会科学版), 22(3), 6—8.

李思琪. (2017). 超大城市的发展与治理, 公众最关心什么. 国家治理, 35, 18—30.

李文明, 殷程强, 唐文跃, 李向明, 杨东旭, 张玉玲. (2019). 观鸟旅游游客地方依恋与亲环境行为——以自然共情与环境教育感知为中介变量. 经济地理, 39(1), 215—224.

李先逵. (2001). 我国人居环境的进步与发展. 建筑, (12), 4—7.

李晓巍, 邹泓, 金灿灿, 柯锐. (2008). 流动儿童的问题行为与人格、家庭功能的关系. 心理发展与教育, (2), 54—59.

李伊祺, 余建辉, 张文忠. (2021). 机场设施邻避效应对北京市住宅价格空间影响研究——以北京首都国际机场为例. 地理研究, (07), 1993—2004.

李异平, 曾曼薇. (2019). 城市垃圾分类与居民地方认同研究. 中国环境管理, 11(5), 107—114+31.

李豫华. (2010). 环境心理感受与个人空间. 价值工程, 29(10), 98.

李志, 邱萍, 张皓. (2014). 城市居民社会信任现状及提升途径——以重庆市为例. 城市问题, 1, 2—8.

李志勇. (2005). 珠江三角洲城市人居环境研究(硕士学位论文). 广州：华南师范大学.

李智静, 方娜. (2016). 新型城镇化背景下农民土地流转意愿研究. 当代经济, (5), 76—77.

梁宁建. (2006). 心理学导论. 上海：上海教育出版社.

廖常君. (1997). 城市邻里关系淡漠的现状、原因及对策. 城市问题, (2), 37—39.

凌文辁, 郑晓明, 方俐洛. (2003). 社会规范的跨文化比较. 心理学报, 35(2), 246—254.

刘冰．（2016）．风险、信任与程序公正：邻避态度的影响因素及路径分析．西
　　南民族大学学报(人文社科版)，(09)，99—105.

刘博，朱竑，袁振杰．（2012）．传统节庆在地方认同建构中的意义——以广州
　　"迎春花市"为例．地理研究，31(12)，2197—2208.

刘健．（2002）．密苏里州立公园 ADA 指导委员会对公众参与有效性的评价．
　　国外城市规划，(2)，15—19.

刘沛林．（1998）．古村落——独特的人居文化空间．人文地理，13（1），
　　34—37.

刘沛林．（1996）．论中国历史文化村落的"精神空间".北京大学学报(哲学社会
　　科学版)，(1)，44—48.

刘苏．（2017）．段义孚《恋地情结》理念论思想探析．人文地理，32（3），
　　44—52.

刘霞，赵景欣，师保国．（2011）．歧视知觉的影响效应及其机制．心理发展与
　　教育，27(2)，216—223.

柳艳超，权东计，吴立周．（2017）．城市居民游憩的地方依恋研究——以大明
　　宫国家遗址公园为例．山东农业大学学报（自然科学版），48（1），
　　126—133.

罗鹏飞．（2012）．关于城市规划公众参与的反思及机制构建．城市问题，(6)，
　　30—35.

罗涛，黄婷婷，张天海．（2016）．小城镇居民参与本地城镇化进程的潜力与途
　　径——以福建闽北地区为例．城市规划，40(11)，94—100.

满谦宁，刘春燕，黄涛燕，杨梅．（2018）．城市化对社区居民地方感的影响研
　　究．江西科学，36(3)，419—423.

孟传慧，田奇恒．（2018）．近郊小城镇社区治理困境及对策研究——以重庆为
　　例．价值工程，37(35)，128—131.

孟令敏，赵振斌，张建荣．（2018）．历史街区居民地方依恋与制图分析——以
　　商南西街为例．干旱区资源与环境，32(11)，106—113.

米银俊，王明亮．（2015）．新型城市化背景下的大城市郊区街道社会服务与管
　　理优化——以广州市为例．社会工作与管理，15(2)，64—72＋99.

宁越敏，查志强．(1999)．大都市人居环境评价和优化研究——以上海市为例．
　　城市规划，23(6)，15—20．

潘莉，张梦，张毓峰．(2014)．地方依恋元素和强度分析——基于青年游客的
　　质性研究．旅游科学，28(2)，23—34．

彭科．(2014)．户籍制度改革中的流动人口治理．中共中央党校学报，18(6)，
　　85—88．

钱莉莉，张捷，郑春晖，张宏磊，郭永锐．(2019)．灾难地居民集体记忆、地
　　方认同、地方保护意愿关系研究——以汶川地震北川老县城为例．地理研
　　究，38(4)，988—1002．

钱胜，王文霞，王瑶．(2008)．232名河南省农民工心理健康状况及影响因素．
　　中国健康心理学杂志，(4)，459—461．

钱树伟，苏勤，郑焕友．(2010)．历史街区顾客地方依恋与购物满意度的关
　　系——以苏州观前街为例．地理科学进展，29(3)，355—362．

钱树伟，苏勤，祝玲丽．(2010)．历史街区旅游者地方依恋对购物行为的影响
　　分析——以屯溪老街为例．资源科学，32(1)，98—106．

秦兆祥．(2017)．草原旅游地居民地方依恋与情感保护——以鄂尔多斯草原旅
　　游区为例．内蒙古师范大学学报(哲学社会科学版)，46(4)，140—145．

邱宏亮，范钧，赵磊．(2018)．旅游者环境责任行为研究述评与展望．旅游学
　　刊，33(11)，122—138．

宋言奇．(2004)．城市社区邻里关系的空间效应．城市问题，(5)，47—50．

苏谦，池丽萍．(2012)．环境的恢复性功能：测量及应用．社会心理科学，
　　27(2)，89—95．

孙久文，李姗姗，张和侦．(2015)．"城市病"对城市经济效率损失的影响——
　　基于中国285个地级市的研究．经济与管理研究，36(3)，54—62．

孙向超．(2018)．居住流动性对人际信任的影响(硕士学位论文)．宁波：宁波
　　大学．

覃国慈．(2015)．关于城市社会治理的思考．苏州科技学院学报(社会科学版)，
　　32(1)，46—52．

谭日辉．(2010)．社会空间分化对城市居民人际关系满意度的影响研究．天府

新论，2，95—98.

唐丽丽，朱定秀，齐先文.（2015）. 文化认同与旅游者忠诚关系研究——以徽州文化旅游区为例. 华东经济管理，29(11)，54—58.

唐文跃.（2011）. 城市居民游憩地方依恋特征分析——以南京夫子庙为例. 地理科学，31(10)，1202—1207.

唐文跃.（2007）. 地方感研究进展及研究框架. 旅游学刊，22(11)，70—77.

唐文跃，龚晶晶，童巧珍，张腾飞，李文明.（2018）. 国家公园建设背景下庐山社区管治模式研究——基于居民地方依恋的视角. 地域研究与开发，37(6)，104—109＋133.

唐文跃.（2014）. 旅游开发背景下古村落居民地方依恋对其迁居意愿的影响——以婺源古村落为例. 经济管理，36(5)，124—132.

滕瀚，黄洪雷.（2014）. 城镇化进程中农业转移人口的社会融入——基于环境心理的视角. 江淮论坛，(1)，20—25.

田闻笛.（2019）. 城市规划中的公众参与：逻辑，经验与路径优化——以社会治理现代化为视角. 社会主义研究，(1)，112—117.

田艳平.（2012）. 旧城改造对城市社会空间分异的影响——以武汉市为例. 人口学刊，6，72—80.

童陆亿，胡守庚.（2016）. 中国主要城市建设用地扩张特征. 资源科学，38(1). 50—61.

万基财，张捷，卢韶婧，李莉，李红强，王礼茂.（2014）. 九寨沟地方特质与旅游者地方依恋和环保行为倾向的关系. 地理科学进展，33(3)，411—421.

汪冬梅，杨学成.（2003）. 中国城市化道路的反思与探索. 改革，(5)，18—23.

王波.（2012）. 台州市城乡规划公众参与实践和制度研究(硕士学位论文). 杭州：浙江大学.

王锋，胡象明，刘鹏.（2014）. 焦虑情绪、风险认知与邻避冲突的实证研究——以北京垃圾填埋场为例. 北京理工大学学报(社会科学版)，(6)，61—67.

王慧娟．（2012）．城市流动儿童的社会融合．重庆理工大学学报（社会科学），
　　　26(6)，61—67．

王奎明．（2021）．统合式治理何以有效：邻避困境破局的中国路径．探索与争
　　　鸣，（04），130—140＋179．

王沛，陈莉．（2011）．惩罚和社会价值取向对公共物品两难中人际信任与合作
　　　行为的影响．心理学报，43(1)，52—64．

王浦劬．（2014）．国家治理、政府治理和社会治理的含义及其相互关系．国家
　　　行政学院学报，（3），11—17．

王绍光，刘欣．（2002）．信任的基础：一种理性的解释．社会学研究，（3），
　　　23—39．

王粟．（2014）．社会空间性转型背景下如何走出"千城一面"的困局．城乡治理
　　　与规划改革——2014 中国城市规划年会论文集(06 城市设计与详细规划)．
　　　中国城市规划学会．

王晓华，蒋淑君．（2005）．媒体·家园·和谐社会——报纸接受对深圳移民城
　　　市归属认知的影响．新闻与传播研究，（3），57—65＋95．

王艳飞．（2017）．国内住房租赁研究进展及展望．中国房地产，（36），36—40．

王永桂，赵士德．（2019）．地方依恋对居民文化保护行为的影响机制——文化
　　　认同的中介作用．西安建筑科技大学学报(社会科学版)，38(1)，19—27．

王玉龙，郑姗．（2016）．安置社区社会治理研究．合作经济与科技，（8），
　　　176—177．

王志宪，虞孝感，林丽．（2010）．南京市城市环境质量演变态势．城市问
　　　题，(11)，34—39．

韦诸霞，汪大海．（2015）．我国城镇化进程中社会治理的公共性困境与重建．
　　　中州学刊，（4），73—77．

魏忠庆．（2005）．城市人居环境评价模式研究与实践(硕士学位论文)．重庆：
　　　重庆大学．

温情．（2007）．池州市人居环境质量评价与优化研究(硕士学位论文)．芜湖：
　　　安徽师范大学．

翁钟华．（2014）．流动人口在大城市居住行为空间研究——以宁波市为例(硕士

学位论文). 宁波：宁波大学.

吴江洁, 孙斌栋. (2016). 通勤时间的幸福绩效——基于中国家庭追踪调查的
　　实证研究. 人文地理, 31(3), 33—39.

吴金稳. (2016). 开放式社区对当前土地管理的影响及应对策略. 管理观
　　察, (18), 73—75+78.

吴朋, 李玉刚, 管程程, 肖春晖. (2018). 基于 esda-gis 的成渝城市群人居环
　　境质量测度与时空格局分异研究. 中国软科学, (10), 98—113.

吴涛, 周佳雯, 奚洁人. (2018). 大城市社会危机处理比较研究. 上海行政学
　　院学报, 19(5), 10—17.

向德平, 田北海. (2003). 论我国城市文化建设存在的问题及对策. 武汉大学
　　学报(哲学社会科学版), 56(2), 252—256.

肖群忠. (2009). 论中国古代邻里关系及其道德调节传统. 孔子研究, (4),
　　17—23.

谢鹏飞. (2010). 第一座田园城市莱奇沃斯(Letchworth)规划建设研究.
　　2010 城市发展与规划国际大会论文集, 167—173.

谢中元. (2013). 论岭南"行花街"年俗及其传承. 广西师范学院学报(哲学社会
　　科学版), 34(1), 1—4.

辛自强, 凌喜欢. (2015). 城市居民的社区认同：概念、测量及相关因素. 心
　　理研究, 8(5), 64—72.

熊帼, 张敏, 姚磊, 汪侠. (2013). 大学生的地方依恋特征与形成机制——基
　　于南京仙林大学城的调查. 人文地理, 28(5), 31+35+128.

徐文豪. (2014). 地理流动性如何影响消费者的控制感？——基于移动游戏的
　　实证检验(硕士学位论文). 武汉：武汉大学.

薛璐, 王森, 段孟辰. (2012). 区域人居环境质量满意度调查与分析——以西
　　安市长安区为例. 农业环境与发展, 29(6), 16—19.

薛晓阳. (2016). 乡土依恋与农民德性：农民德育的道德想象——基于乡土文
　　学研究及其乡村社会的实地调查. 陕西师范大学学报(哲学社会科学版),
　　45(1), 139—150.

严伟鑫, 徐敏, 何欣瑶, 刘勇. (2022). 邻避型基础设施项目社会许可经营演

化机理：基于社交媒体数据的实证分析. 浙江理工大学学报(社会科学版)，(2)，144—152.

杨惠琴，雷劲松. (2005). 城市高层住宅居住环境与社会心理调查分析. 西南科技大学学报(哲学社会科学版)，(3)，63—65.

杨坤蠡. (2017). 京津冀地区城市化特征与人居环境质量研究(硕士学位论文). 临汾：山西师范大学.

杨立国，刘沛林，林琳. (2015). 传统村落景观基因在地方认同建构中的作用效应——以侗族村寨为例. 地理科学，35(5)，593—598.

杨明，孟天广，方然. (2011). 变迁社会中的社会信任：存量与变化——1990—2010年. 北京大学学报(哲学社会科学版)，48(6)，100—109.

杨雪锋. (2016). 理解城市治理现代化. 经济社会体制比较，(6)，16—19.

杨玉芳，郭永玉. (2017). 心理学在社会治理中的作用. 中国科学院院刊，32(2)，107—116.

杨昀，保继刚. (2012). 旅游社区外来经营者地方依恋的特征分析——以阳朔西街为例. 人文地理，27(6)，81—86.

姚士谋，吴楚材，赵梅，汤茂林(1997). 我国城市化过程中的几个关键问题. 城市规划，(6)，30—31.

易峥. (2003). 社会转型时期中国城市居住流动研究——以广州为例(博士学位论文). 广东：中山大学.

[英]汤姆·米勒. (2014). 中国十亿城民：人类历史上最大规模人口流动背后的故事. 李雪顺，译. 厦门：鹭江出版社.

于淼，吕萍. (2019). 城市青年住房现状、问题及对策研究——基于天津市青年群体的调查分析. 现代管理科学，(10)，118—120.

于志宏. (2015). 以人为本的开放与参与——从三个实践案例谈环境社会治理生态圈构建. WTO经济导刊，(4)，65—66.

余佳，刘逸帆，葛云. (2017). 大城市良好治理需要解决几个问题——专访国务院发展研究中心发展战略和区域经济部部长侯永志. 社会治理，(3)，22—25.

余敏江. (2015). 从技术型治理到包容性治理——城镇化进程中社会治理创新

的逻辑. 理论探讨，(1)，141—145.

曾盼盼，俞国良，林崇德. (2011). 亲社会行为研究的新视角. 教育科学，27(1)，21—26.

翟文燕，张侃侃，常芳. (2010). 基于地域"景观基因"理念下的古城文化空间认知结构——以西安城市建筑风格为例. 人文地理，25(2)，78—80＋60.

詹皖欣，詹明忠. (2015). 以宜居城市标准探究居民地方依恋——以广州市为例. 城市地理，(20)，115—117.

张德明. (2010). 新世纪诗歌中的田园乡愁. 南方文坛，(3)，100—105.

张建勋，连海涛，吴鹏. (2019). 公众参与决策模型在城市更新规划中的应用——以河北省邯郸市光明南大街为例. 华中建筑，37(8)，85—89.

张敬芬. (2018). 党领导下的社区共治居民自治探索——以上海嘉定马陆镇"We家行动"的实践为例. 上海党史与党建，(9)，57—60.

张玲玲，赵琦. (2019). 基于学科交叉视角的建筑美学教育. 智库时代，156(40)，82＋84.

张茜，郑宪春，李文明. (2017). 湖南省乡村旅游地游客忠诚机制研究. 湖南社会科学，(4)，138—142.

张全明. (1998). 论中国古代城市形成的三个阶段. 华中师范大学学报(人文社会科学版)，37(1)，80—86.

张哲，周艺. (2015). 系统观下的"阶梯理论"——城乡规划中公众参与特征解读. 华中建筑，33(11)，22—25.

赵刚. (2018). 城市精细化管理的典范——"小巷管家"——记北京市东城区龙潭街道社会治理新实践. 城市管理与科技，20(2)，31—33.

赵腾飞，王良举，桑林溪. (2017). 旅游地吸引力、地方依恋与游客资源保护态度关系研究——以西递、宏村为例. 郑州航空工业管理学院学报(社会科学版)，36(2)，17—23.

赵小燕，吕丽娜. (2022). 地方政府邻避项目决策正义性的评估体系构建与运用. 学习与实践，(2)，73—82.

周红云主编. (2015). 社会治理. 北京：中央编译出版社.

周婕，陈小芳，谢波. (2009). 城市低收入阶层住区空间环境居民满意度影响因素研究——以武汉市为例. 华中建筑，27(9)，131—133.

周琳燕，程慧琴，冯丽霞. (2015). 新型城镇化背景下农村土地流转意愿探究——基于浙江省松阳县茶地流转情况分析. 当代经济，(20)，84—87.

周跃辉. (2013). 西方城市化的三个阶段. 理论导报，(2)，42.

朱竑，刘博. (2011). 地方感、地方依恋与地方认同等概念的辨析及研究启示. 华南师范大学学报(自然科学版)，(1)，1—8.

朱连奇. (1999). 日本环境保护现状及趋势. 中国人口·资源与环境，9(4)，107—109.

朱朴义. (2018). 工作场所拥挤感知对科技人才创新绩效的影响. 人才资源开发，(11)，64—65.

朱志胜. (2015). 劳动供给对城市空气污染敏感吗？——基于 2012 年全国流动人口动态监测数据的实证检验. 经济与管理研究，36(11)：47—57.

祝安凤. (2017). 中小型城市居民参与休闲健身活动的现状与对策研究——以淮北市为例. 运动，(12)，130—131.

宗仁. (2018). 霍华德"田园城市"理论对中国城市发展的现实借鉴. 现代城市研究，(2)，77—81.

Abdulkarim, D., & Nasar, J. L. (2014). Are livable elements also restorative? *Journal of Environmental Psychology*，(38)，29-38.

Ajzen, I. (1991). The theory of planned behavior. *Organizational Behavior and Human Decision Processes*，50(2)，179-211.

Anton, C. E., & Lawrence, C. (2014). Home is where the heart is: The effect of place of residence on place attachment and community participation. *Journal of Environmental Psychology*，40，451-461.

Arnstein, S. R. (1969). A ladder of citizen participation. *Journal of the American Institute of Planners*，35(4)，216-224.

Asch, S. E. (1955). Opinions and social pressure. *Scientific American*，193(5)，31-35.

Backman, S. J., & Veldkamp, C. (1995). Examination of the relationship between service quality and user loyalty. *Journal of Park and Recreation Ad-*

ministration, 13(2), 29-41.

Beatley, T. (2017). *Handbook of Biophilic City Planning & Design*. Island Press.

Berto, R. (2007). Assessing the restorative value of the environment: A study on the elderly in comparison with young adults and adolescents. *International Journal of Psychology*, 42(5), 331-341.

Billig, M. (2006). Is my home my castle? Place attachment, risk perception, and religious faith. *Environment and Behavior*, 38(2), 248-265.

Bonaiuto, M., Aiello, A., Perugini, M., Bonnes, M., & Ercolani, A. P. (1999). Multidimensional perception of residential environment quality and neighbourhood attachment in the urban environment. *Journal of Environmental Psychology*, 19(4), 331-352.

Bonaiuto, M., Breakwell, G. M., & Cano, I. (1996). Identity processes and environmental threat: The effects of nationalism and local identity upon perception of beach pollution. *Journal of Community & Applied Social Psychology*, 6(3), 157-175.

Bowlby, J. (1982). Attachment and loss: Retrospect and prospect. *American Journal of Orthopsychiatry*, 52(4), 664-678.

Bricker, K. S., & Kerstetter, D. L. (2000). Level of specialization and place attachment: An exploratory study of whitewater recreationists. *Leisure Sciences*, 22(4), 233-257.

Brook, I. (2003). Making here like there: place attachment, displacement and the urge to garden. *Ethics, Place & Environment*, 6(3), 227-234.

Brown, B. B., & Perkins, D. D. (1992). Disruptions in Place Attachment. *Place Attachment*, 12, 279-304.

Brown, B., Perkins, D. D., & Brown, G. (2003). Place attachment in a revitalizing neighborhood: Individual and block levels of analysis. *Journal of Environmental Psychology*, 23(3), 259-271.

Butler, J. K. (1991). Toward understanding and measuring conditions of trust:

Evolution of a conditions of trust inventory. *Journal of Management*, 17(3), 643-663.

Byun, S. E. , & Mann, M. (2011). The influence of others: The impact of perceived human crowding on perceived competition, emotions, and hedonic shopping value. *Clothing and Textiles Research Journal*, 29(4), 284-297.

Cadenhead, A. C. , & Richman, C. L. (1996). The effects of interpersonal trust and group status on prosocial and aggressive behaviors. *Social Behavior and Personality: An International Journal*, 24(2), 169-184.

Cameron, T. A. , & McConnaha, I. T. (2006). Evidence of environmental migration. *Land Economics*, 82(2), 273-290.

Carlo, G. , Randall, B. A. , Rotenberg, K. J. , Armenta, B. E. (2010). *Exploring the relations among trust beliefs, prosocial tendencies, and friendships. In Rotenberg, K. J. (Ed.), Interpersonal trust during childhood and adolescence (pp. 270-294)*. New York, NY: Cambridge University Press.

Casakin, H. , & Billig, M. (2009). Effect of settlement size and religiosity on sense of place in communal settlements. *Environment and Behavior*, 41(6), 821-835.

Casakin, H. , Hernández, B. , & Ruiz, C. (2015). Place attachment and place identity in Israeli cities: The influence of city size. *Cities*, 42, 224-230.

Chatterjee, S. (2005). Children's friendship with place: A conceptual inquiry. *Children, Youth and Environments*, 15(1), 1-26.

Chen, T. , Wu, H. C. , & Huang, L. (2013). The influence of place attachment on the relationship between destination attractiveness and environmentally responsible behavior for island tourism in penghu, China Taiwan. *Journal of Sustainable Tourism*, 21(8), 1166-1187.

Cherem, G. J. (1972). Looking through the eyes of the public, or public images as social indicators of aesthetic opportunity. in: Brown, P. J. (Ed.). *Proceedings of Aesthetics Opportunity Colloquium*. Logan, UT: Utah State

University.

Collado，S.，& Corraliza，J. A. (2015). Children's restorative experiences and self-reported environmental behaviors. *Environment and Behavior*，47(1)，38-56.

Corcoran，M. P. (2002). Place attachment and community sentiment in marginalized neighbourhoods: A European case study. *Canadian Journal of Urban Research*，11(1): 47-67.

Cox，R. S.，& Perry，K. M. E. (2011). Like a fish out of water: Reconsidering disaster recovery and the role of place and social capital in community disaster resilience. *American Journal of Community Psychology*，48(3-4)，395-411.

Crocker，J.，Canevello，A.，& Brown，A. A. (2017). Social motivation: costs and benefits of selfishness and otherishness. *Annual Review of Psychology*，68(1)，299-325.

Cuba，L.，& Hummon，D. M. (1993). A place to call home: Identification with dwelling，community，and region. *Sociological Quarterly*，34(1)，111-131.

Deci E. L，La Guardia J. G，Moller A. C.，Scheiner M. J.，Ryan R. M. (2006). On the benefits of giving as well as receiving autonomy support: mutuality in close friendships. *Personality and Social Psychology Bulletin*，32(3)，313-327.

Deutsch，M. & Gerard，H. B. (1955). A study of normative and informational social influences upon individual judgment. J. *Abnormal Social Psychology*，51，629-636.

Devine-Wright，P. (2009). Rethinking NIMBYism: The role of place attachment and place identity in explaining place-protective action. *Journal of Community & Applied Social Psychology*，19(6)，426-441.

Devine-Wright，P.，& Howes，Y. (2010). Disruption to place attachment and the protection of restorative environments: A wind energy case study. *Journal of Environmental Psychology*，30(3)，271-280.

Eacott，C. ，& Sonn，C. C. (2006). Beyond education and employment: Exploring youth experiences of their communities，place attachment and reasons for migration. *Rural Society*，16(2)，199-214.

Evensen，K. H. ，Raanaas，R. K. ，Hagerhall，C. M. ，Johansson，M. ，& Patil，G. G. (2015). Restorative elements at the computer workstation: A comparison of live plants and inanimate objects with and without window view. *Environment and Behavior*，47(3)，288-303.

Félonneau，M. L. (2004). Love and loathing of the city: Urbanophilia and urbanophobia，topological identity and perceived incivilities. *Journal of Environmental Psychology*，24(1)，43-52.

Firouzmakan，S. ，& Daneshpour，S. A. (2015). Promotion quality of life by increasing place attachment in public places. *Procedia-Social and Behavioral Sciences*，201，418-428.

Fleming，I. ，Baum，A. ，& Weiss，L. (1987). Social density and perceived control as mediators of crowding stress in high-density residential neighborhoods. *Journal of Personality and Social Psychology*，52(5)，899-906.

Fornell，C. (1992). A national customer satisfaction barometer: The Swedish experience. *Journal of Marketing*，56(1)，6-21.

Francaviglia，R. V. (1978). Xenia rebuilds: Effects of predisaster conditioning on postdisaster redevelopment. *Journal of the American Planning Association*，44(1)，13-24.

Franěk，M. ，Šefara，D. ，Petružálek，J. ，Cabal，J. ，& Myška，K. (2018). Differences in eye movements while viewing images with various levels of restorativeness. *Journal of Environmental Psychology*，57，10-16.

Fried，M. (2000). Continuities and discontinuities of place. *Journal of Environmental Psychology*，20(3)，193-205.

Fuhrer，U. ，Kaiser，F. G. ，& Hartig，T. (1993). Place attachment and mobility during leisure time. *Journal of Environmental Psychology*，13(4)，309-321.

Fullilove, M. T. (1996). Psychiatric implications of displacement: Contributions from the psychology of place. *The American Journal of Psychiatry*, 153(12), 1516-1523.

Gaillard, J. C. (2008). Alternative paradigms of volcanic risk perception: The case of Mt. Pinatubo in the philippines. *Journal of Volcanology and Geothermal Research*, 172(3), 315-328.

Gatersleben, B., & Andrews, M. (2013). When walking in nature is not restorative-The role of prospect and refuge. *Health and Place*, (20), 91-101.

Gillath, D., & Keefer, L. A. (2016). Generalizing disposability: Residential mobility and the willingness to dissolve social ties. *Personal Relationships*, 23(2), 186-198.

Giuliani, V., & Feldman, R. (1993). Place attachment in a developmental and cultural context. *Journal of Environmental Psychology*, 13, 1-8.

Gleason, M. E. J., Iida, M., Bolger, N., & Shrout, P. E. (2003). Daily supportive equity in close relationships. *Personality and Social Psychology Bulletin*, 29(8), 1036-1045.

Gordon, I. R., & Molho, I. (1998). A multi-stream analysis of the changing pattern of interregional migration in great britain, 1960-1991. *Regional Studies*, 32(4), 309-323.

Grey, M. A., & Woodrick, A. C. (2002). Unofficial sister cities: Meatpacking labor migration between Villachuato, Mexico, and Marshalltown, Iowa. *Human Organization*, 61(4), 364-376.

Halpenny, E. A. (2010). Pro-environmental behaviours and park visitors: The effect of place attachment. *Journal of Environmental Psychology*, 30(4), 409-421.

Hammitt, W. E., Backlund, E. A., & Bixler, R. D. (2006). Place bonding for recreation places: Conceptual and empirical development. *Leisure Studies*, 25(1), 17-41.

Hanifan, L. J. (1920). *The Community Center*. Silver, Burdett.

Harris, P. B. , Brown, B. B. , & Werner, C. M. (1996). Privacy regulation and place attachment: Predicting attachments to a student family housing facility. *Journal of Environmental Psychology*, 16(4), 287-301.

Harris, P. B. , Werner, C. M. , Brown, B. B. , & Ingebritsen, D. (1995). Relocation and privacy regulation: A cross-cultural analysis. *Journal of Environmental Psychology*, 15(4), 311-320.

Hartig, T. , Evans, G. W. , Jamner, L. D. , Davis, D. S. , & Gärling, T. (2003). Tracking restoration in natural and urban field settings. *Journal of Environmental Psychology*, 23(2), 109-123.

Hashim, H. , Abbas, Y. S. , Akbar, H. A. , & Nazgol, B. (2013). Between sense and attachment: Comparing the concepts of place in architectural studies. *Malaysia Journal of Society and Space*, 9(1), 96-104.

Hay, R. (1998). Sense of place in developmental context. *Journal of Environmental Psychology*, 18, 5-29.

Henrich, J. , & Boyd, R. (2001). Why people punish defectors. Weak conformist transmission can stabilize costly enforcement of norms in cooperative dilemmas. *Journal of Theoretical Biology*, 208(1), 79-89.

Hernández, B. , Martín, A. M. , Ruiz, C. , & Hidalgo, M. del C. (2010). The role of place identity and place attachment in breaking environmental protection laws. *Journal of Environmental Psychology*, 30(3), 281-288.

Herzog, T. R. , Hayes, L. J. , Applin, R. C. , & Weatherly, A. M. (2011). Compatibility: An experimental demonstration. *Environment and Behavior*, 43(1), 90-105.

Hidalgo, M. C. , & Hernández, B. (2001). Place attachment: Conceptual and empirical questions. *Journal of Environmental Psychology*, 21 (3), 273-281.

Highton, B. (2000). Residential mobility, community mobility, and electoral participation. *Political Behavior*, 22(2), 109-120.

Hinzey, A. , Gaudier-Diaz, M. M. , Lustberg, M. B. , & DeVries, A. C. (2016). Breast cancer and social environment: tetting by with a little help from our friends. *Breast Cancer Research*, 18(1), 54.

Holmes, T. H. and Rahe, R. H. (1967). The social adjustment rating scale. *Journal of Psychosomatic Research*, (11), 213-218.

Honold, J. , Lakes, T. , Beyer, R. , & van der Meer, E. (2016). Restoration in urban spaces: Nature views from home, greenways, and public parks. *Environment and Behavior*, 48(6), 796-825.

Hu, B. , Tuou, Y. , & Liu, J. (2019). How does destination social responsibility impact residents' pro-tourism behaviors? The mediating role of place attachment. *Sustainability*, 11(12), 3373.

Inalhan, G. , & Finch, E. (2004). Place attachment and sense of belonging. *Facilities*, 22(5-6), 120-128.

Insch, A. , & Florek, M. (2008). A great place to live, work and play: Conceptualising place satisfaction in the case of a city's residents. *Journal of Place Management and Development*, 1(2), 138-149.

Izard, C. E. , & Kobak, R. R. (1991). Emotions system functioning and emotion regulation. In J. Garber & K. A. Dodge(Eds.), *Cambridge Studies in Social and Emotional Development. The Development of Emotion Regulation and Dysregulation*. Cambridge University Press.

Jorgensen, A. , Hitchmough, J. , & Dunnett, N. (2006). Woodland as a setting for housing appreciation and fear and the contribution to residential satisfaction and place identity in Warrington New Town, UK. *Landscape and Urban Planning*, 79(3), 273-287.

Jorgensen, B. S. , & Stedman, R. C. (2001). Sense of place as an attitude: Lakeshore owners attitudes toward their properties. *Journal of Environmental Psychology*, 21(3), 233-248.

Kalb, L. S. , & Keating, J. P. (1981). The measurement of perceived Crowding. *Personality and Social Psychology Bulletin*, 7(4), 650-654.

Kaltenborn，B. P. (1997). Nature of place attachment: A study among recrea-
　　tion homeowners in Southern Norway. *Leisure Sciences*，19(3)，175-189.

Kaltenborn，B. P. (1998). Effects of sense of place on responses to environmen-
　　tal impacts. *Applied Geography*，18(2)，169-189.

Kaltenborn，B. P. ，& Williams，D. R. (2002). The meaning of place: Attachment
　　to femundsmarka national park，norway among tourists and locals. *Norsk
　　Geografisk Tidsskrift-Norwegian Journal of Geography*，56(3)，189-198.

Kang，N. (2003). A multilevel approach to civic participation: *Communication
　　Research*，30(1)，80-106.

Kaplan，S. (1995). The restorative benefits of nature: Toward an integrative
　　framework. *Journal of Environmental Psychology*，15(3)，169-182.

Karmanov，D. ，& Hamel，R. (2008). Assessing the restorative potential of
　　contemporary urban environment(s): Beyond the nature versus urban di-
　　chotomy. *Landscape and Urban Planning*，86(2)，115-125.

Kasarda，J. D. ，& Janowitz，M. (1974). Community attachment in mass socie-
　　ty. *American sociological review*，39(3)，328-339.

Kelly，G. ，& Hosking，K. (2008). Nonpermanent residents，place attach-
　　ment，and "sea change" communities. *Environment and Behavior*，40(4)，
　　575-594.

Korchmaros，J. D. ，& Kenny，D. A. (2001). Emotional closeness as a media-
　　tor of the effect of genetic relatedness on altruism. *Psychological Science*，
　　12(3)，262-265.

Korpela，K. M. (1989). Place-identity as a product of environmental self-regula-
　　tion. *Journal of Environmental Psychology*，9(3)，241-256.

Korpela，K. M. ，& Ylén，M. P. (2009). Effectiveness of favorite-place pre-
　　scriptions. A field experiment. *American Journal of Preventive Medicine*，
　　36(5)，435-438.

Korpela，K. M. ，Hartig，T. ，Kaiser，F. G. ，& Fuhrer，U. (2001). Restor-
　　ative experience and self-regulation in favorite places. *Environment and Be-*

havior，33(4)，572-589.

Korpela，K. M.，Ylén，M.，Tyrväinen，L.，& Silvennoinen，H.（2008）. Determinants of restorative experiences in everyday favorite places. *Health and Place*，14(4)，636-652.

Korpela，K. M.，Ylén，M.，Tyrväinen，L.，& Silvennoinen，H.（2009）. Stability of self-reported favorite places and place attachment over a 10-month period. *Journal of Environmental Psychology*，29(1)，95-100.

Korpela，K.，& Hartig，T.（1996）. Restorative qualities of favorite places. *Journal of Environmental Psychology*，16(3)，221-233.

Korpela，K.，Borodulin，K.，Neuvonen，M.，Paronen，O.，& Tyrväinen，L.（2014）. Analyzing the mediators between nature-based outdoor recreation and emotional well-being. *Journal of Environmental Psychology*，37，1-7.

Korpela，K.，Kyttä，M.，& Hartig，T.（2002）. Restorative experience，self-regulation，and children's place preferences. *Journal of Environmental Psychology*，22(4)，387-398.

Kyle，G. T.，Mowen，A. J.，& Tarrant，M.（2004）. Linking place preferences with place meaning: An examination of the relationship between place motivation and place attachment. *Journal of Environmental Psychology*，24(4)，439-454.

Kyle，G.，Graefe，A.，Manning，R.，& Bacon，J.（2004）. Effect of activity involvement and place attachment on recreationists' perceptions of setting density. *Journal of Leisure Research*，36(2)，209-231.

Kyttä，M.，Kahila，M.，& Broberg，A.（2011）. Perceived environmental quality as an input to urban infill policy-making. *Urban Design International*，16(1)，19-35.

Lalli，M.（1992）. Urban-related identity: Theory，measurement，and empirical findings. *Journal of Environmental Psychology*，12(4)，285-303.

Lam，S. P.（1999）. Predicting intentions to conserve water from the theory of planned behavior，perceived moral obligation，and perceived water right

1. *Journal of Applied Social Psychology*，29(5)，1058-1071.

Larsen，L.，Adams，J.，Deal，B.，Kweon，B. S.，& Tyler，E.（1998）. Plants in the workplace：The effects of plant density on productivity，attitudes，and perceptions. *Environment and Behavior*，30(3)，261-281.

Larson，A.，Bell，M.，& Young，A. F.（2004）. Clarifying the relationships between health and residential mobility. *Social Science & Medicine*，59(10)，2149-2160.

Lavelle，M. J.，Rau，H.，& Fahy，F.（2015）. Different shades of green? Unpacking habitual and occasional pro-environmental behavior. *Global Environmental Change*，35，368-378.

Lawrence，C.，& Andrews，K.（2004）. The influence of perceived prison crowding on male inmates' perception of aggressive events. *Aggressive Behavior*，30(4)，273-283.

Lee，C. C.（2001）. Predicting tourist attachment to destinations. *Annals of Tourism Research*，28(1)，229-232.

Leigh，A.（2006）. Trust，inequality and ethnic heterogeneity. *Economic Record*，82(258)，268-280.

Lewicka，M.（2005）. Ways to make people active：The role of place attachment，cultural capital，and neighborhood ties. *Journal of Environmental Psychology*，25(4)，381-395.

Lewicka，M.（2011）. On the varieties of people's relationships with places：Hummon's typology revisited. *Environment and Behavior*，43（5），676-709.

Li，S. M.，Mao，S. Q.，& Du，H. M.（2019）. Residential mobility and neighbourhood attachment in Guangzhou，China. *Environment and Planning A-Environmental and Space*，51(3)，761-780.

Lindal，P. J.，& Hartig，T.（2013）. Architectural variation，building height，and the restorative quality of urban residential streetscapes. *Journal of Environmental Psychology*，（33），26-36.

Long，D. A. ，& Perkins，D. D. (2007). Community social and place predictors of sense of community: A multilevel and longitudinal analysis. *Journal of Community Psychology*，35(5)，563-581.

Magdol，L. (2002). Is moving gendered? The effects of residential mobility on the psychological well-being of men and women. *Sex Roles*，47(11-12)，553-560.

Malti，T. ，Averdijk，M. ，Zuffianò，A. ，Ribeaud，D. ，Betts，L. R. ，Rotenberg，K. J. ，& Eisner，M. P. (2016). Children's trust and the development of prosocial behavior. *International Journal of Behavioral Development*，40(3)，262-270.

Manzo，L. C. (2003). Beyond house and haven: Toward a revisioning of emotional relationships with places. *Journal of Environmental Psychology*，23(1)，47-61.

Manzo，L. C. (2005). For better or worse: Exploring multiple dimensions of place meaning. *Journal of Environmental Psychology*，25(1)，67-86.

Marcheschi，E. ，Laike，T. ，Brunt，D. ，Hansson，L. ，& Johansson，M. (2015). Quality of life and place attachment among people with severe mental illness. *Journal of Environmental Psychology*，41，145-154.

Marvin，R. ，Cooper，G. ，Hoffman，K. ，& Powell，B. (2002). The circle of security project: Attachment-based intervention with caregiver-pre-school child dyads. *Attachment & Human Development*，4(1)，107-124.

Mayer，R. C，Davis，J. H. ，& Schoorman，F. D. (1995). An integrative model of organizational trust. *The Academy of Management Review*，20(3)，709-734.

Mazumdar，S. ，& Mazumdar，S. (2004). Religion and place attachment: A study of sacred places. *Journal of Environmental Psychology*，24(3)，385-397.

McMillan，D. W. ，& Chavis，D. M. (1986). Sense of community: A definition and theory. *Journal of Community Psychology*，14(1)，6-23.

Mesch，G. S. ，& Manor，O. (1998). Social ties，environmental perception，and local attachment. *Environment and Behavior*，30(4)，504-519.

Michelson，W. M. (1976). Man and his urban environment：A sociological approach，with revisions. Addison-Wesley Professional.

Mitchell，R. (2013). Is physical activity in natural environments better for mental health than physical activity in other environments? *Social Science and Medicine*，91，130-134.

Moore，R. (2000). The revival of creationism in the United States. *Journal of Biological Education*，35(1)，17-21.

Moore，R. L. ，& Graefe，A. R. (1994). Attachments to recreation settings：The case of rail-trail users. *Leisure Sciences*，16(1)，17-31.

Morgan，P. (2010). Towards a developmental theory of place attachment. *Journal of Environmental Psychology*，30(1)，11-22.

Morton，T. A. ，van der Bles，A. M. ，& Haslam，S. A. (2017). Seeing our self-reflected in the world around us：The role of identity in making (natural) environments restorative. *Journal of Environmental Psychology*，(49)，65-77.

Nanzer，B. (2004). Measuring sense of place：A scale for Michigan. *Administrative Theory & Praxis*，26(3)，362-382.

Nasar，J. L. ，& Julian，D. A. (1995). The psychological sense of community in the neighborhood. *Journal of the American Planning Association*，61(2)，178-184.

Oishi，S. (2014). Socioecological psychology. *Annual Review of Psychology*，65(1)，581-609.

Oishi，S. ，& Graham，J. (2010). Social ecology：Lost and found in psychological science. *Perspectives on Psychological Science*，5(4)，356-377.

Oishi，S. ，& Talhelm，T. (2012). Residential mobility：What psychological research reveals. *Current Directions in Psychological Science*，21(6)，425-430.

Oishi, S. , Krochik, M. , Roth, D. , & Sherman, G. D. (2012). Residential mobility, personality, and subjective and physical well-being. *Social Psychological and Personality Science*, 3(2), 153-161.

Oishi, S. , Lun, J. , & Sherman, G. D. (2007). Residential mobility, self-concept, and positive affect in social interactions. *Journal of Personality and Social Psychology*, 93(1), 131-141.

Onwezen, M. C. , Antonides, G. , & Bartels, J. (2013). The norm activation model: An exploration of the functions of anticipated pride and guilt in pro-environmental behavior. *Journal of Economic Psychology*, (39), 141-153.

Owen, J. R. , & Kemp, D. (2013). Social licence and mining: A critical perspective. *Resources Policy*, 38(1), 29-35.

Paul, J. , & Rana, J. (2012). Consumer behavior and purchase intention for organic food. *Journal of Consumer Marketing*, 29(6), 412-422.

Paulus, P. B. , McCain, G. , & Cox, V. C. (1978). Death rates, psychiatric commitments, blood pressure, and perceived crowding as a function of institutional crowding. *Norverbal Behavior*, 3(2), 107-116.

Peek, L. , Sutton, J. , & Gump, J. (2008). Caring for children in the aftermath of disaster: The church of the brethren children's disaster services program. *Children Youth and Environments*, 18(1), 408-421.

Pressman, S. D. , Kraft, T. L. , & Cross, M. P. (2015). It's good to do good and receive good: The impact of a 'pay it forward' style kindness intervention on giver and receiver well-being. *The Journal of Positive Psychology*, 10(4), 293-302.

Pretty, G. H. , Chipuer, H. M. , & Bramston, P. (2003). Sense of place amongst adolescents and adults in two rural Australian towns: The discriminating features of place attachment, sense of community and place dependence in relation to place identity. *Journal of Environmental Psychology*, 23(3), 273-287.

Pretty, G. M. , Conroy, C. , Dugay, J. , Fowler, K. , & Williams, D. (1996). Sense of community and its relevance to adolescents of all ages. *Journal of Community Psychology*, 24(4), 365-379.

Prewitt Diaz, J. O. (2013). Recovery: Re-establishing place and community re-silience. *Global Journal of Community Psychology Practice*, 4(3), 1-10.

Proshansky, H. M. , Fabian, A. K. , & Kaminoff, R. (1983). Place-identity: Physical world socialization of the self. *Journal of Environmental Psychology*, 3(1), 57-83.

Putnam, R. D. (2007). E pluribus unum: Diversity and community in the twen-ty-first century The 2006 Johan Skytte Prize Lecture. *Scandinavian Political Studies*, 30(2), 137-174.

Qian, J. , & Zhu, H. (2014). Chinese urban migrants' sense of place: Emo-tional attachment, identity formation, and place dependence in the city and community of guangzhou. *Asia Pacific Viewpoint*, 55(1), 81-101.

Qian, J. , Zhu, H. , & Liu, Y. (2011). Investigating urban migrants' sense of place through a multi-scalar perspective. *Journal of Environmental Psychology*, 31(2), 170-183.

Ramkissoon, H. , Smith, L. D. G. , & Kneebone, S. (2014). Visitor satisfac-tion and place attachment in national parks. *Tourism Analysis*, 19(3), 287-300.

Ramkissoon, H. , Smith, L. D. G. , & Weiler, B. (2013). Relationships be-tween place attachment, place satisfaction and pro-environmental behaviour in an Australian national park. *Journal of Sustainable Tourism*, 21(3), 434-457.

Rollero, C. , & De Piccoli, N. (2010). Place attachment, identification and en-vironment perception: An empirical study. *Journal of Environmental Psychology*, 30(2), 198-205.

Rousseau, D. M. , Sitkin, S. B. , Burt, R. S. , & Camerer, C. C. (1998). Not so different after all: A cross-discipline view of trust. *The Academy of*

Management Review，23(3)，393-404.

Sakuragawa，S.，Miyazaki，Y.，Kaneko，T.，& Makita，T.（2005）. Influence of wood wall panels on physiological and psychological responses. *Journal of Wood Science*，51(2)，136-140.

Sameroff，A.（1975）. Transactional models in early social relations. *Human development*，18(1-2)，65-79.

San Juan，C.，Subiza-Pérez，M.，& Vozmediano，L.（2017）. Restoration and the City: The role of public urban squares. *Frontiers in Psychology*，(8)，2093.

Sarason，S. B.（1974）. *The psychological sense of community: Prospects for a Community Psychology*. San Francisco: Jossey-Bass.

Scannell，L.，& Gifford，R.（2009）. Defining place attachment: A tripartite organizing framework. *Journal of Environmental Psychology*，30（1），1-10.

Scannell，L.，& Gifford，R.（2017）. The experienced psychological benefits of place attachment. *Journal of Environmental Psychology*，51，256-269.

Scannell，L.，Cox，R. S.，Fletcher，S.，& Heykoop，C.（2016）. "That was the last time I saw my house": The importance of place attachment among children and youth in disaster contexts. *American Journal of Community Psychology*，58(1-2)，158-173.

Seamon，D.（1980）. Body-subject，time-space routines，and place-ballets. In A. Buttimer & D. Seamon（Eds.），*The Human Experience of Space and Place*. London: Croom Helm.

Sherrod，D. R.（1974）. Crowding，Perceived control，and behavioral aftereffects1. *Journal of Applied Social Psychology*，4(2)，171-186.

Sitkin，S. B.，& Roth，N. L.（1993）. Explaining the limited effectiveness of legalistic "remedies" for trust/distrust. *Organization Science*，4（3），367-392.

Smith，J. S.，& White，B. N.（2004）. Detached from their homeland: The latter-day. *Journal of Cultural Geography*, 21(2), 57-76.

Solomon, S. D. , Regier, D. A. , & Burke, J. D. (1989). Role of perceived control in coping with disaster. *Journal of Social and Clinical Psychology*, 8(4), 376-392.

Song, M. , & Noone, B. M. (2017). The moderating effect of perceived spatial crowding on the relationship between perceived service encounter pace and customer satisfaction. *International Journal of Hospitality Management*, 65, 37-46.

Spencer, C. , & Woolley, H. (2000). Children and the city: A summary of recent environmental psychology research. *Child: Care, Health and Development*, 26(3), 181-197.

Stedman, R. C. (2002). Toward a social psychology of place: Predicting behavior from place-based cognitions, attitude, and identity. *Environment and Behavior*, 34(5), 561-581.

Stedman, R. C. (2003). Is it really just a social construction? The contribution of the physical environment to sense of place. *Society & Natural Resources*, 16(8), 671-685.

Stedman, R. C. , Lathrop, R. C. , BevClark, Jolanta Ejsmont-Karabin, Peter Kasprzak, Kurt Nielsen, ⋯ Webster, K. (2007). Perceived environmental quality and place attachment in North American and European temperate lake districts. *Lake & Reservoir Management*, 23(4), 330-344.

Stolle, D. , Soroka, S. , & Johnston, R. (2008). When does diversity erode trust? Neighborhood diversity, interpersonal trust and the mediating effect of social interactions. *Political Studies*, 56(1), 57-75.

Su, L. , Huang, S. (Sam), & Pearce, J. (2018). How does destination social responsibility contribute to environmentally responsible behavior? A destination resident perspective. *Journal of Business Research*, 86, 179-189.

Syme, G. J. , Nancarrow, B. E. , & Jorgensen, B. S. (2002). The limits of environmental responsibility: A stormwater case study. *Environment and*

Behavior, 34(6), 836-847.

Tapsuwan, S., Leviston, Z., & Tucker, D. (2011). Community values and attitudes towards land use on the Gnangara Groundwater System: A Sense of place study in Perth, Western Australia. *Landscape and Urban Planning*, 100(1-2), 24-34.

Taylor, R. B., Gottfredson, S. D., & Brower, S. (1985). Attachment to place: Discriminant validity, and impacts of disorder and diversity. *American Journal of Community Psychology*, 13(5), 525-542.

Terrazas-Carrillo, E. C., Hong, J. Y., & Pace, T. M. (2014). Adjusting to new places: International student adjustment and place attachment. *Journal of College Student Development*, 55(7), 693-706.

Tognoli, J. (1987). Residential environments. *Handbook of Environmental Psychology*, 1, 655-690.

Tomas, R., Amerigo, M., & Garcia, J. A. (2016). Biopsychosocial correlates of the perceived crowding in different contexts. *Psicothema*, 28(4), 394-400.

Tonge, J., Ryan, M. M., Moore, S. A., & Beckley, L. E. (2015). The effect of place attachment on pro-environment behavioral intentions of visitors to coastal natural area tourist destinations. *Journal of Travel Research*, 54(6), 730-743.

Trivers, R. L. (1971). The evolution of reciprocal altruism. *The Quarterly Review of Biology*, 46(1), 35-37.

Trope, Y., & Liberman, N. (2003). Temporal construal. *Psychological Review*, 110, 403-421.

Tsunetsugu, Y., Miyazaki, Y., & Sato, H. (2007). Physiological effects in humans induced by the visual stimulation of room interiors with different wood quantities. *Journal of Wood Science*, 53(1), 11-16.

Tuan, Y. F. (1979). Space and place: humanistic perspective. In *Philosophy in Geography*. Springer, Dordrecht.

Twigger-Ross，C. L.，& Uzzell，D. L.（1996）. Place and identity processes. *Journal of Environmental Psychology*，16(3)，205-220.

Ujang N.（2012）. Place attachment and continuity of urban place identity. *Procedia-Social and Behavioral Sciences*，49，156-167.

Ujang，N.，& Zakariya，K.（2015）. Place attachment and the value of place in the life of the users. *Procedia-Social and Behavioral Sciences*，168，373-380.

van den Berg，A. E.，Hartig，T.，& Staats，H.（2007）. Preference for nature in urbanized societies：Stress，restoration，and the pursuit of sustainability. *Journal of Social Issues*，63(1)，79-96.

Van den Berg，A. E.，Joye，Y.，& Koole，S. L.（2016）. Why viewing nature is more fascinating and restorative than viewing buildings：A closer look at perceived complexity. *Urban Forestry & Urban Greening*，20，397-401.

Van Patten，S. R.，& Williams，D. R.（2008）. Problems in place：Using discursive social psychology to investigate the meanings of seasonal homes. *Leisure sciences*，30(5)，448-464.

Virden，R. J.，& Walker，G. J.（1999）. Ethnic/racial and gender variations among meanings given to，and preferences for，the natural environment. *Leisure Sciences*，21(3)，219-239.

Von Wirth，T.，Grêt-Regamey，A.，Moser，C.，& Stauffacher，M.（2016）. Exploring the influence of perceived urban change on residents' place attachment. *Journal of Environmental Psychology*，46，67-82.

Vorkinn，M.，& Riese，H.（2001）. Environmental concern in a local context：The significance of place attachment. *Environment and Behavior*，33(2)，249-263.

Walker，A. J.，& Ryan，R. L.（2008）. Place attachment and landscape preservation in rural New England：a Maine case study. *Landscape & Urban Planning*，86(2)，141-152.

Weinstein，N.，& Ryan，R. M.（2010）. When helping helps：Autonomous motivation for prosocial behavior and its influence on well-being for the helper and recipient. *Journal of Personality and Social Psychology*, 98(2), 222-244.

Williams, A., Kitchen, P., DeMiglio, L., Eyles, J., Newbold, B., & Streiner, D. (2010). Sense of place in Hamilton, Ontario: Empirical results of a neighborhood-based survey. *Urban Geography*, 31(7), 905-931.

Williams, D. R., & Roggenbuck, J. W. (1989, october). Measuring place attachment: Some preliminary results. In *NRPA Symposium on Leisure Research*, San Antonio, TX(Vol. 9).

Williams, D. R., & Vaske, J. J. (2003). The measurement of place attachment: Validity and generalizability of a psychometric approach. *Forest Science*, 49(6), 830-840.

Wilson, A., Tewdwr-Jones, M., & Comber, R. (2019). Urban planning, public participation and digital technology: App development as a method of generating citizen involvement in local planning processes. *Environment and Planning B: Urban Analytics and City Science*, 46(2), 286-302.

Wilson, G., & Baldassare, M. (1996). Overall "sense of community" in a suburban region: The effects of localism, privacy, and urbanization. *Environment and Behavior*, 28(1), 27-43.

Wilson-Doenges, G. (2000). An exploration of sense of community and fear of crime in gated communities. *Environment and Behavior*, 32(5), 597-611.

Woldoff, R. A. (2002). The effects of local stressors on neighborhood attachment. *Social Forces*, 81(1), 87-116.

Wood, L., & Giles-Corti, B. (2008). Is there a place for social capital in the psychology of health and place? *Journal of Environmental Psychology*, 28(2), 154-163.

Yuksel, A., Yuksel, F., & Bilim, Y. (2010). Destination attachment: Effects on customer satisfaction and cognitive, affective and conative loyalty. *Tourism Management*, 31(2), 274-284.

Zhu，X.，Yu，C. Y.，Lee，C.，Lu，Z.，& Mann，G. (2014). A retrospective study on changes in residents' physical activities，social interactions，and neighborhood cohesion after moving to a walkable community. *Preventive Medicine*，69(S)，S93-S97.

Zuo，S.，Huang，N.，Cai，P.，& Wang，F. (2018). The lure of antagonistic social strategy in unstable socioecological environment：Residential mobility facilitates individuals' antisocial behavior. *Evolution and Human Behavior*，39(3)，364-371.

图书在版编目(CIP)数据

人与城市：地方依恋与城市管理/崔丽娟等著. —北京：北京师范大学出版社，2022.9
（心理学与社会治理丛书）
ISBN 978-7-303-27159-7

Ⅰ.①人… Ⅱ.①崔… Ⅲ.①地方文化－社会心理－关系－城市管理－研究－中国 Ⅳ.①G127②C912.6③F299.23

中国版本图书馆 CIP 数据核字(2021)第 155912 号

营　销　中　心　电　话　010-58807651
北师大出版社高等教育分社微信公众号　新外大街拾玖号

REN YU CHENGSHI：DIFANG YILIAN YU CHENGSHI GUANLI

出版发行：北京师范大学出版社　www.bnupg.com
　　　　　北京市西城区新街口外大街 12-3 号
　　　　　邮政编码：100088
印　　刷：北京盛通印刷股份有限公司
经　　销：全国新华书店
开　　本：710 mm×1000 mm　1/16
印　　张：22
字　　数：270 千字
版　　次：2022 年 9 月第 1 版
印　　次：2022 年 9 月第 1 次印刷
定　　价：98.00 元

策划编辑：周益群　　　　责任编辑：郭　瑜
美术编辑：李向昕　　　　装帧设计：李向昕
责任校对：包冀萌　　　　责任印制：马　洁